厂城共生

长三角地区“城中厂”的社区化更新

Symbiosis of Factory and City

Community-Oriented Regeneration of Downtown Factories in the Yangtze River Delta

孙淼

同济大学城乡规划学博士后研究员。

同济大学建筑学专业工学博士，美国耶鲁大学访问学者，德国斯图加特大学建筑学硕士，同济大学建筑学学士。主持中国博士后基金一项，参与国家自然科学基金两项，获上海市超级博士后人才资助，发表论文 20 余篇。兼任国家工业遗产专家库成员，上海市城市更新青年规划设计师，国家一级注册建筑师，中国建筑学会会员。

近年研究方向：城中厂的社区化更新，工业遗产的数字化转型，“非改居”住房等。

长三角地区“城中厂”
的社区化更新

厂城共生

孙淼 著

上海 · 同济大学出版社
TONGJI UNIVERSITY PRESS

图书在版编目（CIP）数据

厂城共生：长三角地区“城中厂”的社区化更新 / 孙森著 . -- 上海：同济大学出版社，2022.3

ISBN 978-7-5608-7822-5

Ⅰ. ①厂… Ⅱ. ①孙… Ⅲ. ①长江三角洲－城市管理－社区管理－研究 Ⅳ. ① D675

中国版本图书馆 CIP 数据核字（2021）第 264444 号

厂城共生

长三角地区“城中厂”的社区化更新

孙　森　著

出 版 人：金英伟
责任编辑：晁　艳　李　争
助理编辑：王胤瑜
封面设计：张　微
版式设计：朱丹天
责任校对：徐逢乔

版　　次：2022 年 3 月第 1 版
印　　次：2022 年 3 月第 1 次印刷
印　　刷：上海丽佳制版印刷有限公司
开　　本：889mm × 1194mm　1/24
印　　张：13
字　　数：406 000
书　　号：ISBN 978-7-5608-7822-5
定　　价：98.00 元
出版发行：同济大学出版社
地　　址：上海市四平路 1239 号
邮政编码：200092
网　　址：http://www.tongjipress.com.cn
本书若有印装问题，请向本社发行部调换

本书的图片和图表除特殊注明之外，均为作者自摄、自绘。

国家自然科学基金（51678412）资助项目（长三角地区“城中厂”的社区化更新技术体系研究）

中国博士后基金（2020M681388）资助项目（基于街区触媒视角的工业遗产更新实施后评价研究——以上海中心城区为例）

序
城的厂，厂的城

李振宇
同济大学建筑与城市规划学院教授、博士生导师

“城中厂”是一个有意义的概念，主要指城市发展过程中，原先可能处于城市边缘的那些不同时期建立的工厂，它们渐渐被城区包围，成为城区重要的部分，而又与城区其他部分很不相同。相对于“城中村”，长三角地区城中厂更为普遍。进入21世纪，长三角城市开始从增量向存量发展转型。如何改造更新众多的城中厂，就成为城市发展的重要议题之一。

“社区化”是有别于“园区化”的一种新的尝试，我认为涉及4个方面问题：首先是开放边界，对接工厂和城市路网；其次是植入匹配社区需求的混合功能；再次是保护工业建筑、场地、景观和其他工业要素；最后是新旧结合，探索多样化的改造设计策略。这正是实现厂城共生目标的技术路径。

我曾造访过伦敦沙德·泰晤士街区、柏林苏特海斯啤酒厂、维也纳煤气罐住宅、费城海军码头等城中厂社区化更新案例，看到了很多有效的尝试。厂房和厂区被改造成住宅、菜场、图书馆和社区活动中心等，开放的空间、混合的功能、多元的设计方法，对保留城市在工业化过程中的印记，更加亲民、合理地利用工业遗产空间进行了有价值的探索，这给了我们很大的启发。

2014 年，孙淼从华建集团回到同济大学攻读博士学位。作为导师，我建议他选择城中厂作为研究对象，以社区化为研究视角，希望他在创意园式的城中厂更新之外，探索一条工厂和城市互动共生的新路径。在 5 年的研究过程中，他现场调研了长三角地区 7 个典型城市的 300 多处城中厂和 30 处社区化更新案例，开展了大量访谈和空间量化分析，取得一手资料，同时积极参与了嘉兴冶金机械厂和常州第五毛纺厂更新转型的相关项目和课题，取得了令人欣喜的成果，顺利地通过了毕业答辩。

本书在孙淼的博士论文基础之上，进行了相应的整理和增删。作者在长三角城市的转型过程中，针对城中厂更新这一领域，聚焦社区化的特殊视角，通过类型学的研究方法，梳理了长三角 7 个城市城中厂的历史和现状，探讨不同尺度下城中厂的社区化更新模式和方法。本书的核心部分提出了以厂城边界缝合、社区功能植入、工业遗产存续、既有空间开发为框架的更新设计策略体系，可为编制城中厂更新设计导则提供理论和案例依据，在实践过程中提升城市空间的公共性、多样性、高效性和社区认同感，为实现高密度人居环境中的厂城共生提供参考。

城中厂作为重要的存量空间资源、社会资源和文化资源，其价值应当得到更综合的评价、更广泛的认同和更多元的实现，不应被以单一经济利益为导向的开发项目所牺牲。希望通过探索厂城共生路径，为居民构建开放、混合、高效和更具身份认同感的城中厂社区，在城中厂的经济价值、社会价值和文化价值之间找到平衡。

愿我们的“城中厂”，真正成为城市独特而和谐的一部分。

2021 年 12 月 26 日，于同济大学

目　录

序

1　缘起：亟待更新的城中厂　/　001

1.1　聚焦长三角“城中厂”　/　001

1.2　更新的紧迫性和系统性　/　003

1.3　社区化更新与园区化更新　/　004

1.4　研究对象及方法　/　007

1.5　研究价值　/　009

2　理论：既有研究的两个维度　/　010

2.1　城中厂的概念界定　/　010

2.2　国外研究综述　/　014

2.3　国内研究综述　/　023

2.4　本章小结　/　033

3　历史：工厂、城中厂和社区化更新　/　034

3.1　西方城中厂的历史沿革　/　035

3.2　长三角地区城中厂的形成历史　/　051

3.3　长三角地区城中厂社区化更新的发展和变迁　/　059
3.4　本章小结　/　066

4　现状：长三角地区城中厂的特征和类型　/　069
4.1　工作概述　/　069
4.2　七市城中厂的历史和现状　/　070
4.3　长三角七市城中厂的 6 个特征　/　082
4.4　长三角地区城中厂的类型　/　100
4.5　本章小结　/　110

5　价值：城中厂社区化更新的可行性　/　112
5.1　城中厂社区化更新的价值　/　112
5.2　城中厂社区化更新的可行性分析　/　115
5.3　城中厂社区化更新可行性的多维比较　/　127
5.4　西方城中厂的社区化更新案例　/　139
5.5　本章小结　/　149

6　实证：长三角地区的城中厂社区化更新　/　150
6.1　研究背景和对象　/　150

6.2 城中厂社区化更新的类型 / 152
6.3 城中厂社区化更新的设计策略 / 154
6.4 城中厂社区化更新的典型案例 / 181
6.5 本章小结 / 192

7 厂城共生：构建城中厂社区化更新设计策略体系 / 193
7.1 策略体系的建构 / 193
7.2 构建城中厂社区化更新设计策略体系 / 198
7.3 更新的制度调整和风险评估 / 226
7.4 城中厂社区化更新设计策略体系的应用探索 / 229
7.5 本章小结 / 247

8 结语与展望 / 250
8.1 研究结论 / 250
8.2 未来展望 / 254

参考文献 / 257
附 录 / 268
后 记 / 301

缘起 亟待更新的城中厂 1

1.1 聚焦长三角“城中厂”

“城中厂”是指城市中心区内的工业场所。在城镇化进程中，这些过去位于城市边缘地带的工厂逐渐被生活区包围，因而呈现出复杂的“厂一城”关系，这亦反映在空间、经济、社会、历史文化和环境等多个维度上。有关城中厂的议题，近年来主要集中在工业遗产保护和城市更新两个领域。然而究竟如何统筹保护与利用，仍缺乏可持续的路径。当下，多数城中厂要么被拆除重建，要么被改造成创意产业园或博物馆等，这一可被称为“园区化”的更新模式，在长江三角洲地区的诸多城市中较为普遍。然而，园区化模式与生俱来的内向特征，在激发地方活力、优化城区功能、存续工业遗产、提高用地效率等方面存在局限性。

长江三角洲地区是中国近现代工业的发源地之一，在中国工业史上扮演了重要角色。如象征近代工业开端的安庆内军械所和金陵制造局，被誉为中国工业摇篮的上海江南机器制造总局（后改称“江南造船厂”），填补中国卷烟纸空白的嘉兴民丰造纸厂等，在一个多世纪后仍被称道。中华人民共和国成立之初，以“单位”构成的城市工业单元，逐渐在杭州拱墅、上海彭浦、常州戚墅堰等地聚合出一系列工业卫星城。改革开放后，工业化和城镇化同步快速发展。廉价的劳动力和土地，以及较为成熟的工业体系，催生出苏南模式、温州模式、浙北模式等新工业形式。自20世纪80年代起，长三角城市再次站在了中国工业发展的前沿。

长江三角洲地区也是中国最早迈向后工业化的地区之一。20世纪末，城市快速蔓延、人口高速导入、服务业比例攀升、房地产经济飞速发展等，都将城市工厂推至时代的风口浪尖，工业化拉动城镇化的传统模式难以为继。一些城市开始推行“退二进三”（中心城区的工业用地转换为服务业用地，即由第二产业向第三产业转换）和“退城入园”（中心城区的工厂撤至郊区的工业园区）政策，引导工业向城市边缘甚至我国中西部地区转移。大量中心城区的工厂被重建为居住、办公和商业空间，同时也有众多城市工厂被留了下来，成为“城中厂”（图1–1）。据不完全统计，上海、苏州、无锡、常州、杭州、嘉兴和湖州7座长三角城市的中心区内，现存城中厂占地约300平方千米，工业建筑面积接近1亿平方米。多数城中厂已失去生产功能，空间封闭、环境品质差，这些问题亟待在城市可持续更新的大背景下找寻出路加以解决。

图1-1
嘉兴市甪里街冶金机械厂，
2014.12

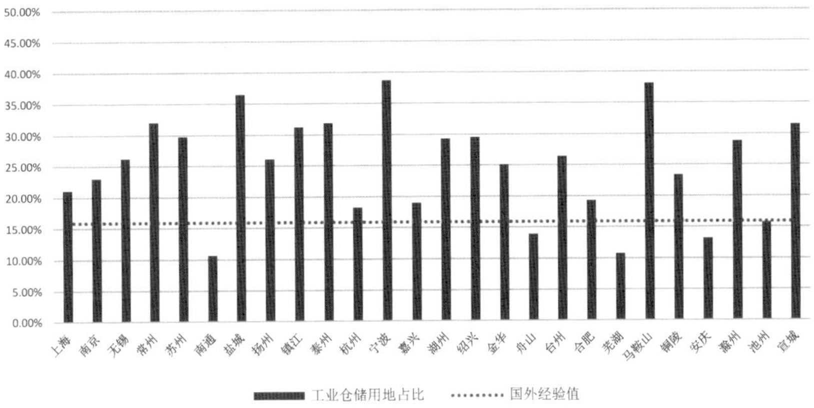

图 1-2
2016 年年底长三角城市市辖区内工业仓储用地在城市建设用地中占比

1.2 更新的紧迫性和系统性

长三角地区的城中厂是城市更新的重要对象。由于工业用地占城市建设用地比例偏高（图 1–2），土地和工业建筑物的使用效率低下，工业全要素生产率逐年衰退（谢花林等，2015），加之中心城区的产业结构转型不断加速，众多因素催生出更新的必要性和紧迫性。这既是挑战，也是机遇。

随着长三角城市从扩张性发展向内生性发展转变，城中厂的转型成为存量时代重要的模式之一。如上海提出将工业用地从 2015 年的 839 平方千米减少到 2020 年的 550 平方千米（上海市经济与信息化委员会，2016）及 2035 年的 320~480 平方千米（上海市人民政府，2018）。其他城市也面临类似挑战。长三角城市在未来十余年间，肩负着数百平方千米城中厂的转型更新任务。

相较于城市边缘的工业集中区，零星分散于中心城区内的城中厂，不仅封闭且自成体系，也割裂了城市路网，增加了再开发的投入成本。同时，在单位制度下建立起来的一整套工作、生活和休闲娱乐网络，以及相配套的住宅、办公楼、商铺、学校和医院等设施，也随着工业的退出而逐渐萧条，从而演化为区域性衰败。这些早年建设的城中厂，规划理念和建造技术相对落后，空间利用率不高，如今多被闲置。此外，城中厂还存在环境污染、建筑质量差等不利因素。

长三角地区城中厂的既有更新手段主要分为两类。一是以翻新为主：在不改变用地强度和建筑结构等前提下，改造场地和景观、室内空间以及建筑外立面等。通过植入诸如文创、办公等功能，实现再利用的目的，是真正意义上的“非正式更新”（冯立等，2013）。二是以拆建为主：除了保留零星的工业遗产建筑外，拆除绝大多数厂房，并在原址新建住宅或商办楼等，呈现出早期历史街区的全盘商业化的特征（蒋文等，2013）。两种手段均较少考虑厂－城功能空间的系统性融合，因而未能实现可持续更新的目标。

可持续更新是一个系统性工程，强调多学科的横向交叉和多阶段的纵向叠合（Roberts et al.，2000）。然而当下长三角城中厂更新的逻辑过于简单，其主要目标是获取土地性质转换溢生的一次性经济效益，或者是工业和商办空间之间的级差地租。这种重商主义显然忽视了城中厂作为存量资源所特有的社会、文化和历史价值。相应的政策和行政管理机制亦相对滞后，更新仍遵循传统的项目开发思路，缺乏可行性研究和公众参与环节，亦缺少对城市空间需求的有效回应和长周期的评价。因此，从多学科、多主体、全过程的综合角度出发，探寻相应的更新设计策略体系势在必行。

在过去 40 多年间，长三角城市中有大批城中厂被拆除，少量转型为创意产业园，或工业博物馆和工业遗址公园。“园区化”的更新模式由于其与生俱来的内向性，未能较好地重构工厂同城市的关系。显然，城中厂的更新，不能局限于工业建筑的修缮和文创功能的植入；更重要的是，要通过设计的介入，让工厂留住记忆、焕发生机、融入社区、重归城市，实现可持续的“厂城共生”。研究城中厂的社区化更新，正是试图探索一条实现上述目标的新路径。

1.3　社区化更新与园区化更新

社区（community）一词，原意包括公社、团体、社会、公众以及共同体等多重含义。西方“社区”的较早概念是由德国社会学家滕尼斯（Tönnies，1887）提出的 Gemeinschaft，其中“gemein-”表达了“共同所有”或“共性”

的含义，而“-schaft”则代表“抽象主体的集合”。城市社区，即是工业时代理性社会的共同体。中文“社区”一词是中国学者在 20 世纪 30 年代意译而来，意在强调社会群体是生活在一定地理区域之内的地域性的社会实体（沙颂，1999）。希勒里认为社区包含社会互动、地理区域和共同关系 3 个特征（Hillery，1955），桑德斯认为社区还应具有地方性的自知自决特征（Sanders，1966），米切尔则在此基础上增加了“共同的价值标准和相互从属的感情”，即社区认同感（Mitchell，1979）。费孝通认为社区是指一群聚集在同一地方分工合作的人，他们之间的人际关系构成了社会（费孝通，1985）。人、区域、关系和认同，是社区构成的关键要素。

在长三角的城中厂周边，慢性衰败破坏了以生产为核心的工业社区结构，社区化更新或是重构社区的关键要素。具体而言，是以城中厂及其相邻城区为范围，充分利用工业场所，建立厂一城之间的关联通道，提供居住、消费和公共服务等社区功能，并以工业遗产作为本地居民共同意识的载体，以满足区域内的经济效应、社会效应和文化效应 3 层诉求（图 1-3）。在此基础上，从“人”和“社区”关系出发，提出城中厂社区化更新的 4 点具体目标：

（1）认同需求（可识别性）：保留具有可识别性的工业遗产，比如代表性的工业建筑、道路系统、重要工业景观，以及烟囱、水塔等构筑物，作为本地居民建立身份认同的物质空间载体。

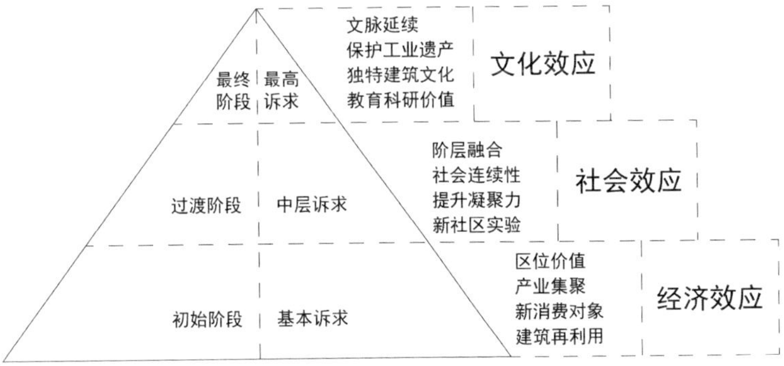

图 1-3
城中厂社区化更新的效应与诉求

（2）交往需求（边界融合性）：缝合厂城边界，拆除围墙，贯通路网，打造工业风貌良好、开放共享、宜于步行的公共场所，通过空间赋权为居民提供更多交往可能，以行为融合带动空间融合。

（3）职住需求（功能均衡性）：植入符合社区需求的复合功能，包括住宅、办公、零售和手工业、教育、医疗、文化休闲等，为本地居民提供充足均衡、丰富便捷的社区生活可能性。

（4）使用需求（空间适应性）：提升既有空间的利用效率，通过新建、改建、插建、加建、贴建等设计手段，提高容积率、调整建筑密度、增加公共空间和绿地，以适应现代高密度城市发展的需求。

社区化更新的提出，是同“园区化”更新相对应的。将城中厂改造成博物馆、创意园和遗址公园是当前常见的模式，最早可追溯到20世纪90年代末登琨艳在上海苏州河南岸改造的工作室。这种亦工亦商亦住的模式，逐渐演化成以办公为主导的创意产业园，如上海八号桥、无锡北仓门艺术中心、苏州姑苏69阁、杭州杭丝联、常州运河五号等，同期亦出现上海当代艺术博物馆、玻璃博物馆、钢雕公园，杭州工艺美术博物馆，常州梳篦博物馆，嘉兴船文化博物馆等案例。然而，上述案例多是内向性、门禁式的园区化更新，呈现出4个方面的局限性：

（1）边界封闭，活力不足。一方面受制于周边的工厂、工人新村或棚户区等复杂的外部环境，多采用围墙式管理；另一方面园区的本质是工作场所，是排斥复合功能和多元空间的。这些必然导致场所活力不足。

（2）功能单一，同城市互动有限。尽管部分园区提供了诸如咖啡、茶饮、图书馆等休闲功能，但主要还是服务园区内的工作人员，规模和消费层级上并未从社区需求出发，因此也难以被周边居民接受。

（3）工业遗产保护缺乏系统性。重单体轻场所，重物质轻非物质。为了营造优美的工作环境，往往在缺少遗产评估的前提下拆除建筑和构筑物，更遑论保留工业遗产的历史价值、产业价值和社会文化价值等非物质内涵。

（4）空间利用效率低下。在“三个不变”政策、复杂的邻里环境、工业风貌保护，以及开发用地的面积控制等条件制约下，更新难以实现“留改拆”并举和新旧建筑融合的策略，因而无法有效提升空间利用效率。

因此，从“园区化”向“社区化”模式转型，是从以项目为导向的开发型思路，转向以区域为导向的可持续更新思路的升级，以突破前者存在的局限性，实现“厂城共生”的更新目标。

1.4 研究对象及方法

本书聚焦长三角东部地区7座城市——上海、苏州、无锡、常州、杭州、嘉兴和湖州，调研了这些城市中心城区建于1860—2000年间的316处代表性城中厂（图1–4）、30处社区化更新案例，另有笔者主持或主要参与的3处更新实践，同时参考了若干西方案例。本书采用类型学的研究方法开展定性和定量分析，并结合了大量田野调查的成果予以佐证，如面向管理者、运营者和设计师的半结构化访谈等工作形式。

2014—2019年间，笔者实地调研走访了本研究涉及的所有城中厂和社区化更新案例。2017年在耶鲁大学访学期间，走访调研了美国东北部和旧金山、西雅图等地区的40余处城中厂社区化更新案例。在导师李振宇教授主持的国家自然科学基金项目“长三角地区‘城中厂’的社区化更新技术体系研究”（编号：51678412）研究框架下，梳理国内外工业遗产和城市更新两个领域的相关文献；开展50余次专家访谈交流，获取相关城市的规划、文保、经济和工业历史建筑的大量资料。本书的“厂城共生”理念，也在实践工作中得以验证：如笔者主持（共同）的上海市徐家汇文定坊工业街区更新设计，主要参与完成的“嘉兴民丰造纸厂/冶金机械厂城市更新设计”“常州市运河五号创意园（第五毛纺厂）转型升级咨询报告”等项目和课题。此外笔者亦参与多个更新相关项目，如嘉兴子城城市更新（2016）、上海大学延长校区改造设计（2016）、深圳盐灶古村更新（2016）等。

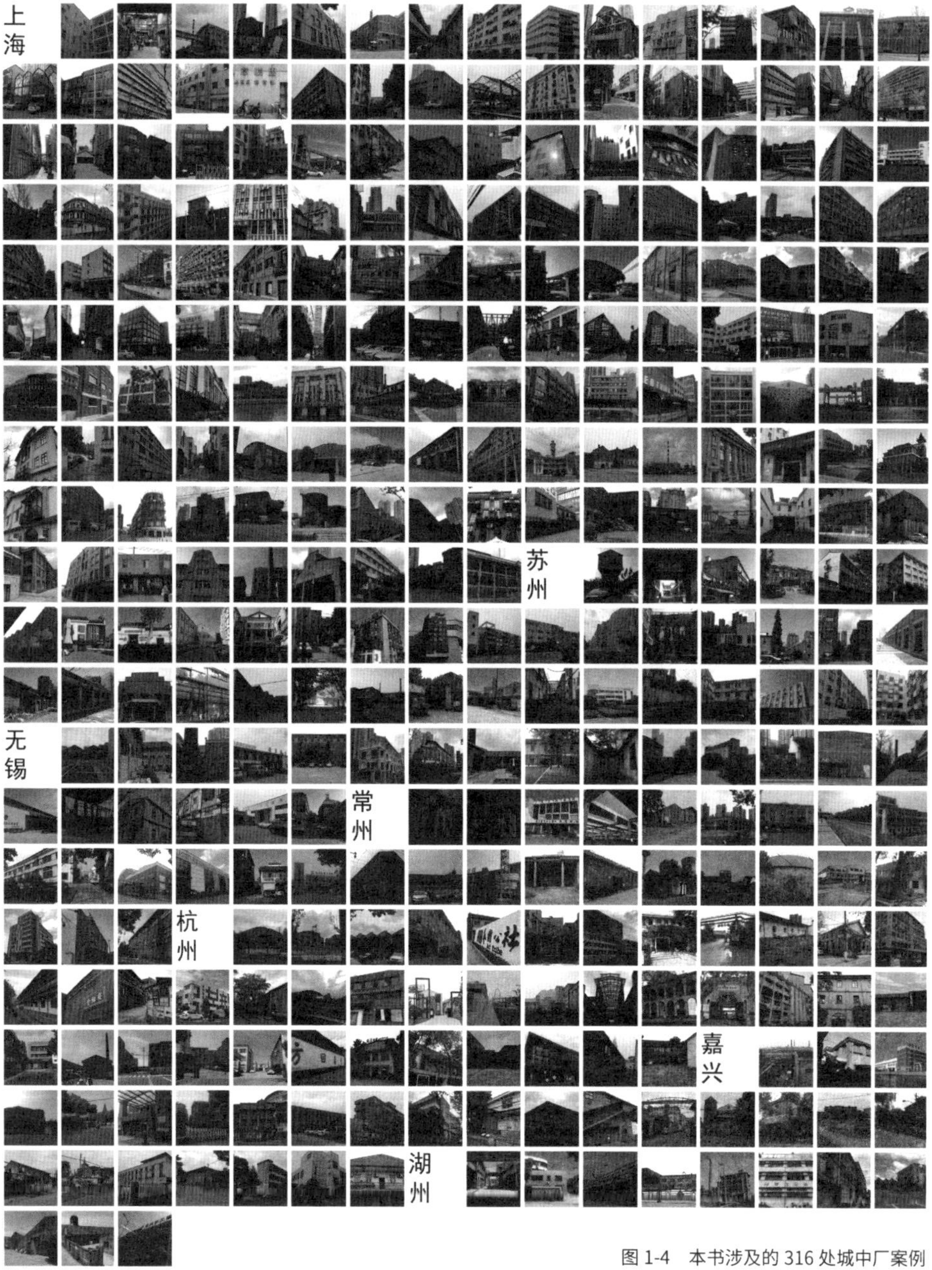

图 1-4　本书涉及的 316 处城中厂案例

1.5 研究价值

研究“城中厂”，是专注于城市中的存量工业场所，从众多研究对象（如工业遗产、棕地、模糊地段、废景地等）中提取出一类，聚焦因生产功能退出引发的慢性衰败现状，以及由此衍生出的空间、经济、社会文化和环境问题，整合创新诸如用地转型、遗产保护、改造设计、社会融合等研究议题。

研究“社区化更新”，则是试图探索一条有别于创意产业园、博物馆和遗址公园“园区化”更新的路径，在城市可持续更新的框架下，提出更符合区域性转型的设计策略体系，缝合城市断裂带、锚固地方性要素、激活区域发展动能，并促进存量资源的高效再利用。

研究亦着眼于长三角城市的“在地性”特征，通过对上海等 7 座城市的工业沿革、城中厂现状，以及社区化更新案例的系统化探究，提出基于缝合厂城边界、植入社区功能、存续工业遗产、开发既有空间的更新设计策略体系，为长三角的城中厂社区化更新提供新思路和新方法。

2 理论 既有研究的两个维度

本章从“工业遗产适应性再利用”和“工业城镇更新”两个理论维度，回顾了国内外关于城中厂社区化更新的三方面研究：对象特征的界定、理论的形成背景和演化过程，以及当前不同理论的侧重点和共识。

2.1 城中厂的概念界定

“城中厂”，是在城市更新语境下对既有工业场所的统称。西方“城中厂”的较早概念，是卡斯卡特提出的“内城工业场所”（downtown industrial sites）。通过历史地图和文献，卡斯卡特对旧金山中心城区废弃的工厂和工业建筑进行定位并搜集影像资料（Cathcart，1949）。近年来，“城中厂”也逐渐成为国内学术界的研究对象（李振宇等，2017；钟冠球，2017；解旭东等，2018）。在工业城市向后工业阶段转型的大背景下，“城中厂”被用来诠释一类系统性特征的载体：它们既是重要的城市空间场所，又承载了文化、环境、社会和经济等多重内涵（图 2–1）。

（1）工业场所是城中厂的空间特征，是反映工业生产的特殊空间类型。西方学术论著通常将城中厂描述为城市工业场所。其场所特质是由物质空间所依赖的地面区域，以及空间形式背后的具体内容，包括材料、形状、肌理和颜色等组成的共同体的“环境特性”[1]。根据蒂耶斯德尔等（Tiesdell

① NORBERG-SCHULZ C. Genius Loci: Towards a Phenomenology of Architecture[M]. New York: Rizzoli, 1980.

et al.，1996）有关城市历史街区的定义，可以将城中厂归纳为有明显的边界（围墙、河流、铁路、公路或绿篱）、特征和个性（大跨厂房、烟囱等标志物，砖墙，文字标语或传统活动等），且功能与经济方面相互依赖和紧密联系（生产－生活综合体、生产同类产品或产业链上下游）的工业历史街区。在现实环境中，由于生产功能的退出，其往往呈现出街道破损、建筑物闲置、邻里萎缩的状态（Eley et al.，1984），并随着周边区域的开发逐渐表现出“零星分布”的特征（刘伯英等，2009）。但其同时具有较强的空间适应性，具备更新为步行友好、公共交通导向的紧凑内城环境的可能（Kidney，1976）。

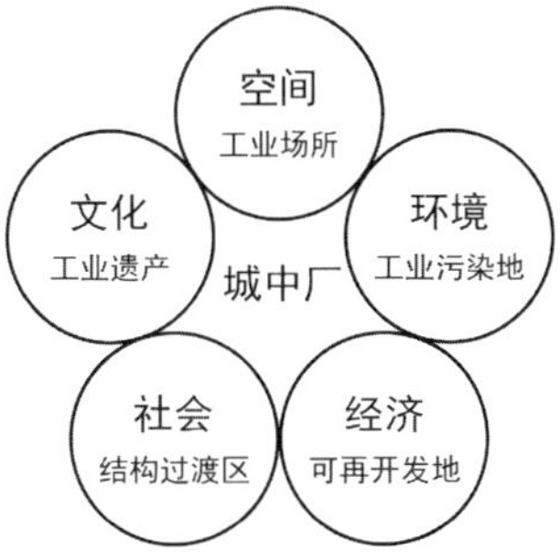

图 2-1
城中厂概念的 5 点内涵

（2）工业遗产是城中厂的历史文化特征，是记录工业文明脉络的物质载体群。1958 年，英格兰历史建筑和古迹委员会（Historic Buildings and Monuments Commission for England）第一次提出群体建筑的价值。1967 年，英国将历史保护区（Historic Conservation Area）定义为“具有特殊建筑艺术价值和历史意义的地段，其特点、风貌值得保护和改善提高”（朱晓明，2007）。20 世纪 70 年代后，工业遗产保护逐渐受到关注。如联合国教科文组织世界文化遗产名录中收录有工业遗产，英国文化部会同“英国遗产”组织（English Heritage）认定的“在册古迹”（scheduling monuments）和“登录建筑”（listing buildings）中有工业遗产（青木信夫等，2014），美国的“国家史迹名录”（National Register of Historic Places）、“国家纪念碑”（National Monument）、“国家历史地标”（National Historic Landmark）、“国家历史场所”（National Historic Site）和“国家历史街区”（National Historic District）等收录有工业遗产（刘伯英，2019）等，均是相关保护和管理的政策工具。2003 年国际工业遗产保护联合会（The International Committee for the Conservation of the Industrial Heritage，TICCIH）颁布的《关于工业遗产的下塔吉尔宪章》（The Nizhny Tagil Charter for the Industrial Heritage）中对工业遗产的定义为：具有历史、技术、社会、建筑或科学价值的工业文化遗迹，包括建筑，机械，厂房，生产作坊和工厂，矿场以及加工提炼遗址，仓库货栈，能源生产、输送和利用的场所，运输及基础设施，以及与工业相关的社会活动场所，如住宅、宗教和教育设施等（TICCIH，2003），强调工业场所遗址的完整性对遗产保护的重要性。

（3）工业污染是城中厂的环境特征，是更新中无法回避的现实因素。环境保护和景观学者将城中厂视为受到工业生产污染的城市棕地（urban brownfield）。对于工业污染的关注，可追溯到1977年的拉夫运河（Love Canal）事件，美国环境署（U. S. Environmental Protection Agency，EPA）随后于1980年颁布了《环境应对、赔偿和责任综合法案》（The Comprehensive Environmental Response, Compensation, and Liability Act），将棕地定义为：再开发和再利用可能由于危险物质、存在或潜在的污染物的影响而变得复杂的城市工业不动产（EPA，1980）。柯克伍德则将其定义为制造业场所并具有三层含义：①传统制造业城镇中生产活动已废弃的场所；②面临环境的挑战以及需要清理既有环境的过程和技术；③需要通过跨学科的方式将土地从工业生产状态回收并进行功能转换（Kirkwood，2001）。此定义在认识到工业对环境负面影响的同时，也强调了治理污染的必要性，以及工业污染地作为城市再开发对象的身份。

（4）社会过渡区是城中厂的社会特征，是更新需要面临的主要挑战。第二次世界大战后，西方的城中厂呈现出不可逆的慢性衰败和持续失业（National Planning Association [NPA]，1957），并伴随着经济结构失衡、税基减少、基础设施衰败、社会服务负担加重、贫困率和犯罪率上升、种族主义和社会排斥、人口教育程度低、资金不足、人口流失等一系列社会问题（Couch et al.，2003；Connolly et al.，2010）。莫拉莱斯（Morales，1995）将其总结为城市模糊地段（urban terrain vague），即功能不明确、前景不清晰且处于停滞状态的工业设施，并描述其是城市有效路线和生产结构之外的空间（outside the city's effective circuits and productive structures），和城市发展的主导逻辑相背离，拥有较好区位却游离于城市活力区之外，是不宜居、不安全和缺乏创造力的，并呈现出负面形象（Foster，2014）。库若里则总结其为休闲地（fallow land），认为工业废弃地既是城市功能和区位的过渡区，作为城市景观和肌理的缝隙与城市隔绝，也是城市环境敏感区，曾经被人类工业活动所破坏，如今又成为城市发展中的重点可利用区域（Curulli，2014）。

（5）可再开发价值是城中厂的经济特征，也是更新的主要动力和目标。希格曼研究了全美工业不动产（urban industrial real estate）的环境责任、价格及空置率的面板数据关系，得出城市中心区的工业不动产价格远低于周边商业不动产，同时空置率远高于周边，这种差距随着远离城市中心区而不断缩小，是城市中的价值洼地（Sigman，2010）。尽管存在着结构和功能的相对过时，但随着物质空间类型稀缺性和文化认同感的提升，苏荷区（图 2-2）等成功案例展示了安全的商业运营模式，加之改造成本不断下降，城中厂的再开发环境逐渐契合呈现历史保护建筑所需要的经济特性，即稀缺性、购买力、需求、实用性（Rypkema，1994）。正如鲍德里亚（Baudrillard，1970）所描述，当代消费社会越来越依赖于对符号的主动操纵，消费社会从本质上变成了文化的东西，随着其固定意义的丧失，价值以审美的方式呈现出来，而这种审美的意涵是通过记号和广告语言赋予的[1]。

图 2-2
美国纽约市苏荷区厂房及仓库建筑群，2017.07

① 迈克·费瑟斯通. 消费文化与后现代主义[M]. 刘精明，译. 南京：译林出版社，2000：13-16.

基于上述内涵分析可以认为，城中厂是中心城区内的工业场所，拥有可感知的边界、区域识别性和历史文化价值，在去工业化进程中逐渐失去生产功能，呈现经济社会的结构性衰败，并且存在污染，同时具备再开发潜力。

2.2 国外研究综述

西方城中厂的衰败，是贯穿20世纪的城市议题，伴随着城市蔓延和去工业化，内城工厂及其周边区域逐渐演化为标准化和普遍化的“工厂—贫民窟”（Mumford，1938，参见：刘易斯·芒福德，2008）。工人阶层的瓦解和流失，导致一批传统工业城市近乎被弃置，如被誉为“锈带”的美国匹兹堡，其人口从1950年67.68万人的巅峰，下降到2010年的30.57万人，降幅高达54.8%。这些人口稀疏、环境污染、功能不齐、物质空间衰败却又规模巨大的工业区，首先面临的是产业调整和人口复苏的挑战。同期，城中厂更新也受到第二次世界大战之后工业考古学的兴盛、渐进式规划和新城市主义的普及、环保主义的崛起、新马克思主义城市学的发展，以及新自由主义经济浪潮的驱动，逐步产生了丰富的学术成果。（表2–1）

表2-1　西方城中厂更新部分相关理论梳理

	研究者	年份	研究视角和方法	研究内容
1	Ruth Glass	1964	社会学	绅士化理论
2	Lawrence Halprin	1970	景观建筑学	建筑再循环和RSVP循环系统理论
3	Wayne Attoe et al.	1989	城市设计	城市触媒
4	Steven Tiesdell et al.	1996	城乡规划和风貌保护	城市历史街区复兴
5	Ann Markusen	1996	城市经济学	产业–空间结构模型
6	Peter Roberts et al.	2000	城乡规划学	城市更新理论体系
7	Michael Stratton	2000	遗产保护 / 建筑学	工业遗产建筑适应性再利用
8	Niall Kirkwood	2001	景观建筑学	棕地修复和工业景观设计

续表

	研究者	年份	研究视角和方法	研究内容
9	James Corner / Alan Berger	2003/2006	景观建筑学	都市废景再利用
10	Justin B. Hollander	2010	城市环境学	棕地更新的准则
11	James Connolly et al.	2010	城市经济学	小型工业城市的复兴
12	Carol Berens	2010	城乡规划学	工业遗址再开发利用模式
13	John Punter	2010	城市设计	城市设计作为公共政策等
14	James Douet et al.	2012	遗产保护	工业遗产的价值、工业考古、保护和再利用
15	Irene Curulli	2014	建筑现象学	工业场所感知和再造
16	Mike Lydon et al.	2015	城市设计	策略性城市主义

2.2.1 研究缘起

工业对城市的挑战，早在19世纪狄更斯的小说《荒凉山庄》（*Bleak House*）里即有细致刻画，“大雾遮盖了流淌于一排排轮船和肮脏的大城市的污染水源之间的泰晤士河……桥上的过路人透过桥栏看到了下面的云雾，他们笼罩在大雾之中”。至20世纪初，无边的城市蔓延导致城中厂逐渐开始失去活力。拉斯金学院（Ruskin College，1917）较早探讨了内城工厂的形成机制，指出在特定物质空间环境的背后，是不断变化发展的工业生产、劳动力和科学管理的系统性组织结构。

第二次世界大战后，全球化引发西方国家大规模的去工业化进程，城中厂呈现出区域性失业的特征（NPA，1957）。20世纪60年代，伴随着愈演愈烈的城市重建运动，工业场所的“留与拆”问题引发了热议，保留城中厂面临着政府缺乏改造意愿、商业项目的拆除性取代、资金不足、文物式修复成本巨大等一系列挑战（Bergeron，2000）。直至20世纪70—80年代的回归城市运动后，“更新取代重建”才逐渐成为基本共识。城中厂一方面被认为是具有空间适应性的不动产洼地，另一方面也是多元、稀缺、可消费的文化符号。21世纪以来，城中厂更是同城市可持续更新的战略紧密联系在一起，被认为是催化衰败工业城市转型的触媒介质（Attoe et al., 1989，参见：韦恩・奥图等，1992）。

2.2.2 工业遗产的适应性再利用

遗产研究是一门古老的学科，自19世纪以来再利用问题愈发受到关注。李格尔（Riegl，1982）指出，遗产不仅具有历史和年代价值，还具备现今价值（present-day value）和使用价值（use value），并呼吁在保留年代痕迹的同时避免空置破败。随着工业考古学的兴起，如何应对数量巨大的工业遗产成为难题，不同于传统遗产保护的模式呼之欲出。里克斯（Rix，1967）认为，工业遗产保护不仅是保留工业记忆和工业美学，更应采取多元化手段对其充分再利用，并对盛行一时的博物馆式更新提出质疑，表达了再利用应同周边城区发展结合起来的理念。随着《威尼斯宪章》《内罗毕建议》《马丘比丘宪章》《巴拉宪章》的颁布，国际古迹遗址理事会（International Council on Monuments and Sites，ICOMOS）和国际工业遗产保护联合会（TICCIH）的成立，以及西方主要国家陆续颁布遗产保护法，工业遗产保护被提高到城市发展战略高度。正如塔格曼（Telgmann，1980）所述，工业遗产是重要的经济文化资源，政府和社区应共同建立大型工业旅游项目，从而让城市摆脱经济衰退困境，带动周边社区整体发展。这些理论构建起更综合的工业遗产适应性再利用体系，集中体现在工业建筑、工业美学和工业景观三个层面。

（1）工业建筑保护再利用理论。斯特拉顿（Stratton，2000）在《工业建筑：保护与更新》一书中重点阐述了平衡工业遗产建筑保护和更新的策略，提出以“商业－技术”关系为基础的、渐进的适应性再利用的核心思想，指出应制定区域性的更新计划，运用可持续和新颖的设计手法改造旧建筑、建设新建筑，并同周边社区的功能和景观需求结合起来。他强调可行性研究的重要性，指出评估应覆盖项目整体潜力、投资对象的价值、具体操作方式的确认，以及使用后的绩效等再利用全过程，从而避免更新和使用过程中的商业风险。在更新方法上，他认为应根据建筑物的状况、曾经的用途以及损坏程度来选择修缮及空间转换模式，强调引入新元素、新功能和新活动的重要性，这包括主体空间的结构性改变和增长、提供社区导向的新服务和功能、修缮室内外空间并提高防火级别、对非结构性空间重新划分，以实现系统性的改造目标，并着重阐述了植入商业、居住、办公等混合功能模式的可行性及社会价值。斯特拉顿选择了 7 项指标来分析工业建筑改造策略，包括建筑密度、规划布局和空间结构、大进深厂房的采光效果、无障碍可达性、结构和立面的衰败状况、基础设施和配套服务、防火安全。以此为依据，他将工业遗产建筑更新设计方法分为 5 类：①静态保存；②保护和内置新设计；③遵循地方性的改造；④新旧并置的现代性；⑤新旧冲突的后现代性。

（2）工业场所感再造理论。库若里（Curulli，2014）所著的《废弃工业场所的建造和再造》一书，将城中厂视为工业废弃场所，提出通过“再造的感知”（sense of remaking）来重新唤醒市民对工业遗产的记忆。她从建筑现象学角度出发，认为城中厂是特殊环境（context）和语境（text）的综合体，具有实用价值和情感价值，前者是棕地、功能过渡区和环境敏感区，后者则是当代遗迹、闲置且有潜力的场所和工业遗产。在城市结构范畴下，库若里总结了一个成功的工业废弃场所转型应实现的 5 个方面的感知：①工业美学（aesthetics of industry），即延续工业美学的壮丽和装饰，并将其转换为城市中独特的吸引力和趣味；②历史和记忆（history and memory），即运用设计来唤起对工业遗产语境和秩序的记忆，包括联想记忆、衰败和遗忘、剥离和记忆；③工业建筑学（industrial architecture），可从城市设计、建筑设计、安保设计三个层面来体现；④公共场所（public spaces），在城市肌理和景观、城市结构、城市衰败区、功能潜力区、土地和水域 5 个层次中营造兼具双重特征的过渡型公共空间。⑤景观建筑学（landscape architecture），通过生态、可持续和节能的景观技术和设计，呈现明显的环境改进感知。同时明晰了工业美学的本质，即美与丑并不是绝对的，关键在于设计者以及社会对其解释的方法，即设计手法和内涵包装。

此外强调，城中厂作为城市中一种“中间状态”（in-between）的存在，是介于城市肌理和景观、城市结构、衰退的状态和潜力以及土地和水域之间的场所，这是其首要特征，应以此为框架进行更新再利用。

（3）工业废景理论。阿兰·伯格（Berger，2006）在《废景：美国城市中的废弃地》一书中提出“都市废景”（urban drosscape）概念，从景观修复视角来推进废弃工业场所等的更新，并将基础设施、生态环境同工业景观结合起来，形成有活力的城市公共区域，反映出景观都市主义特征，即平铺化的问题、基础设施的催化性、过程形式、设计技巧和生态系统（Corner，2003），这一理论可追溯到麦克哈格的景观生态学理论（McHarg，1969）。伯格认为这些（包括但不局限于）废弃工厂既不属于城市核心也不在城市之外，而是位于缺乏定义的城市过渡区，是美学价值较低且缺乏定义的城市工业场所，同时亦是动态进化城市的自然组成部分和健康发展的标志，是具有自我更新能力的城市物质空间，是在去工业化、后福特主义、技术创新和资本主义全球化的背景下被填充到城市中去的，成为了城市发展连续性的障碍，如今又成为城市转型过程中的重要资源。伯格借用了科纳的图绘说明法，通过绘制熵指标地图、散布图、轴线图来描述废景和城市土地使用状况、制造业变化，及其与人口密度之间的关联，同时指出，如德国北杜伊斯堡的单一公园模式无法应用于每块工业废弃地，强调综合景观、建筑和规划策略来实现更新是城中厂的唯一出路。

此外，默塔（Murtagh，1997）强调应保护建成环境而非单纯历史建筑；格利尔（Greer，1998）厘清了有关遗产建筑更新的不同策略的定义及细微差别；鲍威尔（Powell，1999，参见：肯尼斯·鲍威尔，2001）认为既有建筑的保护和再利用应当同后现代主义建筑学和城市学相结合；莫尔纳（Molnar，1999）将多层厂房的自发转型描绘为一种“住宅－工作”混合的生活模式，强调其对城市结构和空间变化的意义。林晓薇（Lin，2012）阐述了工业遗产保护同社区意识的关系，主张通过强有力的社区意识来维持既有的长期运转机制，倡导推动民间组织参与来加强工业遗产再利用的社区化工作。上述理论均是在城市更新视角下提出的工业遗产适应性再利用价值观和策略，为社区化更新研究提供了可借鉴的经验。

2.2.3 工业城镇更新

依赖工业生产的街区在第二次世界大战后逐渐衰落，这对城市规划提出了新的要求："坦然面对城市变化，将城镇规划看作一个在不断变化的情形下持续的监控、分析、干预的过程"，并催生"蓝图式规划"向"渐进式规划"的转变（Taylor，2012）。雅各布斯针对历史街区提出城市保持多样性需满足的 4 条要求——混合功能、小街块、老建筑和较高密度，呼吁建筑师和规划师协助城市自我更新和修复，避免多样性的毁灭（Jacobs，1961，参见：简·雅各布斯，2006），这同舒马赫（Schumacher，1973）倡导的"人文尺度"（human-scale）和"适宜的技术"（appropriate technologies）如出一辙。作为工业城市恢复的重要引导力量，城市更新行为在 20 世纪 70 年代末被扩展到更广泛的层面（Judd et al.，1990），并建立起超出物质环境的，涵盖经济、社会社区、就业教育培训和居住等层面的多重框架（Roberts et al.，2000）。城市设计被认为是实现上述目标的公共政策工具，这驱动了设计思路从"空间—空间"向"非空间—空间"的过渡，在柯林·罗（Rowe et al.，1978，参见：柯林·罗等，2003）、亚历山大（Alexander，1975）和巴奈特（Barnett，1982）的论述中均有体现。而着眼于工业场所更新的城市规划理论也开始从宏大叙事逐渐走向精细化、策略化和系统化。

（1）工业遗址再开发理论和方法。贝伦斯（Berens，2011）在《工业遗址的再开发利用》一书开篇即指出，工业遗址再开发的动因是靠近城市中心的优良区位条件，而再开发的优势则在于工业建筑的空间适应性和工业美学的特殊性和可识别性，可以将工业遗产向艺术和旅游两个强大的产业方向转化。其阐述了一套再开发的策略体系，涉及规划、政策、环境和资金 4 个方面：

a）规划策略的制定需以满足经济需求为基础、以公众参与和建立共识为手段、以团队合作为组织形式，倡导在项目开始之初将复杂的所有权方利益进行协调和平衡：企业追求利润、政府追求税收、居民追求就业。

b）公共政策是指导再开发的具体策略，通过发挥政策灵活性来营造开发氛围，鼓励开发商投入资源并承担风险。政府一方面可以选择进行重新区划和开发控制来主导再开发路径，另一方面也要在发展创意经济和保留都市工业之间寻求经济平衡。

c）污染造成工业遗址丧失发展动能，并在相当长的时间内威胁再开发进程。因而一方面应通过法律推动污染治理并惩罚违法行为，另一方面应鼓励可持续增长，减少再开发自身带来的次生污染，同时通过改善景观来彰显污染治理过程。

d）再开发的融资计划必然是复杂的，需要政府支持，需要拼凑资金来源，包括税收抵免、政府和基金会补贴、保护地役权、税收增额融资等一系列措施。贝伦斯重点剖析了住宅、商业和混合用途建筑的开发，认为这是普适的模式，能提供新的住房和办公环境，为居民和游客重新规划零售业，从而更好地响应社区需求并在经济上更具竞争力，也让城市对自身进行重新定位，这需要发掘工业遗址独特的优势。

（2）新城市主义及城市触媒相关理论。工业城市更新，同20世纪80年代兴起的新城市主义思潮及其衍生出的“精明增长”“城市村庄”等规划理念息息相关，并演化出诸如“填充式更新”等设计方法。强调尊重历史演化模式，保护和再利用历史建筑，并强化城市设计作为政策工具的理念，打造紧凑、混合、多元、步行友好、互联共享的城市环境。在城中厂内，厂房之间的“中间空间”（in-between space）需要被填充更新，这包括工业建筑群中的零星空地、大型厂房内部空间，以及废弃和污染的工业仓储用地，它们有待逐步转型为商业、居住等非工业功能（Leigh et al.，2012）。一些学者进而发现，小规模更新往往能引发工业街区振兴的连锁反应，即触媒效应（Evans，2005；Martinovic et al.，2018；Hartog，2005）。罗西认为触媒是城市的初始元素（Rossi，1982），凯文·林奇则强调其扎根于既有且长期存在的生活环境（Lynch，1972），而奥图等将其提升到城市发展战略的高度，认为城市触媒可以将较小但极具代表性的工业空间塑造成充满活力且能持续运转的元素，进而促进周边街区持续渐进的改革，激发工业城市新活力（图 2–3）。林登等（Lydon et al.，2012）则提出“策略性城市主义”，呼吁采取一种短周期、低成本、小规模的介入性更新设计策略（如美化节点、优化步行环境、丰富邻里生活、共享停车位和广场），来实现服务社区的目标，或是通过资源的充分利用来释放社会互动的创造性潜能。林登等进而提出更新设计的 5 个步骤：移情（empathize，理解服务对象）—定义（define，认识基地并明确问题）—构想（ideate，研究解决问题的方法）—样本（prototype，快速实现预算不高的一个项目）—测试（test，获取反馈，调整下一步更新策略）。

（3）工业历史街区更新理论。蒂耶斯德尔等（Tiesdell et al.，1996）的《城市历史街区的复兴》一书指出，废弃的建筑和街区仅是经济上过时，而非最终过时，对其进行保护及功能置换是有意义的。要求保护历史遗迹有许多正当的理由，然而支撑其他所有理由的基础是“经济价值”，因此历史街区的复兴必然要有合理的新产业结构支撑。其认为历史街区具有划定的物质边界、独特的街区个性，以及特定的功能经济方面的关联。历史

图 2-3
作为城市触媒的纽约市高线公园，2017.09

街区的复兴则是现代主义向后现代主义转型过程中，对“传统城市”和熟悉环境的期望，尤其是延续地方特色、历史肌理和传统街道模式等做法，可以唤起对“邻里”的思念。其中，美学、建筑 / 环境 / 功能多样性、资源、文化记忆，以及商业稀缺性的价值是需要厘清的，这对利用市场的手段去实现复兴尤为关键。复兴不仅需要对既有建筑和街区的物质空间结构进行调整（如房屋维护改造、道路修缮、基础设施升级等），振兴经济环境（如功能重组和多样化），也需要对街区的社会公共领域（公共空间、街道、公共功能等）进行改善，使之正常运转、富有活力。蒂耶斯德尔等阐明了更新必须正视市场规律，采取合理的保护和控制政策加以干预：如提高不良开发行为所需支付的成本，或者为更可取的替代行为提供补助，以此保障历史街区无形的社会价值。应从街区而非建筑单体的尺度来平衡价值，从长期而非短期的维度来评估价值，从社会和文化而非纯经济角度来计算价值。同时应注意其提出的 3 类复兴模式——旅游和文化、住宅，以及工商业，相应案例均呈现混合功能特征，这能激发历史街区的活力。蒂耶斯德尔等最后谈到历史街区的设计问题，提出以“场所精神”为着眼点进行设计、整治和开发，如弹性管控、视觉延续、立面美学完整、尊重空间和建筑特点、文脉统合延续等。

此外，罗杰斯（Rogers，1999；Rogers，2005）着重阐述了城市设计对工业城市复兴的重要性，提出提高建筑密度、建设保障住房、规划混合社区、投资公共和市政设施等系列措施；美国城市土地研究学会（2005）指出多样性和混合性是滨水工业区振兴的主要方法，强调对接城市、景观设计、改善环境、制定长期开发计划等措施；尼恩科等（Nienke et al.，2009）倡导制定历史性工业城市转型策略体系，聚焦于增加人口和就业、扶持龙头产业、优化教育和社会保障制度等；埃里森（Allison，2011）归纳了历史城市复兴的要点：社区、商业和就业，并重点阐述了对邻里社区级别的历史街区进行保护更新的措施；克罗里（Connolly，2010）则剖析了美国小型工业城市的转型，指出精致、绿色和舒适是这些城市的未来。上述理论均聚焦社区，试图用更新来营造联结过去和现实的城市生活。

2.3 国内研究综述

西方的城中厂通常位于区域性的“工业锈带”中（图 2–4），如美国五大湖地区、英格兰北部、德国鲁尔区等，绵延数百千米，包括数十个大小城市。其生产功能高度集中，分布在从内城边缘到城市腹地的广袤区域，不仅阻断了城市肌理和景观的连续性，破坏了社会经济结构的完整性，更因其巨大的规模而难以修复。中国长三角地区则不尽相同：生产区和生活区在“单位”制度下结合较紧密，数十公顷的单一工业区较为鲜见，同时，“单位”制度对工业生产的控制意志（Zielke et al.，2014；范婉莹，2018）被延续下来，因此多数城中厂仍然惯性地呈现封闭特征。不同的建成环境背景，必然催生出异化的理论成果（表 2–2）。

图 2-4　美国“锈带”城市伯利恒的钢铁厂高炉，2017.10

表 2-2　国内城中厂更新的部分相关理论梳理

	研究者	年份	研究视角和方法	研究内容
1	陈占祥	20 世纪 80 年代	城乡规划学	旧城改造
2	阮仪三	20 世纪 90 年代	遗产保护	历史文化名城保护
3	吴良镛	1994	城乡规划学 / 建筑学	旧城更新
4	阳建强	1999/2012	城乡规划学	城市更新体系和历史
5	李蕾蕾	2002	文化地理和旅游学	工业遗产旅游
6	张庭伟	2002	城乡规划学	滨水区再开发
7	俞孔坚等	2006	景观设计学	棕地恢复和工业景观
8	王建国	2008	城市设计 / 建筑学	工业建筑保护和改造
9	张松	2008	城乡规划学 / 遗产保护	历史城市保护
10	白友涛等	2008	社会学	更新的社会成本
11	伍江	2008	建筑学 / 遗产保护	上海百年工业历史建筑
12	常青	2009	建筑学 / 遗产保护	历史环境再生设计
13	刘伯英等	2009	城乡规划学 / 建筑学	工业用地更新 / 工业遗产保护
14	于海	2011	社会学	城市更新
15	陆军	2011	区域经济学	工业区转型和再开发模式
16	朱晓明	2011/2018	建筑学 / 遗产保护	工业社区 / 工业建筑遗产技术
17	徐苏斌	21 世纪 10 年代	遗产保护	工业遗产保护体系
18	左琰等	2012	遗产保护	弄堂工厂
19	杨俊宴	2012	城乡规划学	城市阴影区
20	张京成等	2013	城市经济学	文化创意产业
21	冯立，唐子来	2013	城乡规划学	非正式更新
22	哈静等	2014	建筑学	工业遗存循环利用的经济价值
23	何依	2016	城乡规划学	四维城市
24	杨帆	2016/2020	城乡规划学	工业用地
25	蒋楠等	2016	遗产保护	保护再利用评价
26	章明等	2017	城市设计 / 建筑学	滨水工业区更新
27	李振宇等	2017	城市设计 / 建筑学	居住化改造
28	王林等	2017	遗产保护	保护技术体系
29	吕建昌	2020	历史学	三线建设工业遗产

2.3.1 研究缘起

国内的相关研究缘起于改革开放后的旧城改造运动。20世纪80年代初，陈占祥开始倡导城市的“新陈代谢”，指出对设施简陋地区进行“推倒重来”的重建，也应注意对具有历史价值和人文价值的旧建筑和街区展开维修保护（于今，2011）。董鉴泓也曾指出，“旧城改建扩建中要充分重视及利用现状，要把改建工作看作是长期的过程，是逐步的零星个别的改建工作的积累”（阳建强，1999）。阮仪三（1990）总结历史文化名城特点时强调，对于手工业风貌导向的名城类型，小型的手工作坊式的生产应得到重点发展。吴良镛（1994）则阐明了旧城更新的理论前提——有机更新。他认为一个城市是千百万人生活和工作的有机载体，构成城市本身组织的细胞是不断代谢的。著名历史城市的构成，更像是一件生活中永远在使用的绣花衣裳，破旧了需要顺其原有的纹理加以“织补”。旧城更新不仅要注意物质环境的变化，更要关注经济社会结构的有机秩序，最终以无数具有表现力的新建筑创作充实之。吴先生的有机更新理论不仅指出综合性研究的必要性，更是明晰了建筑学在城市更新中的价值，提倡以多学科研究的成果指导设计，最终用建筑学语言予以呈现。随着房地产市场改革、国有企业改革、“退二进三”、城市蔓延等一系列社会变革的发生，以及建筑学研究体系的愈加成熟和扩展，相关研究开始分化，最终演化出工业遗产保护再利用和城市更新两个主要方向。

2.3.2 工业遗产保护再利用

国内对工业遗产的相关研究，最早可追溯到祝慈寿1988—1990年间出版的中国工业史相关著作，其中对中国工业的数千年变迁进行了系统阐述。同期展开的中国近代建筑普查工作中，工业遗产以近代遗产的名义出现于学术研究中。而工业遗产作为独立学术概念，始于李蕾蕾（2002）发表的《逆工业化与工业遗产旅游开发：德国鲁尔区的实践过程与开发模式》一文（根据中国知网搜索），她引入了“工业遗产旅游”的概念，总结了工业遗产作为旅游资源的三种模式：博物馆、公共游憩空间，以及购物旅游相关场所，并倡导区域一体化的再利用模式。俞孔坚等（2006）较早对工业遗产进行定义，并首次倡导将工业遗产改造为创意产业园的再利用模式，认为对原有工业厂房的重新定义、设计和改造，可带来对建筑和生活方式的创造性理解，可以将工业遗产渗透到百姓的平常生活和记忆中去。阙维民（2007）则将国际工业遗产保护理论和管理体系引入国内，为国内相关研究指出了明确方向。2006 年通过的《无锡建议》，标志着工业遗产保护和再利用得到官方的认同和关注。2008 年至今，工业遗产保护再利用的研究成果不断丰富，主要集中在建筑改造、用地更新和遗产保护三个分项研究。

（1）工业遗产建筑保护更新理论。王建国（2008）的《后工业时代产业建筑遗产保护更新》是国内较早系统阐述工业遗产改造的著作，也是横跨遗产保护和城市更新两个领域的重要学术成果。其重点关注工业遗产建筑及地段的再开发，认为在城市更新的大背景下，应制定 5 个目标：①经济发展，尤其是顺应经济需求高效利用土地；②环境可持续，强调生态、景观、建筑和交通等环境的综合治理；③生活舒适，指出以社区服务和公共空间营造为重心的改善设计；④社会发展，提出增进更新项目和社区邻里关系的重要性；⑤历史保护与文化发展，即保护各个时期遗留下来的有特色的代表性环境、景观和建 / 构筑物。总结了工业建筑的改造设计方法，如新增部分采用轻质高强材料，加固既有建筑的基础和地上部分结构等。提出了 4 种改扩建设计方式，即①功能替换；②空间重构（化整为零、化零为整、局部增建、局部拆减、局部重建）；③垂直加建；④水平扩建。并强调工业遗产的景观性，具体做法包括保留原有物质空间形态和格局肌理，支持加建、扩建和改建的多样化改造方式，延续场地上工业建 / 构筑物和生产设备的空间关系，局部或整体保留典型历史片段，强调历史构件的标志性，追溯昔日的工业生产活动。从宏观到微观建立了一整套工业遗产建筑和地段保护更新设计系统，为研究城中厂社区化更新奠定了坚实基础。

（2）工业历史环境再生理论。常青（2009）所著《历史环境的再生之道》一书，论述了保护与再生的系统性矛盾。该书从建成遗产对于人类的社会价值的角度提出“再生”理论。将生存和发展作为人类社会的第一主题，在坚守原则底线前提下，采取适度的设计方法进行改造，推动历史环境的持续性演进。他指出保护和再生是一个硬币的两面，保护纳入再生，再生受到约束才有意义。将保护和怀古恋旧划等号的理念不可取，应“修旧如旧，补新以新”，明晰新旧空间的历史边界。关于工业遗产，常青认为土地价值快速增长的现实不能忽视，而工业遗产所代表的文明演化历史亦十分重要。因此，倡导工业遗产的“活化”，对传承工业建筑的保存研究和空间资源等价值有重要意义，同时也能起到再生和更新的引擎作用。结合上海“东外滩”工业建筑遗产再生设计，常青总结工业场所存在景观隔断、功能失落、改造无期、交通拥堵等问题，并提出服务城市居民游憩、提升亲水空间的共享性、改造工业建筑立面、延续历史信息等重要更新目标（图 2–5）。

图 2-5
上海杨浦滨江（东外滩）滨水公共空间，2020.09

（3）工业用地更新相关理论。刘伯英等（2009）所著《城市工业用地更新与工业遗产保护》一书，则是从相对宏观的视角探讨工业遗产保护和城市更新的联系。工业用地更新分为物质环境、经济、文化和社会4个方面：①物质环境更新包括规模和布局、城市与建筑空间、道路、景观环境、功能关系和城市特色等。作为具体的呈现形式，物质环境更新受到经济、文化和社会更新的引领。②经济更新强调产业的转型和升级，以及产业布局的调整。③文化更新注重历史的延续、城市品位的提升、文化资本和城市竞争力的增强。④社会更新则以解决工业退出引发的社会问题为己任，以公众利益为准绳，创造就业，倡导社会公平，提供住房、休闲、公共服务等，推进和谐社区的建设。刘伯英等认为更新不能忽略工业遗产价值的系统性和特殊性，需结合文物考古、自然科学、遗产经济科学的观点，将工业遗产的价值总结为历史价值、文化价值、社会价值、科学价值、艺术价值和经济价值。此外，强调基于充分的调查研究，研究工业遗产的系统性价值，制定不同的保护再利用原则和方法，摒弃静态消极的保护模式，鼓励工程技术人员、艺术家和经营者的广泛参与。至于保护再利用模式，工业遗产不能是孤立的，而应在工业用地整体更新的目标和方式指导下进行保护与再利用。工业遗产再利用目的在于节约资源、变废为宝，将其转化为文化资源。在这一前提下植入住宅、商办、酒店、娱乐、学校、展厅等功能，为城市生活服务。

除此之外，左琰等（2012）研究了里弄工厂，剖析其产生的历史背景、产业和空间特征以及现状使用情况，论述了自下而上的更新产生的连续性、日常性以及和社区生活的关联；张京成等（2013）从文创经济的角度提出工业遗产再利用的市场机制；章明等（2017）在黄浦江和苏州河沿岸的大量更新实践和研究中，提出将封闭的生产岸线转变为开放共享的生活岸线，面向市民日常生活，凸显土地价值，进而强调将“文化”作为城市更新模式的核心理念；朱晓明（2011，2018）对计划经济时代工业遗产和工业社区等的研究，徐苏斌等（2016）提出在存量规划背景下，从遗产群的视角展开工业遗产保护等，蒋楠（2016）将评价学理论方法引入保护再利用工作中，吕建昌（2020）对三线建设工业遗产的保护再利用及其与城市历史风貌的关系的研究，都反映出厂城共生的重要性，亦对功能置换和强化可识别性等问题提出了要求。

2.3.3 工业城镇更新

改革开放后，我国工业旧城改造开始加速。相关研究集中在城乡规划和城市设计研究领域。陈占祥在1983年即提出“城区更新”的概念，并将其归入城市设计的范畴。叶耀先（1986）总结城市更新是涉及工程技术和社会经济的综合性学科，目的是为市民提供生活和工作的良好设施，有重建、改建和维护三种更新方式。虞孝感、陈雯（1995）分析了城市更新同区域经济的关系，指出更新是经济发展到一定阶段的产物，是旧城改造和风貌保护的需要，是外延发展向内涵发展的结果。彭再德等（1995）归纳上海城市更新的动力是发展中的经济环境和破败的物质环境的不匹配，包括经济实力的增强、外向型和区域市场经济的发展、居民生活水平的提高、基础设施和服务体系的滞后等。董卫（1996）则聚焦城市更新过程中的制度重建，尤其是存在数十年的“单位社会”瓦解带来的一系列问题，强调城市更新关键在于制度更新，提出宜保留单位社会中的工作—生活空间相结合的模式。20世纪末有关城市更新的研究愈加深入和丰富，既有从用地的单一视角出发的探究，也有从城市转型和城区保护出发的系统性剖析。

（1）工业用地更新相关理论。主要涉及产业、社会和开发模式的转变。

a）在“退二进三”进程中，工业对区域经济的影响从拉动逐渐转为拖累，迅速下降的获利能力导致工业企业大面积倒闭。部分工业用地“退二”却未能“进三”，反而在相当长的时间里阻碍了优良的服务业进入（李冬生等，2005）。其占据城市的增长空间，且由于投入产出比低和碎片化分布导致使用的低效，现状功能和用地性质的不同致使企业诉求无法落实，工业和周边城市功能的不相宜，使得废弃的工业用地既缺少转化区位优势的渠道，也因缺乏合理发展指引而处于被遗忘的尴尬处境（杨帆，2016）。尽管近年来，市场自发地将部分工业用地转为文创园区等功能，但由于产权模糊和交易成本高昂，其经济效益仍是极为有限的，这亦被称为“非正式更新”（冯立等，2013）。

b）社会结构混乱也是重要问题之一。老城内的工业区由于功能过度集中、人口和建筑密度过高、布局分散零乱等，面临环境污染、交通拥挤、效率低下、资源浪费、流动人口聚集等系统性挑战（吴炳怀，1998；展二鹏，2010）。其中交通困境尤为突出，成片的闲置工厂扰乱了城市功能和空间结构的连续性，引发生产和生活交通的相互干扰（曾堃等，2017），也给城市道路、基础设施以及相关配套的使用维护带来压力。且工厂往往鳞次栉比地聚集在滨水区，和危棚简屋交错分布，导致滨水区步行空间不足（李冬生，2006），亦难以在缺乏大规模再开发的前提下有效改善公共空间质量，这导致上述中心城区的工业用地逐渐发生异化和自我隔绝。

c）亦有部分学者认为建筑高度、容积率、建筑密度等开发指标，在用地升级更新中和城市发展诉求不符。杨帆（2017）计算了上海市工业用地的现状平均容积率，仅约 0.5，而规划中的平均容积率高达 1.3，巨大反差反映出工业用地使用粗放的现状。然而由于政策对用地升级有补地价和公益性要求，企业在衡量利益后往往倾向于维持土地使用现状，从而丧失大幅提高开发强度的机会。因此部分官员和学者认为应当鼓励提高工业用地的容积率，甚至提出从控制上限改为控制下限，并允许混合一定比例的研发、办公及居住功能，通过调整开发模式来提高功能多样性和使用灵活性（吴炳怀等，2016；孙峰，2009）。

（2）城市更新相关理论。阳建强等（1999）所著《现代城市更新》，详细论述了中外城市更新的历史演变、理论脉络、类型模式、系统规划和组织实施，将城市更新作为系统规划论的观念引入国内，强调经济、金融、公众参与和宏观调控同物质更新具有同等重要性。其在比较国内外案例后指出，中国当前城市更新是有别于西方的，经济发展和城市结构调整是当前中国城市更新的主要动力，而历史遗留问题（土地配置效率低、住宅拥挤和破旧、基础设施滞后和不足、历史风貌丧失）和转化调适矛盾（居住搬迁造成的社区解体、开发过密带来居住环境恶化、空间容量过高带来基础设施超负荷、工厂搬迁造成环境污染和生活不便）则是制约城市长远发展的重要因素。他对城中厂再开发提出需求导向的策略制定方式，即需满足现代城市中心的5个发展趋势：①中心性，即位于经济活力、辐射力和吸引力最强区域；②高价性，即开发为土地利用价值最高的用途；③集聚性，即位于高等级商业活动集聚区和品质优良的公共空间；④流通性，即便于人员、信息和资金的高速流转；⑤可达性，即拥有良好的动态和静态交通条件。阳建强（2012）出版的《西欧城市更新》，对西欧城市更新理论和实践展开研究，包括政策法律（更新规划与配套政策的编制与法律化）、社会组织（更新过程中多元角色的积极互动）、综合开发（更新实践的综合系统化）、多元目标（超越物质空间的社会经济目标的制定），并分析对中国城市更新的借鉴启示，认为需要加深对城市更新本质内涵的理解、建立有效管制模式、补充完善法规体系、采取稳妥谨慎方式、制定综合的更新规划。

（3）历史城市保护理论。张松（2008）在《历史城市保护学导论》中反复强调文化和环境对于建立城市独特性所具有的不可替代的作用。他认为历史城市保护强调的是历史环境的保护，应从文物视角出发，保护与此有关的建筑、建筑群、街巷、广场和历史街区，控制有损当地空间环境品质和景观质量的建设项目，从而保护独特的城市个性，增强城市的吸引力。为了保持历史发展的延续性，不能为了过去而过去，而是为了现在而尊重过去，要取得同一时代多样性和同一性的均衡，因此维持生活场所不被破坏和居民生活方式的稳定尤为重要。即不仅要保护物质空间，更要维持城市社区的社会结构和关联。他进而指出文化是历史的投影，在越来越“趋同”的文化发展中，要珍视自身的城市文化，保留其原真性特征，包括建筑物易于识别的最初的品质或特征。而城市形体环境则是这种原真性特征的文化生态系统，包含着复杂多样的意义，是一个城市有别于其他城市的最重要的因素，历史城市保护就是要让这些文化内涵延续下去。此外张松亦指出，历史城市保护是城市设计的一种类型，应基于“保护”和“社区参与”的理念，制定控制技术方法体系。其理论在上海黄浦江两岸工业遗产保护更新研究

图 2-6
上海黄浦滨江仓储类工业遗产建筑群，2020.10

中得以升华。（图 2–6）

除此之外，张庭伟（2002）论述了城市滨水工业区再开发的模式，提出共享理念和城市设计方法；何依（2016）在历史城市的空间性基础上引入时间维度，以历史原型为依据，以历史要素更替为线索，探究历史与现实之间的整体性和关联性；白友涛等（2008）从社会成本角度剖析了城市更新对家庭、社区和社会发展的影响；陆军（2011）论述了城市工业区转型与再开发的框架、思路和设计方法；于海（2011）借用列斐伏尔的空间生产理论，指出城市更新经历了从经营土地到经营空间再到经营历史空间的三个阶段；胡昕宇等（2014）将城市工厂归入“城市阴影区”范畴，指出其存在使城市面临配套分散、交通可达性差、土地利用低效、整体形象不协调等多重挑战；范文兵（2016）从开发和社会等层面提出“城市更新五问”；涂慧君等（2019）指出多主体参与的建筑策划对于更新项目的重要性及存在的问题；李振宇等（2017）提出工业遗产居住化改造策略。王林（2017）构建了工业遗产保护的技术体系。开放和联通、调整开发模式、强化可识别性和功能混合置换等策略要求成为研究焦点。

2.4 本章小结

理论回顾为研究提供了“城中厂社区化更新”作为工业遗产和城市更新的中介研究领域的相关成果借鉴，可以总结出4方面研究策略：①厂区深度融合，从区域整体性出发，提升交通可达性，开放贯通滨水区，创造步行友好的公共空间，形成利于互相融合渗透的社区系统，体现社会公平共享理念；②混合功能植入，保障工作岗位和住宅数量的匹配，改善交通和公共空间质量，提供教育、医疗、文娱等公共服务设施，同时需兼顾本地工人居民的利益；③保护工业遗产，将其重塑为后工业城市的标志，提高地方认同感，突出工业美学特征，并营造强大的社区凝聚力；④调整开发模式，尤其是土地使用强度和用地性质，建立更富弹性的规划管理机制，结合灵活的容积率政策，以及混合功能、小地块开发等策略，为更新提供特殊的指标控制体系等。

3 历史
工厂、城中厂和社区化更新

本章回顾了西方和长三角城中厂及其社区化更新的历史沿革，总结从“工厂”到“城中厂”的历史动因，梳理长三角城中厂从临时住宅到艺术家社区再到商品房住区的社区化更新进程，并将其与西方比较，探讨未来可能的发展趋势。

工厂和城市的紧密联系，源起于工业革命，工业化带动城镇化的浪潮席卷了过去两个半世纪，城市的急剧扩张和功能分区催生出大片工业用地。但在西方城市中，自 20 世纪 60 年代开始的去工业化进程导致工业街区不断被非工业功能侵蚀，既包括内城外扩和周边城区的横向侵占，也包含卫星城内延，以及街区内部出现的零星蚕食（图 3–1）。以生产为核心的“厂—城”逐步演化成如今的城中厂。

图 3-1
城中厂的空间结构模型

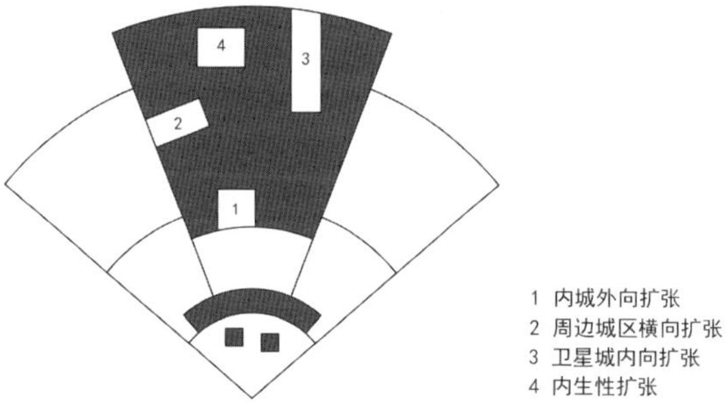

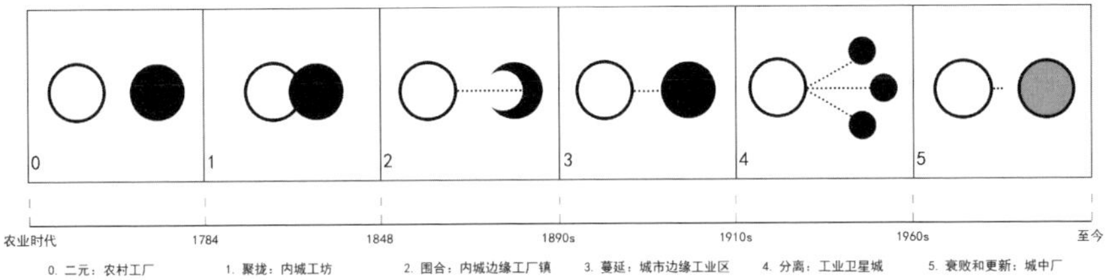

图 3-2
西方“厂一城”空间演化模型

3.1 西方城中厂的历史沿革

3.1.1 西方城中厂的演化

西方城市工厂最早出现于 18 世纪末的英国，技术变革和人口流动加速了其形成，并反映为城市空间的动态变化。以“厂一城”空间关联为依据，将其演化分为 5 个阶段（图 3–2，图 3–3）。

第一阶段：无序聚集的内城工坊（1784—1848）

农业时代的工业和城市是二元对立的。家庭手工作坊式的生产，聚集在水能和劳动力更丰富的农村地区。直至蒸汽动力织机被发明出来，燃煤能源代替水能，从而使得维持农村经济的棉纺生产不再依赖河流，而是向能源中心城市集聚，并在 1820 年促使工业城镇出现，如英国的诺丁汉、利物浦，以及美国的洛厄尔等。生产模式的蜕变，导致欧洲和北美城市人口迅速增加，蓬勃发展的工厂城镇，改变了以乡村为主的土地面貌（Kotkin，2005）。大伦敦地区人口数从 1760 年的 74 万上升到 1801 年的 110 万，1860 年则达到了 320 万，其中 38% 为外来移民。巴黎地区人口数从 1801 年的 55 万增长到 1861 年的 170 万，柏林同期则从 18 万增长到 55 万。

急剧的城镇化进程中，中世纪的城市空间格局和基础设施变得不堪重负，内城变为密度极高的贫民窟，直接引发了 19 世纪 30—40 年代蔓延整个欧洲的肺痨和霍乱。尖锐的社会问题，最终在 1848 年点燃了旨在打破城市壁垒的革命（Spring of Nations），迫使统治阶级允许城市向郊区扩张。建筑师们由此开始构思一系列工业乌托邦，如勒杜（Ledoux）设计的工业

1. 美国新英格兰早期工厂（18 世纪末）

2. 英国猛犸象工厂（19 世纪初）

3. 美国芝加哥普尔曼镇（19 世纪中）

4. 美国马萨诸塞州机械厂（19 世纪末）

5. 现代主义来临前的美国纽约某工厂（20 世纪初）

6. 美国伯利恒钢铁厂（20 世纪中）

图 3-3　不同历史时期典型的西方工业建筑和城中厂
（来源：图 1、4、5, The Works: The Industrial Architecture of the United States，参考文献 [8]；图 2, Industrial Architecture in Britain，参考文献 [37]；图 3, https://publications.newberry.org/pullman/items/show/315；图 6, http://www.abandonedcountry.com/2014/08/18/the-bethlehem-steel-plant-a-phoenix-in-pennsylvania/）

时代第一座理想城市肖镇盐场（La Saline de Chaux）：公社建筑是平面的中心，工厂设置在其两侧，住所和公共建筑则在外围，构成一个“圆”的完型，体现出社会集合体的初步设想（Norberg-Schulz，1975，参见：克里斯蒂安·诺伯格-舒尔茨，2005）。作为田园城市的早期雏形，肖镇催生出随后的工人合作社模式，如欧文的新拉纳克工业综合体（Owen，1815）、傅立叶的法朗吉协作社（Fourier，1829）、罗奇代尔合作社（1844）等，住宅和生活设施围绕工厂，形成功能齐备的城市单元。

这一时期的工厂保留至今的不多，主要集中在英格兰北部和美国东北部地区。其生产功能基本延续到20世纪60年代之后，如今多数已转型。其建筑密度较高，容积率较低，路网较密，高耸的红砖烟囱往往扮演城市地标的角色。砖木结构的厂房建筑多呈现出简约乔治亚风格（Georgian Style），如始建于1828年的波士顿查尔斯镇海军码头第一大街的数栋厂房，立面追求对称、比例和网格性协调，窗户上下成对，常见侧山墙以及坡度较大的双折线屋顶和四坡屋顶，红砖或褐砖饰面（Bradley，1999）；同时简化了繁琐的古典门廊，檐下装饰也有所删减。这些工厂多在历史进程中被改造、拆除或重建，同城市非工业区的边界相对模糊。

第二阶段：扩散至内城边缘的工厂镇（1849—19世纪90年代）

1853年的巴黎改造、1858年的维也纳拆墙行动和1859年的巴塞罗那扩建，依赖于迅速发展的交通技术——通勤火车和蒸汽地铁（19世纪60年代）、电车（19世纪80年代）的普及，为在大城市边缘开拓新的工业城镇创造了可能，如伦敦周边的埃德蒙顿（Edmonton）和莱顿斯通（Leytonstone）。伦敦城的半径也因此从1851年的4.8千米扩展到1880年的24千米（Hall，2009）。同期美国则经历了扩散—回归—再扩散的反复过程。以奥姆斯特德（Oolmsted，1869）规划的芝加哥河滨郊区为标志，城市迈上了郊区化道路：工业区在中心城区，而居住区则向环境优美的城郊扩散。然而，载人电梯（19世纪50年代）和钢结构建造技术（19世纪80年代）的普及，使得多层厂房成为可能。1871年芝加哥大火后，引发了新一轮内城建设热潮，部分城市在19世纪中后叶出现适度回归。如纽约苏荷区就是在这一时期从商业区转为纺织工业区的（LPC，1973）。

到了19世纪80年代，多数美国城市再次向郊区扩张，典型代表即是经过系统规划的普尔曼镇，除了厂房还包含了住宅、公共建筑以及公园（Berens，2011）。在南方，南北战争的结束带动了更多城市的工业化进程，尤其是重工业、军工和食品酿酒业的发展，加深了美国和全球的联系。需要大量土地的巨型工厂被建设在都市边缘，在费城到里士满的工业带内，兴建了伯利恒钢铁厂、巴尔的摩港等大型工业城区。德国在1871年统一后选择了发展重工业的路线，建设了萨尔工业区，并在上西里西亚、鲁尔和洛林等地大规模采矿和冶炼。相比英美两国，德国郊区的工业城规模巨大，如西门子城在1900年时即有7000余常住人口，并可为多达2万人提供公共交通保障（左琰，2007）。

这一时期的工厂现存较多，从中西欧到英格兰再到北美东海岸均有分布，构成了一批现代城市如费城、巴尔的摩的雏形。部分工厂时至今日仍在生产。其占地广，建筑密度和容积率均较低，道路稀疏，工厂同城市之间往往被高速路、绿化隔离带等分隔。厂房建筑多采用折衷主义风格（Eclecticism Style），融合了工艺美术运动、维多利亚风格和古典复兴等多重建筑元素，结合铸铁技术，形成大量颇具特色的“铁工厂”（Iron Works）（Bradley，1999），如英国的猛犸象工厂（Mammoth Factory）。建筑体量变得更大，立面以规则排布的细长窗户阵列为特征（Brian，1972）。平屋顶逐步取代坡屋顶，檐口和窗楣等细部出现商业化设计元素，如用石材或铸铁拼贴出的线条等。

第三阶段：加速蔓延的近郊工业区（19世纪90年代—20世纪初期）

19世纪末出现的公共铁路瓦解了工业综合体，传统城市迅速扩展成大都会并强化彼此之间的联系，出现了纽约—费城、芝加哥—底特律、伦敦—曼彻斯特、阿姆斯特丹—巴黎等区域性工业城市体系。交通便捷成为规划的首要原则，工业区和生活区逐渐分离，迁往更远的近郊并沿主要交通线分布。马塔（Mata，1882）提出的线形城市，其理论基础即将人看作被运输的对象。他认为一条 500 米宽且可以无限延伸的城市街区是可行的，只要有电车以及城市需要的水、电和煤气，这些都是工业生产所必需的。另一种思潮是霍华德（Howard，1898）提出的田园城市，认为运输对象主要是物。他构想城市应以一种向周边扩散的方式形成同心圆的格局，并通过放射状的道路贯穿，圆的最外圈是工厂仓库和市场，生产功能被铁路、河流和城市环路所分隔，紧邻内城却在脉络上被分开，从而保证上下班路程缩短并能避免城市污染的困扰。

这一时期西方国家工业发展迅速。以钢铁为例，美国在 1881—1920 年间粗钢产量以每年 10% 的速度增长，1899 年达到 1081 万吨，1910 年则上升到约 2300 万吨（USGS，2017）。这推动了更大规模的军事工业、重型工业和远洋贸易的发展，城市已经无法承受土地和环境的巨大压力，生产向更远的城郊滨水区转移，演化出一批工业新城，如汉堡仓库城、费城造船厂、阿姆斯特丹东贸易码头、纽约布鲁克林码头区等。这些码头区如今成为城市更新的重要对象。

同期，工厂规模变得更大，分布更是扩散到全球，这有赖于第二次工业革命推动的大机器生产、不断深化的全球贸易，以及技术和信息传播速度的加快。由于用地紧缺，建筑密度和容积率被迅速提高，但更加专业的企业管理模式，造就了更匹配货运需求的低密度路网，工厂也变得更加封闭，在滨水区形成长达数千米的带状生产区。在英语国家，商业化的建筑风格变得更加普遍，出现了埃及复兴、巴比伦复兴等设计手法，具体呈现为简化的窗拱券阵列、几乎消失的檐口线脚，以及敦实的建筑体量等。在德国，贝伦斯（Peter Behrens）于 1907 年设计了 AEG 透平机车间，预示了工业建筑风格新时代的来临。

第四阶段：被隔离的工业卫星城（20 世纪初期—20 世纪 60 年代）

城际火车和汽车，让城市分区和郊区化最终成为现实，工业区逐渐成为散布在城市周边数千米甚至数十千米外、有绿化带或缓冲带隔离的飞地。功能分区成为这一时期的规划特征，伦敦开始了由郡议会牵头的城市规划运动，纽约则从德国引入了将土地利用和建筑高度结合在一起的“区划”

（zoning）概念（Hall，2009）。

理论层面，加尼埃（Garnier）提出工业城市方案，其中老城、居住新城和工业区之间完全分开，并通过教育培训、车站等地块进行隔离，各功能区之间通过铁路连接，这清晰地预示了1933年国际现代建筑协会（CIAM）的《雅典宪章》（Athens Charter）核心内容，即将城市分为居住、工作、游憩和交通四大功能分区。柯布西耶（Corbusier，1931，参见：勒·柯布西耶，2009）则在“光辉城市”理论中提出，城市包含教育、商业、交通、居住、办公、绿化和三类工业区。1945年出版的《人类三大聚居地规划》，更是将工业和城市、乡村平行分类。在美国，赖特（Wright）和沙里宁（Saarinen）分别提出了“广亩城市”理论和“有机疏散”理论，号召将小型工业移至中心城边缘，大型工业占据中心城和郊区之间的城市边缘地带，而中产阶级则迁到更偏远的城郊或新区。工业推动的无尽的城市蔓延，在北美、英格兰、西欧和东亚等地，铸就了大都市带的雏形。戈特曼（Gottmann）指出，美国东北部地区，从新罕布什尔州的希尔斯布鲁到弗吉尼亚州的菲尔法克斯是全球最早的工业大都市带（于峰等，2010）。工业大都市带既标志着工业时代的鼎盛，也预示了其不久后的衰败。第二次世界大战后，英美等主要发达国家均开始出现不同程度的去工业化现象。

工业化晚期，工厂的分布逐渐固定，建设强度和密度继续提升，但已鲜有大型工业区出现；其边界愈加清晰，同城市生活区有明显隔离。在英语国家，工厂建筑风格以装饰艺术风（Art Deco）为主，欧洲大陆则开始普及现代主义风格厂房，但不约而同地呈现出大开窗、大空间、大体量、自由立面和平面等特征，较为典型的有伯利恒钢铁厂、费城海军码头等。同时，随着城市非工业区的并行拓展，不同时期的工厂均逐渐被包裹，巨大的车间、高耸的烟囱，俨然成为城市中醒目的地标物。

第五阶段：城中厂的衰败（20 世纪 60 年代至今）

20 世纪 60 年代以来，信息产业发展和全球化引发了制造业的转移，工业生产从发达国家疏散至发展中国家，城中厂生产停滞，加剧了西方城市的空心化趋势。面对城市的衰败，十次小组（Team X）提出“住宅、街道、区域和城市”应高于《雅典宪章》的功能分区原则，芒福德则认为郊区化是一种愚弄人的建设，是“反城市”的表现（Mumford，1961，参见：刘易斯・芒福德，2005）。在雅各布斯、亚历山大等学者的呼声中，西方社会开始反思旨在指导土地使用的传统规划，认为应从控制发展向促进发展转型，重新回归中心城区。1973 年，石油危机让西方国家经济遭到重创，如英国在 1971—1981 年间就损失了 200 万个工厂工作岗位，而美国同期甚至达到了 3800 万个[①]，诞生了从纽约州西部到爱荷华州北部的“锈带”（Rust Belt），底特律、匹兹堡等城市从工业时代的辉煌中迅速衰败下来。

工业的衰败催生出社会对节约、紧凑和混合发展的城市更新的共识，曾经的城市中心工业区在市场推动下加速转型，如伦敦沙德・泰晤士街区、波士顿查尔斯顿海军码头，纷纷转型为生活社区。至 20 世纪最后 10 年，单纯追求土地价值的更新逐渐升级为多元价值的复兴（Roberts et al.，2000），废弃的工业场所被认为是城市文脉的一部分，纽约布鲁克林滨水区、哥本哈根布里吉岛、柏林苏特海斯啤酒厂等城中厂成功转型为混合功能的城市品牌地段。

3.1.2　西方城中厂的社区化更新

西方的相关研究，最早可追溯到 19 世纪下半叶对工业城市发展模式的反思，并在第二次世界大战后逐渐实现理论体系化，其中包含了社会改良、环境和卫生改善、积极就业等多重内涵，这构成了城中厂社区化更新的历史背景。据此，本书将西方城中厂社区化更新过程分为 5 个阶段（表 3-1）。

① HALL P. 明日之城：一部关于 20 世纪城市规划与设计的思想史 [M]. 童明，译 . 上海：同济大学出版社，2009：394-395.

表 3-1　西方城中厂社区化更新历程

特征要素＼阶段	工业场所重建	工业建筑群翻新	工业街区再开发	工业邻里再生	工业城市复兴
时间	1945—20 世纪 60 年代初	20 世纪 60 年代初—70 年代中	20 世纪 70 年代中—80 年代末	20 世纪 80 年代末—21 世纪初	21 世纪初至今
重大历史事件	第二次世界大战结束和战后重建	社会主义思潮和凯恩斯主政府义执政	1973 年石油危机和自由主义政府执政	经济危机、苏联解体和美英中间路线政府执政	2008 年金融危机和制造业回归
城市更新特征	贫民窟拆除重建	局部复苏的尝试	大规模商业性再开发	经济、文化、社会等综合再生	走向全面的复兴
社区发展特征	新建满足基本需求	解决突出社会问题	社区企业化	公众参与可持续发展	精细、策略的优化
工业遗产再利用特征	工业考古和保护	保护兼顾再利用	结合开发的再利用	城市复兴的高度	文化意识新常态
城市战略	中心城区扩张和郊区蔓延	城市扩张同时开始尝试小型城市更新项目	从郊区增长向中心城区更新转型	城市更新作为城市发展的常态	以城市更新为核心的发展
参与主体	国家和地方政府主导	公共和私有的平衡	私营企业占据主导	公私合作企业为主	参与主体愈加多元
行动空间	城市中心区	城市中心区里需要恢复活力的区域	从城市中心区逐渐向外缘转变	城市中心外缘滨水区为主	城市内边缘区
产业结构	产业和生活分离	商住混合业态的尝试	居住主导的混合功能	居住和文化产业混合	都市工业的回归
融资方式	公共投入为主	私人投资持续增长	私人投资为主	公－私投入相对均衡	更为多元的模式
社会目标	改善住宅和生活标准	改善社会福利	社区权力和社区自助	社区内生动力的激发	解决就业和社会稳定
项目尺度	零星工业建筑或街坊	小型工业街坊或街区	大型工业街区	不同尺度项目并存	不同尺度项目并存
环境治理	景观和公园	有选择地改善环境和棕地治理	全方位关注环境治理，并和更新结合	引入环境的可持续发展观念	环境优化和城市美化同等重要

前更新阶段：工业城市的批判（19 世纪 50 年代—1945）

这是西方工业发展最迅速的一百年。工业生产及圈地运动导致城市生存环境不断恶化，如 1841 年的利物浦和曼彻斯特，人均寿命分别只有 26 岁和 24 岁（Hall，2008），越来越多的声音呼吁加强公共服务和整治环境卫生。德国社会改革家胡贝尔（Huber）较早开始批判柏林城市住宅的紧缺和恶劣条件，阿尔米奴斯（Arminius）则从规划角度对住宅环境改善提出了建议。

以 1875 年英国的《公共卫生法》（Public Health Act）和《住宅改善法》（Dwelling Improvement Act）为起点，西方城市规划开始对居住环境改良提出强制性要求。两次世界大战之间的 20 年，城市重建催生出一波更新热潮。法国在 1919 年通过了《科尔尼法案》（Loi Cornudet），英国在 1931 年公布《巴罗报告》（Barlow Report），均试图控制老城区内向发展，倡导人口和工业再分配，鼓励建设大型住宅区（阳建强，2012）。这些规划政策的落地，加快了城市中产阶级的外迁，工业城区逐渐成为低收入人群、外来移民和少数族裔聚集的贫民窟，犯罪、灾害、卫生等问题频发（图 3-4），这使得城中厂转型变得愈加迫切。

第一阶段：拆建下的城中厂重建（1945—20 世纪 60 年代初）

第二次世界大战后的 15 年间，城中厂更新以大拆大建为标志。1946 年，《凤凰涅槃：为重建而规划》出版，宣告城市发展新时代的开始（Sharp，

图 3-4
工业城市从福特式繁荣到工业退出后的衰败（来源：Beauty Redeemed: Recycling Post-Industrial Landscapes，参考文献 [7]）

1946）。美国 1949 年的《住宅法案》（Housing Act of 1949）和 1953 年的《地产法案》（The Law of Real Property），均提出重建贫民窟并开发旧城区土地的要求，拉开了城中厂重建（reconstruction）的序幕（Hall，2009）。波士顿的西端区、华盛顿的西南区计划、旧金山的金门计划，都伴随着大规模拆迁和清除工作。

1954 年的《美国住房法》（Housing Act of 1954）第一次引入了“城市更新”（renewal）这一术语，表明除了重建外也支持保护和改造。如作为社区经济发展触媒的巴尔的摩内港更新，首次较大规模地保留改造了工业历史建筑，以巨大的发电站商场为核心（图 3-5），兴建了包括 40 万平方米的零售、300 栋住宅和旅馆，以及博物馆和水族馆的综合游憩商业区，这一更新时至今日仍在进行。德国和法国则仍处于战后重建的过程中，城市的主要目标是提供足够的住宅，以满足迅速增长的人口需求，如德国 20 世纪 50 年代颁布了《联邦重建法》（State Reconstruction and Rubble Acts），西柏林 1957 年举办国际建筑博览会（Internationale BauAusstellung，IBA），建设大量实验性住宅以寻找快速解决居住短缺问题的良策。英国介于美国和欧洲大陆之间，1947 年颁布的《城乡规划法》（Town and Country Planning Act）明确了城市物质环境建设的重任。同美国一样，贫民窟被大量拆

图 3-5
美国巴尔的摩内港发电站改造，
2017.10

除，取而代之的是大量高层公寓，如持续近 30 年的“伯明翰综合计划”（Birmingham Comprehensive Plan）等。

规模浩大的拆迁引发了激烈的社会冲突，大量穷人流落街头，小型零售被迫关门，邻里社会结构遭到了破坏。为了缓解冲突和矛盾，各国政府继续鼓励居民向城郊迁移。英国 1946 年的《新城法》（New Towns Act）、法国 1956 年的《巴黎地区国土开发计划》（Projet d'Aménagement de la Région de Paris）、美国 1956 年的《联邦资助公路法》（Federal Aid Highway Act），均号召在大城市周边开发可以自给自足的新城。然而城市蔓延进一步加剧了族群和阶层的分化，穷人和少数族裔留了下来，内城治安、卫生等社会问题变得更加尖锐，这进一步降低了城市活力。曾经依托工业发展的城区，逐渐成为工业遗迹。工业考古正是在这一时期兴起：在英国，对“辉煌工业帝国”的怀念（刘伯英，2012），引发了研究工业革命的热潮，拉开了工业遗产保护再利用的序幕。

第二阶段：自下而上的城中厂翻新（20 世纪 60 年代初—20 世纪 70 年代中）

建立在对城市重建的反思之上，20 世纪 60 年代的城中厂更新出现了新趋势。去工业化进程加快，产业衰败加速城市衰退。工业外迁导致大量就业岗位流失，失业工人不得不将住所廉价卖给资本家，流离失所。经济问题衍生出了严重的社会和环境问题，最终在 1970 年前后引发了一系列严重的社会冲突。格拉斯（Glass，1963）将上述问题总结为绅士化（gentrification）现象，揭示了城市重建对穷人生存环境的剥夺（薛德升，1999）。

为了减少冲突，政府开始关注社区发展。美国 1961 年的《区域再开发法案》（Area Redevelopment Act）、1966 年的“模范城市计划”（Model Cities Program），针对工业贫民窟，以街区为单元增加住房供给。英国在 1968 年推出“优先教育区、城市计划和社区发展计划”（阳建强等，1999），旨在改变重建过程中忽视贫穷居民利益的现状。德国则于 1971 年颁布了《城市更新法》（Urban Renewal Act）和《城市发展促进法》（Urban Development Promotion Act），以及 1977 年的《住宅改善法》（Housing

Promotion Act)，基于“保留周边，推倒内部”的思路修复改造城市建成环境。

工业污染残留在这一时期开始成为新的社会问题。卡尔逊（Carson）出版的《寂静的春天》（*Silent Spring*）一书，引发了全世界对环境保护的关注，而1974年的拉夫运河事件进一步加重了人类对环境恶化的担忧。1963和1972年，美国相继颁布了《空气洁净法》（Clean Air Act）和《水净化法》（Clean Water Act），旨在修复被工业破坏的城市环境。

历史街区的价值亦开始得到关注。美国于1966年建立了国家史迹名录机制（National Register of Historic Places），法国1960年的《分区保护法》（Sector Conservation Law）、1962年的《马尔罗法》（Loi Malraux）和1967年的《保护历史地区法》（Protected Historic Areas Act），都将一些老旧工厂列入了文化遗产清单。一些城中厂由此得到修复翻新的机会，如旧金山吉拉德里广场（1962）、巴黎中央菜市场（1970）、伦敦新科文特花园（1962）、纽约苏荷区（20世纪60年代）等。企业、社区组织和民间基金开始有限介入城中厂的更新，政府也开始倡导城市企业主义（city entrepreneurialism）（Harvey，1989），认为城市需要营销，而改造老旧建筑、修复污染土地、利用大型事件等都有利于宣传城市形象。

城中厂作为城市建成遗产的一类，其再利用价值也逐渐得到学界认可，1964年《威尼斯宪章》（Venice Charter）指出城市古迹具有见证历史事件的意义，1965年，哈普林提出了建筑“再循环”理论。同年，ICOMOS在华沙成立，宣告将历史古迹保护上升到全球高度，文脉主义开始盛行，强调遗产应尽量融入到城市整体中去，这和雅各布斯倡导的传统多样性如出一辙。

第三阶段：企业主导的城中厂再开发（20世纪70年代中—80年代末）

1973年第一次石油危机后的近15年，是房地产企业主导的城中厂更新的时代。“工业技术的发展以及更进一步的工业哲学知识体系的建立是人类社会进步的先决条件”这一信念随着高企的油价产生动摇，全球经济发展从福特制（Fordism）向后福特制（post-Fordism）的弹性生产转变，导致发达国家仅剩的传统工厂纷纷破产倒闭，1971—1981年间，英国损失了

200 万个工厂岗位，美国则是 3800 万个（阳建强等，1999）。

为了摆脱经济危机，以美英为代表的西方政府开始推行新自由主义，强调市场作用和个人自由，主张约束政府职能和权力，出现了以公私合作（private-public partnership，PPP）为特征的开发模式，企业成为城中厂更新的主要推动者，著名的 UDCs、LDDC 等新城公司均由此诞生。英国于 1977—1978 年颁布《内城白皮书》（Policy for the Inner Cities）和《内城法》（Inner Urban Area Act），号召全社会一起应对城市的经济、环境和社会的衰败（阳建强，2012），城市建设中心终于重新回归内城。通过在伦敦和利物浦试点新设工业改善区，开始了道克兰码头和利物浦南北码头的商业性再开发（redevelopment），如萨里（Surrey）码头的沙德·泰晤士街区，已转型为居住、旅游和商业办公混合的历史街区（图 3–6）。

法国在同期颁布了《权力下放法》（Policy of decentralisation，1982），将社区发展列为城市发展的重心。美国则于 1974 年颁布《住房和社区发展法案》（Housing and Community Development Act），将政府的住房资助前提，从家庭收入的 25% 用于房租提高到 30%，并降低政府确定的“公平市场租

图 3-6
英国伦敦沙德·泰晤士历史街区，2013.04，李振宇摄

金标准”。同时设立社区发展基金（Community Development Block Grant，CDBG），由中央政府拨款，赋予地方政府支配权，用于改善社区环境和居住质量，并制定“低收入阶层住房税金信用计划”（Low-Income Housing Tax Credit），推动了如投资税贷款（investment tax credit）、就业税信贷（employment tax credit）和直接援助等公共政策，设立专门负责此事的“内部机构协调委员会”，鼓励资本向衰退地区投资。如波士顿的查尔斯镇海军码头，55 公顷土地被划分为 4 个片区和数十块更小的产权地块，各地块出让的土地政策各不相同，私营的波士顿恢复经济发展机构（Boston Redevelopment Authority，BRA）希望以此吸引多样化的开发商前来投资（ULI，2005）。在英国，哈克尼（Hackney）开始推行社区建筑企业化运动，成立了社区建筑小组（Community Architecture Group），说服那些待拆迁街区的政府和开发商，通过申请贷款、设计技巧等，引导社区走向更新，这得到了查尔斯王子的支持。在德国，1984—1987 年的柏林国际建筑博览会（IBA）提出“谨慎的城市更新”理念，更为强调社会发展和经济发展的平衡与协调。

城中厂的再开发，让工业遗产的保护和再利用走向并行之路。西方国家纷纷设立国家历史场所登记制度，以补贴和减税鼓励遗产活化。1976 年《内罗毕建议》（Nairobi Recommendation）、1977 年《马丘比丘宪章》（The Charter of Machu Picchu）、1979 年《巴拉宪章》（Burra Charter），从历史地区的角度，倡导保护必须和恢复与再生结合起来，保证文物具有经济意义并继而具有生命力。1978 年，国际工业遗产保护联合会成立、波兰 Wielczka 盐矿成为联合国教科文组织收录的第一个工业遗产类世界遗产，1986 年英国铁桥峡谷（Ironbridge Gorge）被联合国教科文组织正式列入世界文化遗产名录，成为世界上第一个因工业而闻名的世界文化遗产。上述事件标志着工业遗产保护成为一门正式的学科。

第四阶段：可持续发展的城中厂再生（20 世纪 80 年代末—21 世纪初）

1987 年联合国在《我们共同的未来》宣言中提出可持续发展的要求，城中厂更新进入关注经济、文化、社会等综合因素的再生阶段（regeneration）。新区域主义（New Regionalism）和新城市主义（New Urbanism）提倡空间效率、地点紧凑和集约、环境可持续发展、社会公正、多元交流和平衡，以及自下而上和自上而下的开发的结合互动。

在英国，新工党选择回归介于凯恩斯主义和新自由主义之间的折衷道路，1989 年颁布的《地方政府和住宅法》（Local Government and Housing Act），提出在内城严重衰退地区设立“住宅更新区”（housing renewal areas）。1991 年，英国启动“城市挑战政策”，将更新决策权还给地方，鼓励政府和私人部门建立伙伴关系，联合参与开发，公众参与成为城市更新的新趋势（阳建强，2012）。1993 年，英国国家环境部增设专项再生预算，希望跨越传统部门界限，充分调动资源，中央政府亦于 2001 年推出“住宅区域基金”（Regional Housing Fund），鼓励公众参与社区建设。法国则在 1993 年发起“城市规划行动”，旨在恢复城市工业街区的活力。德国 1987 年的《建设法》（Baugesetzbuch）新增了重新利用废弃工业用地等内容。两德合并后，原东德地区成片工业街区开始转型。在美国，大量城中厂被改造成租赁住宅，如纽黑文的啤酒厂公寓、费城施密特广场等。克林顿政府将住房计划职能下放到州和地方政府，提高税金信用（给予为低收入人士提供住房的业主税收优惠）的人均标准，并通过 1997 年的《多家庭资助性住房改革及承受能力法案》（Multifamily Assisted Housing Reform and Affordability Act）予以支持（黄兴文，2009）。

工业遗产的再利用价值也得到进一步重视。自 1988 年起，英国政府开始支持工业旅游的发展。1989 年，英国艺术委员会发表了《城市复兴：艺术在内城再生中的作用》（An Urban Renaissance: The Role of the Arts in Urban Regeneration）白皮书，号召用历史文化来重振城市（黄鹤，2006）。1997 年，英国政府颁布《规划政策声明》，声称好的设计与好的规划是密不可分的。1998 年，《英国创意产业路径文件》提出“创意产业”概念，鼓励使用老厂房进行创意设计工作。德国鲁尔区则是打造了一条工业遗产旅游之路，并拓展到整个西欧。1990 年欧洲《城市环境绿皮书》（Green Paper on the Urban Environment）、1996 年国际建筑师协会（UIA）第 19 届大会和 2002 年 UIA 第 21 届大会，均提出了如何应对废弃工业区、城市“模糊地段”和资源建筑的问题。同期，更多城中厂得以转型，如阿姆斯特丹东贸易码头、巴塞罗那蒸汽机厂改造、柏林施普雷河中段、波尔多夏尔冬码头区等。废弃工厂再利用作为一种发展机遇（Douet，2012），承载着振兴城市的重任，这在 2003 年颁布的工业遗产权威文件《下塔吉尔宪章》中得到全面的阐述。

第五阶段：兼顾增长和公平的城中厂复兴（21 世纪初至今）

社区成为这一时期的城市发展主题，这深深影响了城中厂的更新。1999 年，罗杰斯领衔编制的《走向城市复兴》（Towards an Urban Renaissance），拉开了复兴（renaissance）的序幕。他指出信息技术、生态技术和社会转型 3 个城市更新的源动力，强调需要考虑智慧、高效、环保和公众参与。2005 年的《走向强有力的城市复兴》（Towards a Strong Urban Renaissance），则是强化了高质量和人性化的设计、社会包容、社区参与和管理等议题，城市设计被定位为城市发展的指导性公共政策（约翰·彭特，2016）。

2008 年金融危机导致了城中厂社区化更新的转折：一是重新关注社会保障体系，英美等国社会住宅建设比例因而比 20 世纪末有所提升；二是重新回归产业，美国的“制造业回归”和“工业互联网”，德国的“工业 4.0”，英国“工业 2050”等计划，让人们开始探讨智能化、互联网化和无污染化的产业和城市混合并行的可能。一批工业历史街区被更新为混合社区，如汉堡仓库城、费城海军码头（图 3-7）、伦敦泰晤士河口区、杜塞尔多夫轻轨站社区等，创造了大量制造业和生产型服务业岗位，体现了职住平衡的理念。法国于 2000 年颁布《社会团结与城市更新法》（Solidarity and Urban Renewal），提出未来的城市政策主要致力于城市更新、协调发展和社会团结（阳建强，2012）。英国 2003 年的《社区策略和地方发展之间的关系》（The Relationship between Community Strategies and Local Development）白皮书，将社区发展提升到城市发展的高度。在美国，新城市主义者提出了精细城市主义（Lean Urbanism）和策略城市主义（Tactical Urbanism），尝试在更细小的层面，通过更快节奏和低成本的方式建设和

图 3-7
美国费城海军码头历史核心区，2017.02

改善社区环境。

工业遗产在上述社区建设中扮演着重要角色。2002 年英国历史建筑和古迹委员会指出，古代建筑不是伦敦经济增长的累赘，而是繁荣的基础。2005 年则明确历史文化保护对象为“历史环境”和“遗产财富”（UK Government，2010）。2015 年的《遗产 2020：英国历史环境战略性保护框架（2015—2020）》（Heritage 2020 Framework），把城市遗产保护上升到顶层战略设计的高度，重点关注 5 方面策略：①发现、辨识和理解；②建设性保护和可持续性管理；③公众参与；④建筑容量；⑤注重规划实施（陈鹏等，2017）。

3.2　长三角地区城中厂的形成历史

工业是长三角城市近现代发展的动力，手工业多聚集在中心城区内。以洋务运动为开端，笔者将长三角地区城市工厂形成过程分为 4 个阶段（图 3–8）。

图 3-8
长三角地区“厂一城”空间演化模型

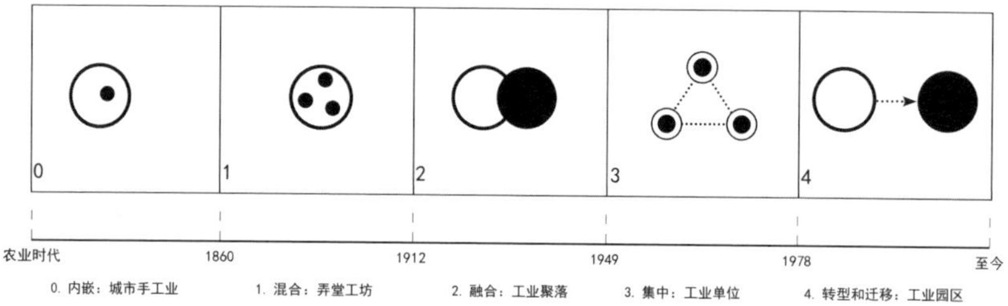

3.2.1　雏形：无序混入的内城工坊（1860—1911）

晚清是长三角地区城市工厂建设的第一个高峰。自明清以来，长三角城市就是以丝绸、刺绣等手工业闻名的工商业重镇。1840 年鸦片战争后，上海成为第一批通商口岸，并逐渐发展成为近代中国工业发源地，在洋务运动前其进出口贸易额一度占据全国总额的一半（黄苇，1979）。1852 年美国人杜纳普（Dewsnap）在现黄浦区老码头处修建船坞，是近代外资工业进驻的最早记载之一（彭泽益，1957），至 19 世纪 60 年代，虹口、浦东等地聚集了一批西方造船厂，是长三角近代工业的雏形。

洋务运动在上海、苏州等地催生出了一批军械、洋炮和轮船厂，其中上海的江南机器制造总局，下辖锅炉、机器、熟铁、铸铜铁、枪、木工、轮船、炮弹、火药、炼钢等众多分厂，并兴建了库房、栈房、煤房、文案房、公务厅和宿舍等配套设施（徐新吾等，1998），被誉为“中国近代民族工业的发源地”。同期，长三角的外资工业从造船业拓展到砖茶、缫丝以及原材料（如蛋粉、樟脑、蓖麻子等）粗加工业，多分布在通商便利的内城边缘的滨水区，如上海的苏州河、肇嘉浜和黄浦江西岸，苏州的吴门外青旸地等。工业发展吸引了大批农民，城市规模迅速扩大。

1895 年甲午战争的失败，促使一批有识之士开创中国自己的民族工业，如杨氏兄弟在无锡创办的业勤纱厂，张之洞在苏州兴建的苏经和苏纶纱厂，庞元济在杭州创办的通益公纱厂（图 3–9）和大纶丝厂，以及张謇在南通创立的大生纱厂等。然而，除了少量大型棉纺织厂外，多数生产仍然是在手工作坊中进行。作坊周边密布民房，基础设施陈旧，厂区缺乏规划，生活和生产难以区分，逐渐形成了半工半城的里弄工厂，如上海的

图 3-9　杭州通益公纱厂旧址，2019.11

田子坊、同乐坊等（左琰等，2012）。此外，这一阶段的工业建筑规模较小，形态和民居差异不大，尚未呈现典型的现代工业场所特征（张京成等，2013）。

这一时期形成的城中厂现存不多，主要分布在上海苏州河两岸、苏州和无锡老城区边缘等。其生产功能多数延续到 20 世纪末。受制于相对落后的生产和建造技术，这些城中厂的尺度和低层高密度的生活街坊较为接近，厂房外观和民居相差无几，多为 1~2 层砖墩承重的砖木结构，室内柱网密布，木质楼板，粉墙黛瓦坡屋顶，或开气楼，风格多延承徽派和苏式公共建筑的特征。同期也开始出现少量铸铁和钢结构厂房，部分厂房初现中西合璧风格，如上海江南弹药局，采用德国管型钢柱和角钢屋架，但建筑外形仍是中式的（黄琪，2007）。道路以步行街巷为主，宽度仅能通过牲畜拉车，如苏州雷允上诵芬堂铺（1867）与织造局旧址（19 世纪 70 年代）、无锡储业公所（1893）、杭州富义仓（1880）等。亦有少数初具现代工厂雏形，如上海的湖丝栈（1874）与福新面粉厂（1898）、杭州的通益公纱厂（1897）、无锡茂新面粉厂（1902）等，建筑高达3~4层，山花和水平线脚时而可见，红砖代替青砖成为承重结构，门窗开洞也出现了拱券，部分厂房甚至出现带有古典柱式的门廊。这些留存至今的工厂，多数已经成为各级文物保护单位。

3.2.2 发展：“集聚—破坏”中的近郊工业聚落（1912—1948）

辛亥革命推翻了帝制，打破了长期束缚中国民族资本主义发展的桎梏，掀起了一阵发展实业的浪潮，尤其是面粉、缫丝、棉纺等行业开始突飞猛进（徐新吾等，1998）。1914年第一次世界大战的爆发，更是让西方国家无暇东顾，民族工业开始快速发展，轻工业更是得到了历史性机遇，如无锡的荣氏兄弟在1902年建立茂新面粉厂，定海的刘鸿生1909年在上海做煤炭和火柴生意等。这些民族资本家不断扩大生产规模，并将业务拓展到长三角其他城市。

1927—1937年间，国民政府出台了一系列鼓励工业发展的政策，改革币制，并收回关税自主权，引入西方先进设备，民族工业再次得到发展机遇，如基于德国技术发展起来的南京永利铔厂，以及常州的刘国钧将大成厂率先集聚成为“纺、织、染”一条龙的规模化联营企业，被马寅初誉为“罕见的奇迹”（张文珺等，2008）。随着生产规模的扩大，这些工厂开始配套建设职工宿舍，出现了混合功能的西方合作社雏形。同期，主要都市开始配套建设电话、电力、自来水等大型市政基础设施，如上海杨树浦电厂和煤气厂、嘉兴永明电灯公司等，构成当今城中厂的另一个重要类型。

抗日战争阻断了民族工业的发展，1937—1945年间，长三角绝大多数城市的工业进入消沉期。但未沦陷的上海租界区，一方面为了政治和资本的“苟安”，另一方面为了满足战时工业品需求并追求战时高额利润，同时作为日本和西方妥协的结果，其工业在1938年呈现过短暂的“孤岛繁荣”[①]，工厂数量从400余家陡然增加到4700余家，造就了如今上海中心城区遍地城中厂的格局，直至1941年太平洋战争爆发，日本对长三角地区

① 徐新吾，黄汉民．上海近代工业史[M]．上海：上海社会科学院出版社，1998：230-233.

管控趋严。原材料的短缺、交通线的切断、联军对日据工业的打击，以及日本对工业掠夺式的经营，导致上海等城市的绝大多数工业在1942年后迅速衰退（祝慈寿，1989）。

这一时期的城中厂存续至今的较多，且由于错综复杂的历史条件呈现出多样化特征。其延续了晚清中西合璧的工业建筑风格，包括西式坡屋顶、屋架、天窗、外墙上的圆拱窗和抗风柱，以及愈加复杂的古典手法，甚至出现装饰艺术风的三段式，如上海福新面粉厂和中央造币厂。工厂厂房体量更大，技术更成熟，并引入了新的规划理念、建筑结构和构造形式。除了常规砖木厂房外，钢筋混凝土结构的多层厂房，以及巨型钢桁架、拱、排架等先进的工业结构形式，在20世纪20—30年代均有应用，同期亦出现煤气罐、冷却塔、筒仓等构筑物（黄琪，2007）。

大机器生产和机械运输，也引发了外部空间的系统性扩容：建筑密度有所下降，容积率却显著提升，高大的厂房成为城市滨水区的地标。宽阔的车道代替了步行街巷，工业建筑也不再紧邻河道，而是留出数米到数十米的缓冲地带装卸货物，如常州大成一厂（20世纪30年代）、大成三厂（1937）（图3-10），苏州鸿生火柴厂（1920）等。同时，工厂开始搭建围墙，确

图3-10
常州大成三厂原漕运大门，2016.08

保安全生产。经过设计的厂房立面，如层高、进深、挑檐等，无一不体现出民国建筑的高大特色。一些厂房甚至出现了外挂混凝土消防楼梯，如无锡北仓门蚕丝仓库（1938）。立面的拱券、线脚等装饰性要素减少了，取而代之的是工业结构美学要素，如在20世纪20—30年代出现的一批有锯齿屋顶的巨型棉纺织车间。这一时期的部分城中厂以建筑群形式保留至今，但鲜少达到街区规模。

3.2.3 巅峰：城市工业化下的生产单位（1949—1977）

中华人民共和国成立后最初的30年，是城中厂形成的巅峰时期。中国城市在“苏联模式”的计划指导下，呈现出快速工业化、工业国有化、工业三线化和重工业化四大趋势。1952—1978年间，上海第二产业产值占GDP比例从52.43%上升到77.36%，江苏17.62%到52.60%，浙江11.33%到43.26%；上海第二产业职工人数比例从29.63%上升到44.04%，江苏3.83%到19.60%，出现质的飞跃（国家统计局，2010）。

受到潜在战争的威胁，沿海的长三角地区未获得诸如“156工程”等的显著支持，但依托深厚的基础，工业生产仍然得到较快发展。一方面发展出一批工业卫星城，如上海于“一五计划”期间发展出7个卫星城（蕴藻浜、桃浦、吴泾、高桥、彭浦、闵行、漕河泾），并开始兴建配套工人新村（如曹杨新村等）。杭州发展出5个工业卫星城（拱宸桥、祥符桥、半山、留下、望江门），以及嘉兴的城东工业区、常州的戚墅堰区等。这些卫星城拥有行政管理权，且依托特定工业，能自给自足。另一方面，内城功能分区加速，在城市的边缘地区催生出一批工业单位，如嘉兴甪里街，苏州阊门，嘉兴南湖东侧的棉纺、毛纺厂等。

此外，为了响应国家“三五”和“四五”建设三线的号召，沿海的上海、杭州等城市将部分工业迁至长三角腹地的山区，是为“小三线建设”，由此兴盛起一批新工业城市（徐有威等，2018），如宣城、马鞍山等，大批沿海工厂和工人迁至内地。这一迁移一直持续到1988年，随后开始军事工业转民用工业（张永斌，1998）。20世纪70年代，则兴起一阵“五小工厂”

建设热潮，在大城市中心区建立了一批小型集体工厂，其缺少规划，规模有限，技术落后，污染严重，造型粗陋，部分至今仍然存在。

计划经济前期的工厂规划完善，功能齐备，是“城市化工业”下封闭式的生产单位（图 3–11）。在空间上“生活围绕生产、厂房围绕车间”，管理上“政企一体、统筹安排、功能混合”，整个单位更是包括了生产区、生活区、办公区甚至文化娱乐区。尽管苏联援助的“156 工程”鲜少落户长三角地区，但受其技术影响，工厂规划开始强调科学，包括更紧密的车间布局、根据防火要求进行功能分区、多车间的协作等。厂区路网设计变得更加追求经济效率，部分工厂甚至在车间内通过悬吊运输产品减少道路空间（蔡君馥，1954）。

在“效率至上”的原则下，一方面为便于室内作业，另一方面基于大机器生产的需要，工业建筑体量变得巨大，单边尺寸常达百米以上，且在生产之外配备淋浴、更衣等功能空间，多沿用苏制 6 米柱距模数（赵冠谦，1960），如杭州锅炉厂（1955）、钢铁厂（1957），嘉兴石油机械厂（1950）等。到计划经济时代后期，老城内出现了一些小型工业单位。其布局缺少

图 3-11
嘉兴冶金机械厂主轴线，2015.01

规划，厂房经常根据需要临时加建，尺度偏小，空间局促，如常州二五三厂（1968）、上海汽车制动器厂（20世纪70年代）、苏州长城电器厂（1975）等。由于钢筋混凝土框架结构的普及，以及少量钢结构体系的出现，工业建筑的立面得到解放，更大、更通透的平窗环绕厂房外墙，形成了具有城市工业化时代特征的生产风貌。

3.2.4 转型：扩张、迁移和废弃的城中厂（1978至今）

改革开放以来，长三角城市中心区的工厂建设量，在经历了一个短暂高峰期后逐渐下降。20世纪70年代末，消费导向的工业生产逐渐恢复，工业化带动城镇化的特征愈加明显。从“三来一补”到“世界工厂”，定位为生活必需品和出口贸易品的工业在长三角地区繁荣起来，诞生了苏州、无锡和常州发展乡镇企业的苏南模式，以及浙南倡导发展家庭工业和专业化市场的温州模式。

进入到20世纪80年代中后期，城市建设用地开始急剧扩张，中心城区土地价格不断攀升，不断扩张的工业生产规模受制于老城区紧缺的用地资源，工业开始逐渐迁至城郊的开发区，如上海浦东新区、苏州工业园区、杭州经济开发区等。老城内残留的少量工业多数也在20世纪90年代中后期停产，欣欣向荣的城中厂开始闲置，这导致各级政府推出“调整产业结构”和“退二进三”政策，鼓励低附加值的劳动密集型和资金密集型制造业进一步向城郊乃至苏北和浙南迁移（王俊松，2014）。

2008年金融危机之后，江浙城市经济的外贸依存度不断下降，制造业开始了向安徽甚至更深的内陆的第二轮迁移（郑德高，2011）。制造业外迁加速了城市中心区工业的衰败，残留的工业建筑、仓库、场地和设施，则形成横亘城市中心而失去功能的城中厂，亟待更新。

这一时期的城中厂少有新建，多为空间调整。由于规划理念和生产流程技术日趋升级，出现了一批数百米长的巨型厂房，能容纳数条完整的流水线。纪念性的空间轴线被交通动脉所代替，道路变得更宽、场地尺度加大，以适应重型车辆进出和更频繁的货运需求。功能分区更加明确，不同分区之间由铁路、绿带甚至围墙分隔开；厂区周边也开始大规模配建工人新村，如上海的宝山钢铁厂等。

建筑设计层面，一方面沿用了计划经济时代工业生产的室内逻辑，另一方面引入了西方先进的巨型设备，工业建筑的尺度大幅提高，如常州戚墅堰机车厂北区、杭州八丈井工业园区等。一些厂房单边尺寸甚至达到300~500米，单栋建筑即占地数公顷。功能至上的理念让工业建筑鲜少考虑艺术和美学价值，安全、符合生产流程、成本低廉成为设计的出发点。多数厂房开始使用多跨钢排架结构和缓坡屋顶，获取大空间以适应巨型龙门吊等生产设备的要求。轻钢涂料、石材、铝板等成为建筑立面主要材质，砖木围护结构被淘汰，工业建筑和民用建筑的风格差异进一步凸显。

3.3 长三角地区城中厂社区化更新的发展和变迁

长三角地区的城中厂演化，同过去的单位制度密不可分。随着这一制度的瓦解，城中厂的社区化更新内涵也发生了变化。社区化更新过程可分为 3 个阶段，不同阶段各有其特征（表 3–2）。

表 3-2　长三角地区城中厂社区化更新历程

特征要素 \ 阶段	工业建筑再利用	工业建筑群翻新	工业街区再开发
时间	1978—1997	1998—2009	2010 至今
重大历史事件	改革开放和“退二进三”	住房改革、服务业兴起和可持续发展	上海世博会、中国制造 2025、存量规划
城市更新特征	棚户区拆除重建	小型改造和大型重建并举	常态化　再开发和再利用
社区发展特征	作为解决基本居住需求增长的手段	配合第三产业发展的措施	逐步倡导同社区结合
工业遗产再利用特征	初步树立遗产保护意识	成为遗产保护专项内容	保护走向再利用
城市战略	向外扩张，向内增加密度	多数城市维持向外扩张	存量发展逐渐成为主流
参与主体	公共部门逐渐退出，私营企业进入	国营、民营及合资企业为主	国营－民营企业合作为主

续表

特征要素＼阶段	工业建筑再利用	工业建筑群翻新	工业街区再开发
行动空间	城市核心区	城市核心区和中心区	涉及城市边缘滨水区
产业结构	产业和生活逐渐脱离	产业和生活分离	逐渐回归产城融合
融资方式	国有企业、事业单位自筹或外包	企业在政策支持下自筹	PPP 模式
社会目标	缓解中低收入人群居住困境	解决临时居住问题	提高社会福利和社区归属感
项目尺度	小型工业街坊或单体建筑	小型工业街坊	大型工业区、小型街坊和单体建筑
环境治理	不是优先考虑对象	通过景观和设计参与进行优化	环境治理成为开发环节之一

3.3.1 前更新阶段：城市工业化和工业城市化（1949—1977）

计划经济时代是以快速工业化和相对慢速的城镇化为特征的，工厂社区的环境质量不高。1954 年全国第一次城市建设会议明确指出，中国城市应当按照国家统一的经济计划、建设地点和速度，采取与工业建设相适应的方针（赵民，2005），长三角城市由此开始从消费性城市向生产性城市转型（聂兰生，2004）。城市发展围绕工业生产展开，在老城区边缘划拨了大量土地，建设了一批大型工业区，亦对老城内部分工厂加以改造，但由于经济较困难，大多数城市只能按照“充分利用，逐步改造”的方针进行维修养护和改建（阳建强等，1999）。

20 世纪 50 年代中后期直至 1966 年前，随着国民经济的恢复，成规模的工业单位开始显现出国营企业兼具生产和生活功能的特征。依据“就近工作，就近生活”和实用经济的原则，在工厂周边配套大量工人新村，以及相应的医疗机构、幼儿园、学校、食堂甚至图书馆和广场绿地，住房由单位分配给员工，工厂为社区功能环绕。由于居民生活场所相对固定，社区内融合度和关联性较高，社区氛围较融洽。

十年动荡时期大型工业区建设暂停，转而在老城区见缝插针地建设小型工业街坊和单位大院，1970 年的“四五计划”明确提出建设“五小工厂”（小煤矿、小钢铁厂、小化肥厂、小水泥厂和小机械厂），出现了一批以街坊为单位的工业社区，如 20 世纪 70 年代苏州电器制造“四大名旦”厂（孔雀电视、香雪海电冰箱、春花吸尘器、长城电扇）。这些工业单位是城中厂更新的重要对象。

3.3.2 临时住宅：城中厂的临时再利用（1978—1998）

改革开放初期，城市职工住房短缺成为突出的社会问题，而 20 世纪 70 年代末的知青返城则加深了问题的严峻性，一批闲置的国营办公楼和厂房因而被改为“鸳鸯楼”（图 3–12），以缓解住房供给不足的问题。这一类住宅平面多采用“筒子楼”式布局，即一条长走廊串联多个房间，走廊两端通风采光，或被改造成公共的洗漱间、厨房等，楼道里弥漫着厕所、煤

图 3-12
上海黄浦区改革开改初期由某房改造的“鸳鸯楼”（来源：http://sh.wenming.cn/HPFQ/LNT/201107/t20110729_264424.htm）

气和饭菜的味道，居住条件较为艰苦[①]。这一临时策略很快被更系统的“旧城改造”政策所取代，地方政府将老旧工业建筑拆除，新建住宅楼，以求充分发挥地段的经济、社会和环境效益。以上海为例，1984 年开始棚户区改造，1992 年将旧城改造和房地产开发结合起来，曾经的“合作改造”逐渐向“土地批租”转变，如被誉为“海上第一块”的卢湾区打浦桥斜三基地，动迁拆除包括 1400 多户居民住宅和 20 多家工厂和商店[②]。20 世纪 80—90 年代，重建为商业区的工业仓储、老旧居住、对外交通用地占据城市建设用地的比例高达 25%（黄怡，2006）。

20 世纪 90 年代中期，部分城市开始疏散中心城区的工业，并逐渐向以第三产业为主导的经济格局转型。如 1998 年的上海新天地更新，采取保护和改造相结合的方式，是城市更新从重建向再利用过渡的典型代表。同期，为解决大批外来务工人员和新移民的居住问题，出现了一些厂房改造为住宅的案例。一类是重新划分内部空间，增加开窗面积，通入煤气，改造成职工宿舍，如南京市绒庄街 70 号原工艺铝制品厂，原多层框架结构厂房被改造成南京日报社职工住宅（王建国，2008）。另一类是市场推动的廉价公寓，如上海市高阳路上的东方公寓，将原良工阀门厂的 3 层厂房改为 5 层，每层被划分为 90 多个单间，最小不到 6 平方米，服务外来务工人员。上述两种模式缓解了中低收入人群的居住困境，具有正面社会意义；但同时安全隐患大，是临时甚至不合法的居住化改造。

3.3.3 艺术家社区：“非正式”的城中厂翻新（1999—2009）

《1999 中国可持续发展战略报告》指出，中国的发展面临三大压力：人口、资源和生态环境。既有资源再利用开始进入发展序列，长三角主要城市均开始出现城中厂改造项目。1999 年，旅美画家陈逸飞和摄影师尔冬强将上海田子坊里的 6 个厂房改造成艺术工作室，并促使整个街区在没有政府和地产商介入的情况下完成转型（左琰等，2012）。同年，台湾建筑师登琨艳将苏州河南畔的原杜月笙仓库改造成设计工作室（图 3-13），拉开了城中厂改造为创意产业园的大幕。2004—2010 年间，上海市经济与信

① 改革开放四十年，你都是怎么住的？[EB/OL].(2018-06-25) [2021-11-07]. https://ningde.newhouse.fang.com/2018-06-25/28796440.htm.

② 打浦桥街道：从棚户区到“海上第一块”，探索“双红联盟”创新治理.[EB/OL]. (2020-10-27) [2021-11.30]. http://sh.people.com.cn/n2/2020/1027/c134768-34376819.html.

息化委员会共挂牌 89 处创意产业园，其中由厂房翻新而来的有 78 处。无锡在 2005 年将蚕丝仓库改造为“北仓门”创意产业园，常州则于 2008 年将第五棉纺厂改造为“运河五号”创意产业园。“创意产业园”模式一方面盘活了中心城区的大量工业用地，另一方面契合城市发展文化创意产业的大方向，同时也以一种“非正式”的方式探索了厂房改造为艺术家社区的可能性。

房地产价格在这一时期快速上涨，租金较低的城中厂由此成为中低收入人群可选择的住所：一类作为创意产业园的配套，由承租人（多为艺术家）或物业公司改造为“下商上住”的工作室，创意行为同个人业务之间的关系甚为模糊，园区也是工作和社交生活的场所（Gu，2012），如上海的莫干山路 50 号园区（M50）、上海第十钢铁厂创意园（红坊）等。但这些“非正式更新”住宅受到行政部门的严格管控，在 10 年的拉锯战之后，居住功能最终从大多数园区撤出。另一类则配合生产或教学，由政府、事业单位或国有企业将闲置的厂房改造成宿舍或廉租房，如南京长虹无线电厂厂房改造成的老虎桥学生宿舍，以及浦东新区 60 余栋、2 万余平方米的厂房改

图 3-13
登琨艳先生改造上海杜月笙仓库为艺术家工作室，2021.12

造成的“灰领公寓”等。然而此类模式并未调整工业的用地性质，多数项目因行政管理收紧或商业开发而被终止甚至拆除。

但这些自下而上的城中厂翻新让人们认识到工业遗产的价值，上海市于2002年颁布《上海市历史文化风貌区和优秀历史建筑保护条例》，确定了包含工业街坊在内的12个历史文化风貌区。2006年中国工业遗产保护论坛通过了《无锡建议》，提出注重经济高速发展时期的工业遗产保护，实现经济建设与文化遗产保护的协调和可持续发展。2007年第三次全国文物普查加入了工业遗产类项目。2009年文化部颁布《文物认定管理暂行办法》，将工业遗产列入文物范畴。自此，城中厂不再仅仅是工业用地，部分厂房或厂区更是被划入了遗产类别，大规模更新活化的时机已成熟。

3.3.4 商品房住区：城市更新下的城中厂再开发（2010至今）

2010年的上海世博会园区，在曾经江南造船厂的旧址上改建而成，标志着长三角地区城中厂更新进入一个新阶段。2015年年底，中央城市工作会议提出“精明增长，紧凑城市”的理念，给城市“减肥”，为城市划“界限”。长三角各主要城市也颁布相关条例，如2011年《市政府关于印发无锡市进一步推进节约集约用地促进产业转型升级实施意见的通知》、2014年《嘉兴市中心城区城市有机更新三年行动计划》、2016年上海《关于加强本市工业用地出让管理的若干规定》和《关于本市盘活存量工业用地的实施办法》及细则的颁布，都对小地块更新、用地性质兼容、多方参与等提出了新要求，在实施过程中通过规定更新单元、拆落地改建、存量补地价、容积率奖励等方式予以支持。2015年的《上海市城市更新规划实施办法》和2017年公布的《上海市城市总体规划（2017—2035年）》，提出在存量规划背景下进行工业减量，倡导对存量工业用地进行“二次开发”，允许用地性质兼容转换、地块边界调整、建筑高度调整，建筑密度、建筑退界和间距不低于现状控制，按存量与差价补地价等。

新的政策催生了两类新的更新模式：一是大规模的滨水工业区再开发，如上海东外滩和徐汇滨江、常州大运河畔、杭州锅炉厂—氧气制品厂地块等，该模式主要是保留、再利用一些标志性的建筑、烟囱、筒仓等，打造具有现代功能和文化底蕴的滨水新城；二是探索老城内零星工业用地的适应性再开发，如上海上生·新所（图 3-14）、无锡庆丰艺术园区等，通过保留老工业建筑群的空间尺度和历史风貌，植入颇具设计感的建筑构件、景观元素，以及室内设计和街道家具，营造出社区的亲切感和归属感。这一时期城中厂更新亦受到住宅市场转型的影响，2017 年住房和城乡建设部颁布的《关于加强近期住房及用地供应管理和调控有关工作的通知》《住房租赁和销售管理条例（征求意见稿）》，以及《上海市住房发展“十三五”规划》，都提出大幅增加租赁住房用地，鼓励将工业厂房改造成租赁住房，确保保障住房用地，这为空间适应性大、区位条件好、文化氛围浓厚的城中厂转型为长租公寓提供了契机，如上海瞿溪路豆制品厂、嘉善老市，以及诸如魔方公寓、湾流公寓的部分项目，以共享为理念打造面向青年的居住社区。

图 3-14
上海生物制药研究所改造的上生·新所，2018.11

这一时期，工业遗产的再利用已成为一种社会共识。2014年公布的《中国工业遗产价值评价导则（试行）》对工业遗产改造要求和原则作出了明确阐述。嘉兴、无锡、常州、南京等地将工业遗产保护再利用纳入了《历史文化名城保护规划》或《城市总体规划》，上海、杭州、苏州则通过将工业遗产列为优秀历史建筑来对其进行保护，上海还公布了多批次工业遗存风貌街坊。工业遗产保护再利用已形成“建筑单体—街道—街坊”的“点—线—面”的模式，更新和社区关联紧密，社区化更新条件趋向成熟。

3.4 本章小结

从活跃的工厂到衰败的城中厂，长三角地区城中厂的历史形成动因和时代的剧变息息相关，其核心在于转型过程中的时空要素错位，比如产业“退二”未能全面“进三”，“单位”制度瓦解提高更新成本，存量对象和增量规划不匹配等。尽管在过去40年间，这些城中厂的社区化更新探索了诸如临时住宅、艺术家社区、商品房住区等不同模式，但同西方的成熟模式相比，更为多元混合、更尊重工业遗产、厂城关系更紧密、空间利用效率更高的社区化更新模式仍有待发掘，从非正式更新走向正式更新的过程亟需推进。图3-15和图3-16展示了长三角和西方城中厂社区化更新发展历程中的部分重要历史事件。

城中厂经历了30余年社区化更新相关发展，在从临时住宅逐渐向内涵更丰富、更全面的社区方向转变的过程中，工业遗产的价值愈加被重视，社区商业和配套功能被植入，也有了更为开放的管理模式等，呈现出逐渐“正式化”的更新趋势，但相较于西方的成熟模式，还存在一定提升空间，如工业遗产保护和再利用的协同机制、多元混合的功能植入、空间开发和风貌保护的协调性等，这些都可能成为未来长三角地区城中厂社区化更新的新趋势。

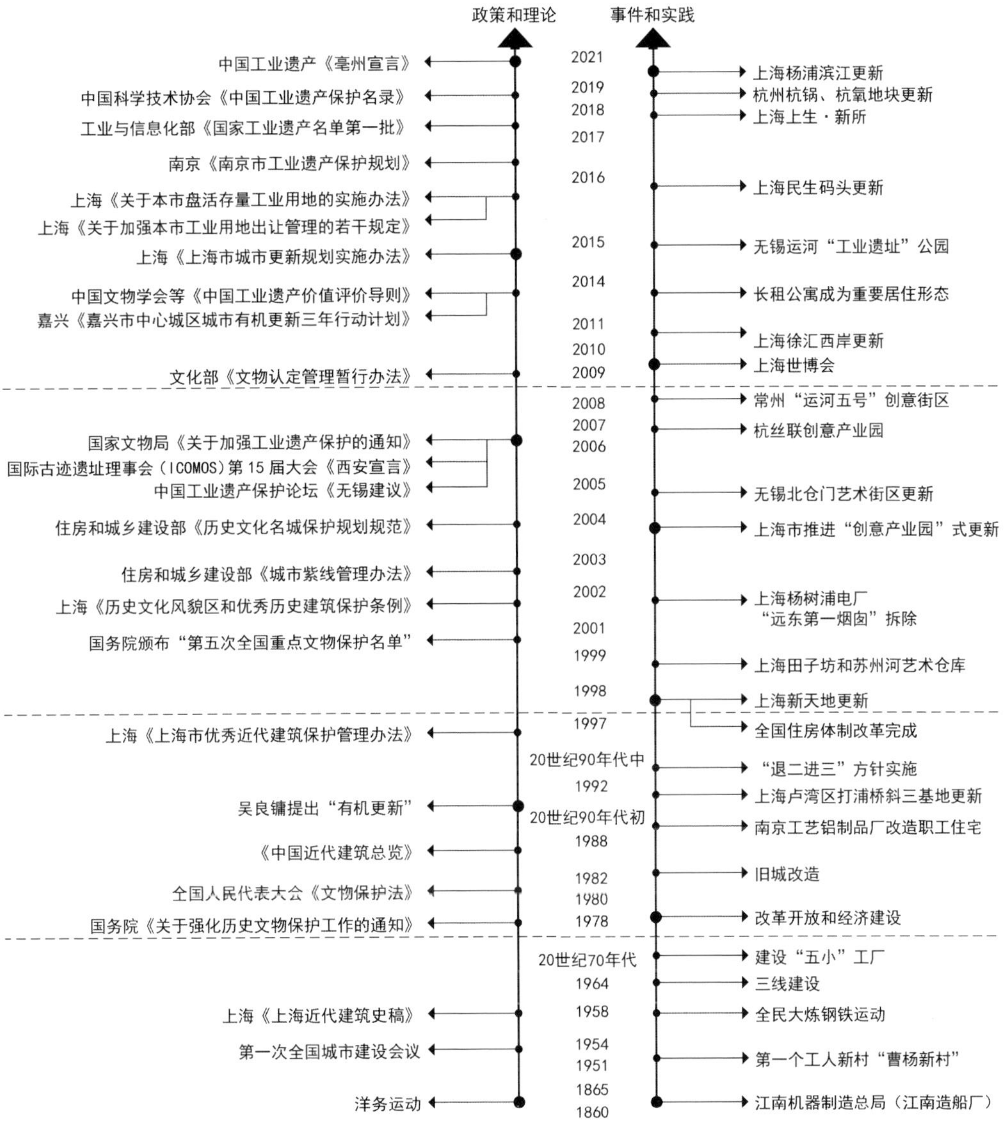

图 3-15　长三角地区城中厂社区化更新发展历程中的部分相关重要历史事件

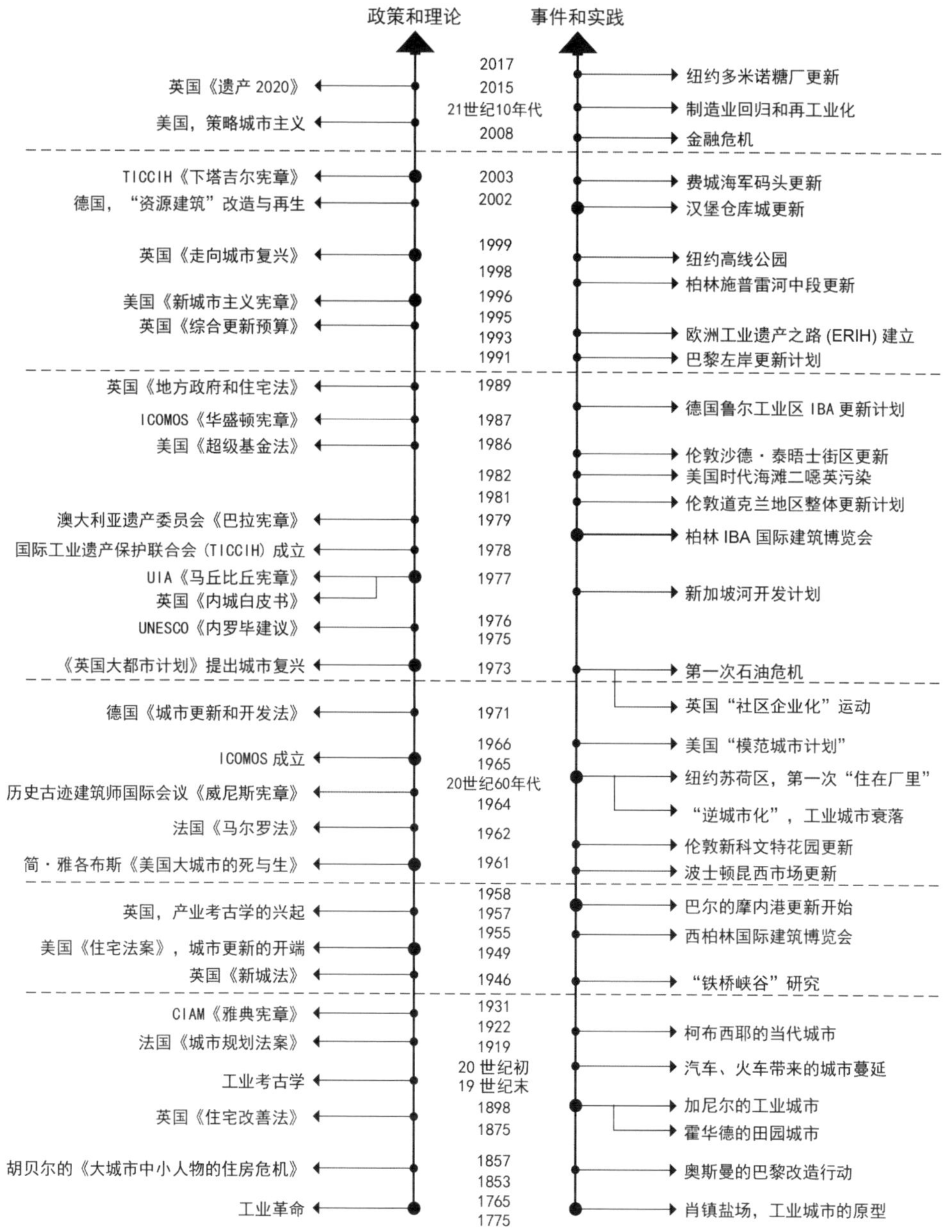

图 3-16　西方城中厂社区化更新发展历程中的部分相关重要历史事件

现状
长三角地区城中厂的特征和类型 4

本章以长三角地区 7 个城市（本章简称“长三角七市”）中的 316 处城中厂为研究对象，简述不同城市的城中厂的发展历史，进而对空间形态等特征展开定量和定性分析，总结出城中厂的 6 个特征，并依据“厂一城”空间关系将其分为 4 种类型。

4.1 工作概述

（1）研究范围：上海、苏州、无锡、常州、杭州、嘉兴、湖州 7 座城市，位于长江三角洲东部地区，总面积约 5 万平方千米。其紧邻长江、太湖和东海，京杭大运河横贯而过，长期以来一直是中国手工业发达的地区，自洋务运动以来更是成为长三角地区乃至中国工业的中心，亦是全国最早迈向后工业时代的地区之一，是全国城中厂更新的先行区。

（2）研究方法：聚焦于长三角七市中心区内有历史价值的城中厂，通过梳理各地工业遗产名录和城市更新代表性案例，以及请相关学者、政府官员、开发及设计企业主管推荐等方式，在 2014 年 10 月至 2019 年 1 月期间，实地调研了 316 处城中厂案例（表 4-1，详情见附录 1），总占地面积达 14.57 平方千米，占七市市辖区工业仓储用地的 1.38%（图 4-1），并对重点研究案例（见附录 2）进行走访。资料获取方面，一是搜集了相关政策、规划文件、改造方案，以及相关文献；二是基于遥感影像、百度 POI 等多源数据，梳理包括区位、建设年份、肌理、用地、原产业、现产业、容积率、建筑密度、周边建成环境等信息，建立以社区化更新为导向的城中厂信息数据库；三是通过和企业管理者、政府工作人员以及本地居民座谈，得到重点案例的口述数据。

（3）研究目的：从“厂－城”视角出发，明确城中厂的现状及面临的挑战，通过类型学的研究方法，重新认知城中厂，为构建更新设计策略体系提供支撑。

表 4-1　316 处案例在长三角七市中的分布情况

城市	上海	苏州	无锡	常州	杭州	嘉兴	湖州	总计
数量	152	38	21	28	40	26	11	316

4.2　七市城中厂的历史和现状

4.2.1　上海：量大面广的城中厂

上海是中国近代工业的发源地，也是长三角地区工业规模最大、体系最完善、类型最多元的城市。早在 19 世纪 50 年代，英美商人就在上海建立了祥生船厂和耶松船厂。1865 年洋务运动中，上海成立了中国第一家近代工厂——江南机器制造总局，并陆续建设了中国最早的机器纺织厂、面粉厂、造纸厂等。甲午战争后，上海民族工业开始腾飞。1911 年，规模以上民族工厂已达 90 余家（张忠民，1996），回力球鞋、佛手味精等品牌名扬海内外。两次世界大战的间隙期，棉纺、食品加工等轻工业，机械和造船等重工业，以及现代化的物流仓储和能源基础设施成为上海工业的发展核心，进一步强化了上海作为中国工业中心的地位（黄琪，2007）。中华人民共和国成立初期，全市拥有 1 万余家工厂（张松，2006），上海一方面继续发展苏州河和黄浦江畔的传统工业，如杨树浦的纺织业和南市的造船业，另一方面建设了桃浦化工、彭浦机电等一批大型工业街区。20 世纪

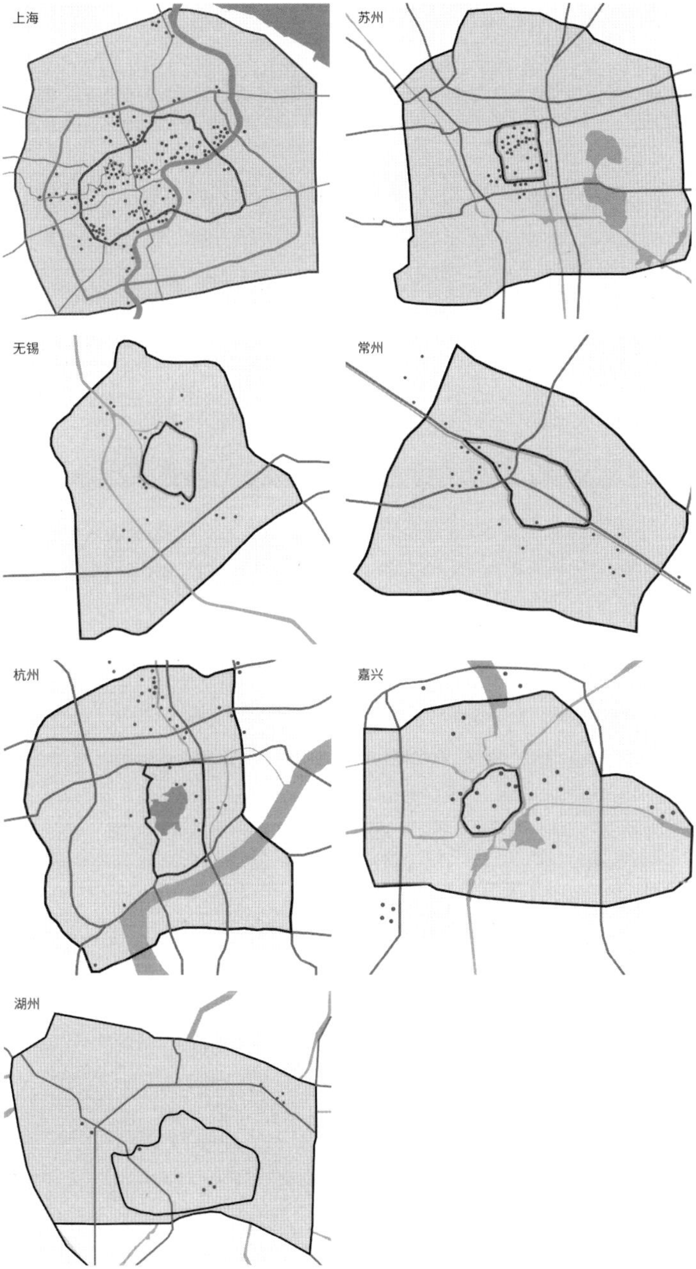

图 4-1
本书中七市城中厂的分布情况

70 年代，上海建设了一批“五小工厂”和“街道工厂”，工厂与居民区交错分布，厂群矛盾较为突出（杨万钟，1991）。20 世纪 90 年代中期，工业逐步外迁，中心城区内留下大量闲置工厂（图 4–2）。

上海现存城中厂分布呈现 3 个趋势。首先是沿“一江一河”，即黄浦江和苏州河，城中厂呈 T 字形分布。其次是沿环路，内环路（即中山路）和中环路两侧聚集了大量工业街坊，如宜山路、杨树浦路、大柏树、场园、肇嘉浜等地。最后是成街区，尤其是金桥、桃浦、彭浦等几处大型工业区，形成了工厂、商店、学校、政府办公、居住等混合的巨型城市系统（Xie et al.，2009）。在 40 年高速城镇化进程中，大量“城边厂”和“城外厂”变成了“城中厂”，既有隐于居住区内的里弄工厂，亦有绵延数十公顷的大型工业街区。相较于其他城市，上海工厂的规划和建造技术较成熟，加之用地紧张，建设强度相对较高。

上海亦是中国工业遗产的重要集中区，其建设年份跨越了晚清、民国、

图 4-2
上海工部局宰牲场旧址，2020.09

日据、社会主义建设和改革开放等多个时期，映射出中国工业发展的众多关键节点，如洋务运动、孤岛繁荣、改革开放等，涵盖了军工、造船、棉纺、医药、机械制造、钢铁和仓储等除矿业外的近乎所有工业类别。上海亦最早推进城中厂更新，过去二十余年，大批厂房被改造为创意产业园和文化设施，如红坊（原上海第十钢铁厂）、八号桥（汽车制动机厂）等，但更多城中厂则是被拆除重建。残存的城中厂混杂在城市中：周边既有工人新村和里弄，也有新的商品住宅、办公行政和文化娱乐等功能。中心城区内的城中厂规模较小，仅存的大型厂区主要集中于中、外环路之间。

4.2.2 苏州：融入老城的城中厂

苏州是丝绸、刺绣等手工业的故乡，清朝即有雷允上、采芝斋、五福楼等老店。1863 年，洋务派在此创办苏州洋炮局。甲午战争结束后，张之洞兴建苏经和苏纶两座大型纱厂，是苏州近代工业的开端，与南通大生纱厂、无锡勤业纱厂同为“中国纱业之先进，亦新工业之前导”（陈泳，2015）。至清末，苏州陆续创办了苏州电厂、吴兴丝厂、生生电灯公司、颐和罐食有限公司等民族工业（周薇，2009）。同期，苏州被辟为商埠，外资于南门外青旸地至葑门外觅渡桥一线开办大量棉纺工厂，而 1908 年沪宁铁路开通则带动了阊门地区的工业兴盛。民国中期，苏州成立了东吴、振亚、光明、新苏四大丝织厂，以及数十家中小型丝厂，以棉纺为核心的工业体系初步建立。此外，檀香扇厂（1916）、鸿生火柴厂（1920）等亦得到了较大发展。1949 年后，苏州一方面整合、转制中小型棉纺企业，另一方面拓展产业链上下游，创办了剧装戏具厂（1958）、缝纫机厂（1958）、纺织机械厂（1965）等。20 世纪 70 年代，苏州工业开始转向消费品生产，创办了苏州电视机厂（1970）、长城电扇电器厂（1975）、避雷针厂（1979）等。改革开放后，城区工业逐步搬迁至苏州工业园区，于老城内残留下大量城中厂（图 4–3）。

苏州水网发达，现存城中厂主要散布在护城河外阊门、大运河和胥江、觅渡桥到宝带桥一带，以及城市东、南环路两侧。由于历史上一直以纺织、

图 4-3
苏州苏纶纱厂旧址，2018.11

印染、食品等劳动密集型手工业为主，苏州的城中厂和居民区结合紧密，有的甚至原来即是园林、寺庙和民居建筑，如苏州皮件厂曾经是吴荫培故居。这些城中厂和传统民居在尺度和布局上也较为接近，空间形态犬牙交错，路网密集，用地强度高。

苏州的城中厂多位于老城区内，既是工业遗产也是历史文化名城的组成部分。从清代到改革开放初期，或多或少形成了“前店后坊、前店后厂、见缝插针”的格局和特征，仅原租界内和老城外的城中厂尺度较大，呈现出明显的单位特征（周薇，2009）。保留至今的城中厂，多以建筑群形式存在，功能替换频繁，和城市生活区完全融合，原貌难以辨别。工业门类以棉纺织业为核心，并包括产业链上游的棉纺机械生产和下游的刺绣、服装加工等，亦有造纸、火柴、电子、机械、钢铁和化工等产业。近年来，部分城中厂已转型为文创园区，如电力电容器厂（改造为“容”创意园），亦有部分改造成了文化休闲空间（如吴县刺绣总厂改造为金谷里艺术中心）或民居、办公、学校，或维持手工业制造，如新光丝织厂（桃花坞）。这些改造后的城中厂贴近社区，功能适度混合，和周边城区互动良好，同老城区风貌较为协调。

4.2.3　无锡：小而分散的城中厂

无锡被誉为中国近代民族工商业和乡镇企业的发祥地。1895 年杨氏兄弟创办业勤纱厂，拉开了无锡民族工业发展的大幕。借助于长江、大运河和太湖三条黄金水道，以及作为粮油、丝茧、布匹的传统产地优势，无锡在民国时期逐步成为集工业、贸易和金融为一体的近代化工商业城市（朱蓉等，2015）。至 1937 年全面抗战爆发前夕，无锡工厂数量和资本居全国第五位，工业总产值全国第三，工人数量全国第二，形成了以荣、杨、周、薛、唐程、唐蔡六大家族为龙头，棉纺、缫丝、粮食加工三大支柱产业为核心的民族工业体系，如 1922 年唐氏家族兴建的庆丰纱厂，1902 年荣氏兄弟兴建的茂新面粉厂等。巅峰时，无锡的纺织品数量占全国的 11.88%（吕东烨，2015）。中华人民共和国成立后，国营工厂成为无锡工业新支柱，譬如压缩机厂（1955）、粮食机械厂（1956）、无线电器材厂（20 世纪 60 年代）等。改革开放后，无锡率先成为“苏南模式”试点，在靠近城市边缘的南长区（现已合并入梁溪区），由基层政府主导建设了一批乡镇工业。21 世纪以来，随着城市范围不断扩张，部分乡镇工厂也逐步被城市建成区包围，形成了低龄的城中厂。（图 4–4）

无锡现存城中厂主要散布在老城区西南和西北、护城河和大运河之间的狭长地带，其中清末和民国时期建设的城中厂多在护城河两岸，社会主义建设时期的分散在老城区外的大运河畔，而“苏南模式”城中厂则坐落在中心城区的东北和西北片区。无锡现存城中厂多数形成于 20 世纪 30—60 年代，工业遗产价值较高，保存质量较好，例如列入中国工业遗产名录的茂新面粉厂和永泰缫丝厂。工业类别则包括纺织、缫丝、仓储、食品加工、机械修造等。

无锡现存城中厂多是经过再开发后残留的工业建筑群，用地规模不大，

图 4-4
无锡茂新面粉厂旧址，2018.11

建筑密度较低。其周边环境相对复杂，一部分城中厂在房地产开发模式推动下，被大部拆除重建、少部保留活化，最终成为商品住宅区的配套，如运河外滩（原开源机器厂）；另一部分城中厂位于棚户区、公房和新建居住区的混合环境中，如南下塘创意园（原无锡压缩机厂）。作为全国最早倡导保护工业遗产的城市，无锡早在 2006 年中国工业遗产保护论坛上就通过了《无锡建议》。因此其城中厂再利用的程度较高，多数转型为博物馆、社区服务中心，以及文化商业场所等。

4.2.4 常州：运河畔的国营城中厂

常州是长三角地区手工业的发祥地之一，自晋代起就有梳篦等手工业记载，同时亦是传统缫丝和造纸业基地。依托于京杭大运河，常州也是重要的工商业和物流集散地。1906 年，吴幼儒等人创建了晋裕织布局，是常州有记载最早的织布厂。刘国钧于 1932 年将广益纺织厂（大成二厂）并入大成厂，最终形成纺织染一体的联合企业，标志着常州工业走上近代化道路（张文珺等，2008）。奚九如等则创办了厚生机械厂、厚生铁厂和柴油机厂。此外，由上海迁至沪宁铁路中点的戚墅堰机车厂，在80余年发展中成为全国最大的工业企业之一（戚墅堰机车厂，1994），戚墅堰地区也成为和宝山钢铁齐名的“产业立城”的典范。中华人民共和国成立初期，常州的工业在整合和扩大中，涌现出机床厂、二五三厂以及由多家手工作坊联合而成的国营梳篦厂，确立了灯芯绒、手扶拖拉机、卡其布、花布、化纤、半导体收音机、塑料、玻璃钢等“八条龙”的产业结构，成为全国工业明星城市（顾春平等，2010）。改革开放后，常州成为“苏南模式”的试点之一，建设了制造消费类电子产品的新科电子和制造塑料薄膜的江南塑料集团。21世纪以来，中心城区内部分工厂被拆除或改造，但有相当数量的城中厂仍在生产。

常州现存城中厂，东以延陵东路和劳动路为轴线，西以运河路为轴线，呈线状密布在大运河两岸。这些工厂多建于中华人民共和国成立后的前30年，民国时期的工厂仅局部残存，甚至只剩下凉亭和花园等非厂房建筑物（如大成二厂）。由于产业类别侧重装备生产，常州的城中厂占地规模大，建筑密度低，厂房尺度大，围墙高企，过去劳动工人数量大，呈现出典型的国营单位特征。老城区内的城中厂近年来逐渐被生活空间包围，成为城市中的飞地，如三堡街工业历史街区。而在老城以外，城中厂的形制仍较为完整，如拖拉机厂。由于第二产业在常州经济中地位相对较高，仅有部分城中厂被翻新为创意产业园，如原第五毛纺厂（改造为运河五号）（图4-5）。其余城中厂仍在生产，包括位于老城区核心地段的常州柴油机厂。这些城中厂的周边以棚户区或公房为主，间或有少量新建建筑。

4.2.5 杭州：类型多元的城中厂

杭州位于京杭大运河南端，以手工丝绸、养蚕和缫丝业而闻名，诞生了张小泉剪刀、毛源昌眼镜、朱养心膏药、张同泰药店、胡庆余堂制药、方回春堂等一批老字号手工作坊。而拱宸桥则是体现杭州近现代工业文化、商埠文化和市井文化等城市记忆的重要场所（张环宙等，2015）。早在1889年，庞元济在桥西筹办通益公纱厂，开杭州近代机械化工厂的先河，

图 4-5
常州第五毛纺厂旧址，2017.11

并于 1895 年创办大纶丝厂。此后数年，一批纱厂和丝厂出现在大运河两岸。大机器生产对能源的需求，催生了浙江省电灯公司（1897）和大有电灯公司（1908）。这一时期的杭州也兴建了一批生产布匹、面粉、罐头、肥皂和火柴的工厂，民族工业初现欣欣向荣之相。民国初年，丝绸加工业快速发展，1922 年建设的都锦生丝织厂，标志着丝绸工业转向机械化生产（王凤春，2011）。工业类别也开始多样化，创办了华丰纸厂（1922）、民生药厂（1926）、大同电化工厂（1936）、清泰水厂（1930）、电信局（1929）等工业设施。中华人民共和国成立后，杭州工业生产一方面延续拱宸桥的地位，整合 40 余家丝织厂成立杭丝联[①]（1956），另一方面在半山一带创办了制氧机厂（1950）、钢铁厂（1958）、轴承厂（1958）和水泥厂（20 世纪 70 年代），逐步建立起完整的工业体系。改革开放后，杭州工业逐步外迁，以拱墅区为代表，多数工业用地已完成转型（谢爱弟，2014），留下了大量闲置厂房。（图 4–6）

① 杭丝联，即 1951 年成立的地方国营杭州丝绸印染联合厂。

图 4-6
杭州丝绸印染联合厂旧址，2018.11

杭州的城中厂规模差异大，类型多元，主要分布在三个片区。首先是拱墅区大运河沿线，以大型制造业为主。其次是上城区南北向和高架路西侧，靠近西湖和“五水”，以传统手工作坊和小型加工业为多。此外钱塘江北岸亦分布着少量铁路、船舶和水泥制造业。现存工业门类包括半山的钢铁机械、拱宸桥的轻纺、古荡的电子仪表、望江门外的食品、萧山龙山的化工，以及老城区的手工业作坊等（杭州市地方志编纂委员会，2003）。现存的城中厂中，既有成街坊保留的，也有孤立的独栋工业建筑，建筑体量差异也颇为显著。

近年来，杭州的城中厂正在经历规模性再开发，逐步打破封闭隔离的空间特征，如整体更新的杭钢和杭氧地块，占地接近 1 平方千米。同时，杭州的城中厂作为工业遗产的价值也得到较高认同，在桥西、大兜路等历史街区中得到了较好的保护再利用。这些工业厂房部分改用作文创功能，另一些则结合景区或周边社区发展，在空间和功能上高度融合，低层高密的厂区和高层低密的商住区交错存在，形成良性互动的厂城关系。

4.2.6 嘉兴：大型单位的城中厂

嘉兴近代工业起步相对较晚，大机械生产集中在 1912—1936 年间（钱川等，2016），诞生了以缫丝、棉纺和服装业（袜业为主）等轻工业体系，创办了禾兴和秀纶丝厂，培利布厂，辛康染织厂，鼎纶、裕生、光明袜厂等。这些工厂多散布在护城河两岸。受益于沪杭铁路的开通，嘉兴站选址城东门外，大型工厂因而开始选址城东（赵霞，2014）。如由褚辅成等兴建的全国最早生产卷烟纸的民丰造纸厂，占地 60 公顷，厂区内保留着 20 世纪 30 年代以来的各类厂房，可谓嘉兴工业的活标本。建国后，嘉兴逐步形成了“五大厂”的工业格局（周荣先，2018），即民丰造纸厂、冶金机械厂、绢纺厂、毛纺厂、嘉丝联厂，每处工厂均拥有数千员工，集中在老城边缘的菜花泾、角里街到南堰一带。此外，20 世纪 50 年代末，嘉兴于东栅口吴泾路两侧兴建了化工、化肥、橡胶、石油机械，于城西北兴建了钢铁、钢丝等制造业，配建大量工人住宅、学校、医院。改革开放后，市区工业外迁较慢，多数工厂仍维持生产，如紧邻南湖的冶金机械厂和绢纺厂。同期在原城市边缘发展起来的街道和外资工厂，由于选址过于接近老城，部分厂区已并入中心城区，成为城中厂的新类型。（图 4-7）

图 4-7
嘉兴民丰造纸厂民国建筑群，
2015.11

嘉兴现存城中厂主要集中在角里街—吴泾路一线，纺工路、城南路和城东路两侧，以及经开区北侧、城南街道等地区。前者是在老城区扩张过程中被包围的老旧工厂，后者则是周边乡镇向内扩张过程中被侵蚀的现代工业区。这些城中厂用地规模少则数公顷，大则数十公顷。由于采用封闭式管理，这些大型城中厂阻碍了城市的连续发展，如近 1 平方千米的角里街工业片区。嘉兴的城中厂多形成于社会主义建设时期前中期，由于年代较近，且工业退出慢，城中厂的更新和保护有待进一步加强。此外，这些大型城中厂周边密布着小工厂、棚户区以及工人住房。多数工厂生产不饱和，空置率偏高。

4.2.7 湖州：年轻的城中厂

湖州地处长三角核心区向腹地的过渡地带，近现代工业起步最晚，晚清的湖商多选择外出在上海、杭州和塘栖建厂（朱健安等，1991）。湖州近代民族工业约始于 1901 年前后（朱强，2007），但直至 1938 年，钮介臣建设了天昌绸缎炼染厂，才拉开了大机器生产的序幕。抗日战争对湖州工业破坏巨大，直至 1946 年，于南浔镇成立的菱湖丝厂才彻底改变了以家庭手工缫丝为主的生产模式，机械化生产开始在丝绸和电力等行业普及（史方等，1991）。中华人民共和国成立后，湖州吴兴区成为全国丝织工业重地，其中前身为天昌绸缎炼染厂的华源丝绸公司扮演了核心角色，曾位列中国工业 500 强，也是全国最早采用机械炼染丝绸的厂家。而各类小型丝绸厂如新成、云华、通益、经纶等多如牛毛，散布在市北运河两侧。这些规模小、产量低的手工作坊，在改革开放后逐渐合并进华源丝绸厂。而在老城东南角的茅安前，沿菜花泾北岸亦有一片始建于 20 世纪 70 年代的食品生产和物流中转业聚集区。进入 21 世纪，老城内为数不多的城中厂基本被拆除完毕，仅在茅安前、东街残存数处，如五丰冷食厂（图 4–8）。多数工厂迁至清远路、杭长桥北路等地，严格意义上已是“城边厂”。

湖州现存城中厂数量较少，集中在环城南路附近，以及织里、科技城、北部高新区等中心城边缘地带。尽管和嘉兴同为“浙北模式”的典范，但

图 4-8
湖州五丰冷食厂，2018.05

湖州的工厂鲜少进入城市，大多滞留在乡镇。且由于城中厂建设年代较近，亦没有重大的技术突破或事件发生，故遗产价值并不突出。工业建筑的质量较高，但使用效率偏低，多数厂房被分隔出租给小企业、作坊，甚至用作临时住宅，管理混乱。这些城中厂多承载着纺织、食品和各类小型制造业，目前仍以生产为主。少数更新案例如天昌丝绸厂（即原天昌绸缎炼染厂），仅有烟囱、水塔等构筑物遗留。其周边环境多为棚户区或工业区，城中厂夹杂其中，同城市关联不强。

4.3 长三角七市城中厂的 6 个特征

长三角城中厂的形成和转型过程，有别于中国其他地区。首先，长三角地区是中国近现代工业发源地，工业规模之大、类别之全、历史之连续、体系之复杂、对城市影响之深，超越了中国多数地区；其次，长三角地区也是改革开放后快速城镇化的先驱，人口导入显著，社群高度混合，城中厂转型模式多元，遇到的困难和挑战也更为复杂；再次，长三角地区用地紧张，历史包袱重，且没有建国初期苏联“156 工程”的支持，改革开放前的城中厂，规划的科学性不强，自组织痕迹重，存在如密度高、效率低、交通不畅等问题；最后，长三角地区一直不曾作为中国重工业发展基地，因此在更新中污染治理的压力较小。这些为长三角城中厂赋予了鲜明的地域特质。

基于对 316 处案例的梳理和分析，本节从社区化更新视角，建立了对长三角七市城中厂特征的基本认知，涉及空间、经济、社会和文化等系统性要素，具体包含城市用地结构、工厂外部空间、厂区内部空间、功能业态、文化遗产、其他要素共计 6 个特征（表 4–2）。

表 4-2　城中厂特征指标研究框架

研究层面	特征	指标			
城市用地结构	量大面广 亟待更新	总量及占比：总面积大，占城市建设用地比例较高			
外部环境	邻里环境多元且封闭	邻里环境： 邻里新旧参半，功能异化程度高	厂城边界： 封闭且缺少和城市的衔接	区位条件： 距内城较近且近滨水分布	
功能业态	功能衰败且多作临时使用	现功能： 转型和生产并存	原产业： 完整的轻工业体系	配套功能： 老化且使用效率不断下降	
遗产风貌	工业遗产 价值丰富多元	形成年代： 年代久远，时代特征鲜明	工业历史建筑： 类型丰富，风格多样	工业场所： 场所感和可识别性强	
内部空间	低层高密的空间	用地规模： 总体偏小，规模两极分化	容积率： 远低于城市发展中的非工业用地	建筑密度： 密度较高且分布不均衡	路网特征： 小密路网、窄马路
社会关系	社会结构和权属复杂	人口类型： 流动性大，社群收入两极分化	权属情况： 产权、使用权和经营权错综复杂		

图 4-9　城中厂的部分特征统计

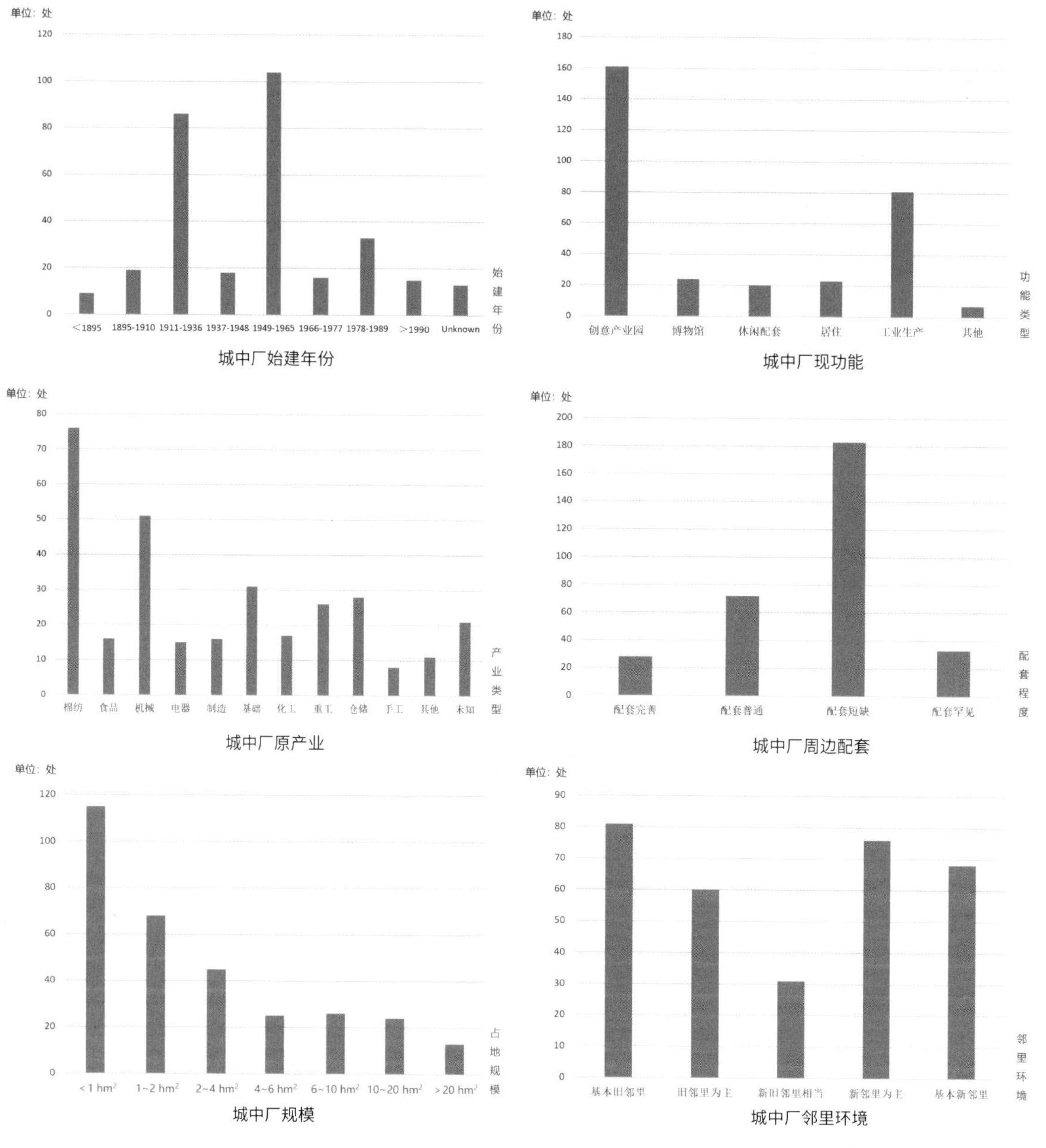

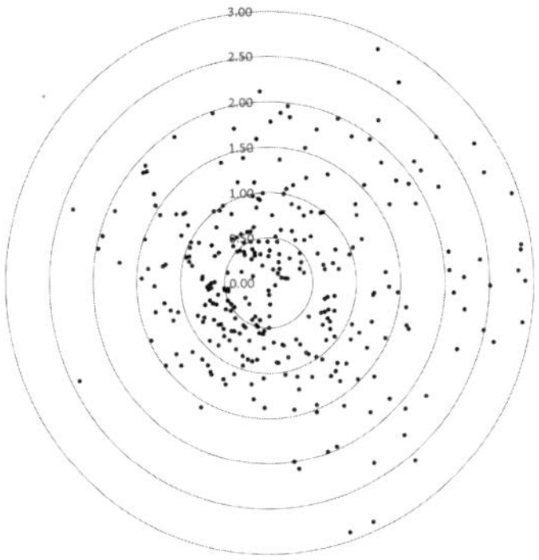

城中厂容积率

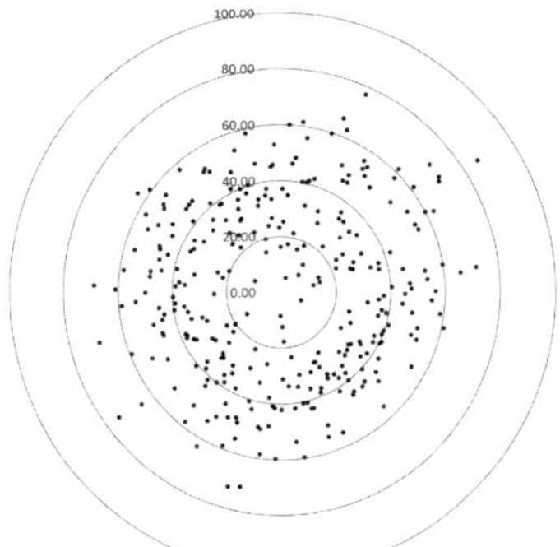

城中厂建筑密度（%）

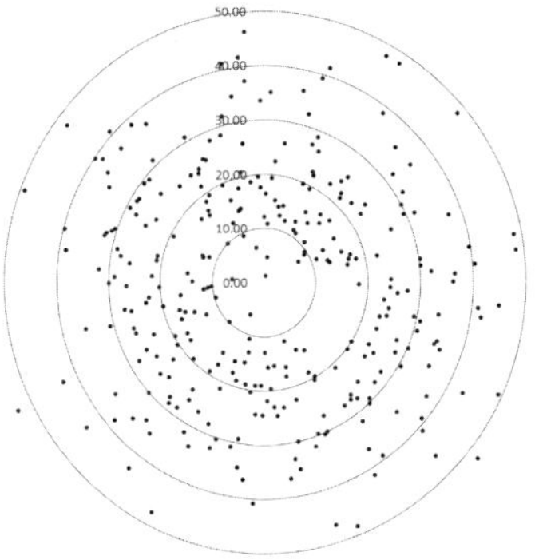

城中厂路网密度（km/km^2）

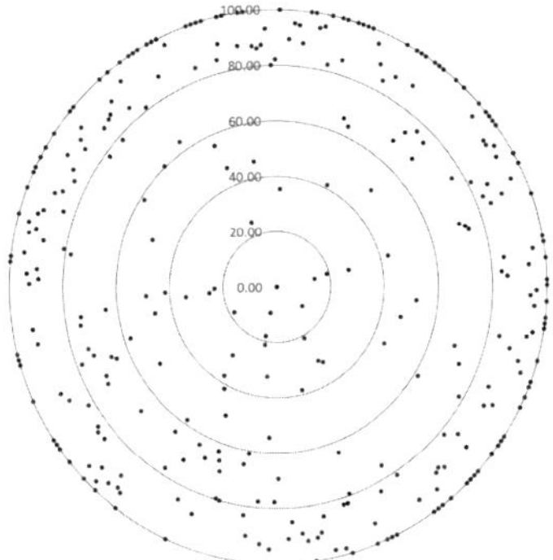

城中厂邻里功能异化程度（%）

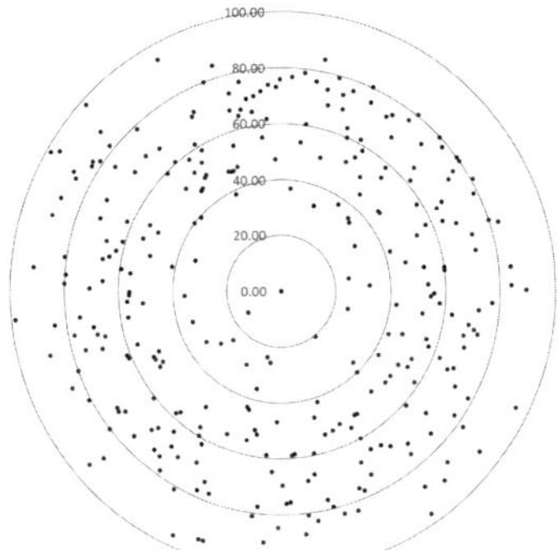

城中厂边界隔离程度（%）

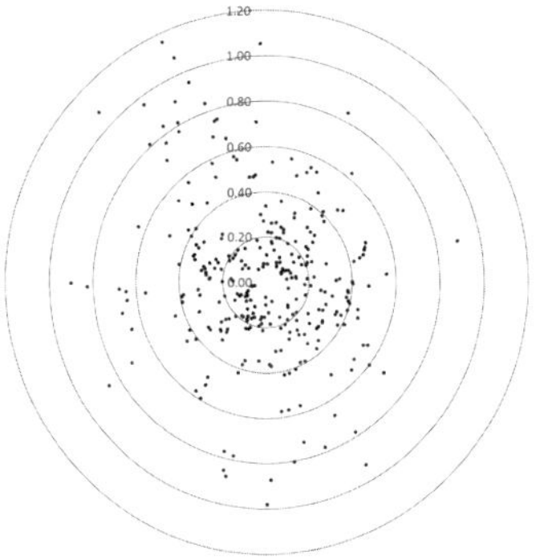

城中厂区位分布

通过量化分析，可以发现长三角地区城中厂的空间特征共性：这些工厂主要集中分布在老城区周边，区位优势明显。其容积率多在 1.0 以下，而建筑密度则集中在 40% 左右，路网密度在 $20km/km^2$ 上下最为常见。从厂城关系来看，城中厂周边 1 倍半径范围内的工业场所占比一般不超过 20%，其临路的边界长鲜有超过周长的 40%。从历史特征来看，城中厂主要形成于民国中前期和社会主义建设时期，以棉纺、机械、仓储和基础设施等功能居多，现在多为创意产业园，亦有相当一部分仍在生产。此外，长三角地区的城中厂规模偏小，占地 1 公顷以下的最多，鲜有超过 10 公顷的。厂区还呈现出周边环境新旧关系复杂、配套设施相对短缺等特征（图 4-9）。

4.3.1 城中厂量大面广、亟待更新

长三角的城中厂数量庞大，在城市建成环境中用地占比较高。结合《中国城市建设统计年鉴 2016》和各市自然资源与城乡规划局提供的数据，本节在市辖区和中心城区两个层面，从工业仓储用地出发，探讨城中厂的规模现状。

根据《中国城市建设统计年鉴 2016》数据，2016 年底，长三角地区 26 城市辖区内工业仓储用地面积高达 1924.61 平方千米，在城市建设用地中总占比高达 23.6%，而国外同类城市仅 15%~17%（郑德高等，2015）。其中上海为 614.3 平方千米，占比城市建设用地 21.09%，而 2035 年规划指标是 320~480 平方千米（上海市人民政府，2018），目标降比达到 43%~62%。同一指标，杭州为 92.6 平方千米，占比 18.27%；常州 83.7 平方千米，占比 32.06%；无锡 75 平方千米，占比 26.18%；嘉兴 22.6 平方千米，占比 18.97%；湖州 30.8 平方千米，占比 29.32%；苏州 136.3 平方千米，占比 29.76%，其城市总体规划（2011—2020）提出，工业仓储用地至 2020 年减少到 80.13 平方千米（苏州市人民政府，2016），降幅高达 56.17 平方千米，降比 41.21%。

根据部分地市规资局提供数据，上海中心城区内拥有近 100 平方千米的工业仓储用地，占比城市建设用地约 15%（2016）。杭州则是 74.99 平方千米，占比约 17.44%（2017）。常州则达到 60.77 平方千米，占比 29.85%（2014）。湖州主城区吴兴区的这一比例甚至达到 43.03% 的惊人数值（2017）。

上述数据中，七市辖区工业仓储用地总面积高达 1055.3 平方千米，平均占比城市建设用地 22.70%，远高于西方国家 15% 的经验值。而中心城区总工业仓储用地面积超过 400 平方千米，占城市建设用地比例在 15%~20%，这远高于东京的 6.46%、伦敦的 2.30%（石忆邵等，2010）、纽约的 9.54%（2012）（NYC，2017），以及波士顿的 5%（2002）（Maloney，2003）。

在实际的建成环境中，工业仓储用地面积会高于统计数据，比如部分

工业仓储用地，在规划文件中已被定义为其他性质用地（如居住、商业或绿地），但现实中往往十余年无法实现转型更新。如上海徐家汇的宜山路街区，大小工厂超过 20 处，但在现有规划文件中仅不到一半被列为工业用地。

基于上述分析可以推断，在长三角七市市辖区内，工业仓储用地的实际占比应接近 30%，而中心城区内则约为 20%。在存量规划和城市更新的大背景下，至 2050 年，长三角七市中将有 250~350 平方千米的工业仓储用地得到转型更新，城中厂将为未来数十年的城市高质量发展提供动力。

4.3.2 邻里环境多元且封闭

（1）邻里环境新旧参半，功能异化程度高

长三角地区城中厂的邻里环境，源于单位结构中的生活配套区。在城镇化过程中，部分工人新村和老旧零售办公转向商品住宅或办公楼，未转型部分则逐渐衰败，最终将城中厂隔绝为“工业飞地”，传统工业邻里结构多已不复存在。将 1990 年之前建设的学校、医院、办公楼等场所视为旧环境，之后的视为新环境，以此为基础对 316 处城中厂的邻里环境加以统计，发现以新环境为主的邻里环境有 68 处，占比 21.52%，而以旧环境为主的则是 81 处，占比 25.63%。新旧混合的邻里环境案例高达 167 处，占比 52.85%，其中 76 处新建居多，60 处以旧建筑居多，31 处新旧保持均势。在对过去 4 年空间变化的研究中发现，有 69 处城中厂的邻里环境发生了明显的建设行为。数据表明，长三角地区城中厂的邻里环境在快速城镇化进程中正发生着剧烈变化。工厂被遗留下来，随着更新成本的不断攀升，越靠近工厂的用地转型越困难，最终形成一种由外向内依次为“新生活区—旧生活区—工厂”的圈层结构。如湖州菜花泾沿岸一片最初为 32 公顷的工业区，在 20 年间缩小到 3.6 公顷，周边围绕着进深 60~160 米不等的老旧住区，再往外才出现新商品房住区。

从另一个角度看，城中厂同其邻里环境的功能异化程度在不断加深。将城中厂看作工业功能，其邻里环境（城中厂所占地块外切圆 2 倍半径范围内）内非工业功能比例越高，功能异化程度亦越高，更新成本也随之更高。在 316 处案例中，239 处案例的邻里环境中非工业功能占地面积比例已超过 3/4，占比 75.63%，其中 100 处案例周边已没有工业功能。42 处案例的邻里环境内，非工业功能占地介于 1/2 到 3/4 之间，占比 13.29%，周边多处正在进行大规模再开发，工业用地的面积也在持续缩小。此外亦有 35 处案例仍处于工业环境中（非工业功能占地≤ 1/2），占比 11.08%，这些位于原工业集中区的工厂，以发电、机械、钢铁等重型工业为主，尽管多数仍在生产，但邻里环境已开始出现去工业化的明显迹象。

（2）边界封闭且缺少和城市衔接

长三角地区城中厂的边界主要由围墙、绿篱或栅栏等厂区要素，以及道路、河流、铁路、桥梁等城市要素构成。梳理 316 处城中厂的边界后，将其分为 4 大类：临路、滨水、功能地块、其他（如铁路、高速等）。测量各类边界长度并结合现场调研计算得到：总边界长度 237.45 千米，其中临路边界 95.21 千米，占比 40.10%；滨水边界 42.80 千米，占比 18.02%；临其他功能地块边界 95.74 千米，占比 40.32%；其他边界 3.71 千米，占比 1.56%。边界类型对更新有显著影响，一方面应打破围墙，增加出入口数量，尤其是尽可能地开放临路边界；另一方面需促成城中厂同邻里环境的共生转型。更新应展开区域统筹，提供更多和相邻地块衔接的通道，使其产生良性互动。此外，滨水段的开放贯通亦十分重要，同时应规避噪声、污染以及其他安全隐患。

除了临路边界外，其他边界形式在以地块为对象的更新中均不具备开放的可能，呈现出结构性隔离。因此，进一步分析非临路边界和总边界的比例，可以建立对城中厂隔离程度的认知。共计 91 处案例同非城市道路共用界面长度占自身所在地块总周长比例超过 3/4，占比 28.80%，其中 14 处甚至基本没有临路面，仅能通过辅道到达。这些城中厂主要分布在老旧工业区内，同其他用地共有边界，如上海杨浦滨江从军工路至杨树浦路以东的狭长地带。这些城中厂难以通过自身地块更新打破隔离，需要增加道路，在更广泛的街区层面统筹规划；另 165 处案例同城市道路接壤面在 1/2 到

3/4 之间，占比 52.22%，主要集中于再开发的滨水工业区，如无锡和苏州护城河两岸，新增道路缓解了工业区的封闭隔离；此外亦有 60 处案例非临路边界长度比例低于 1/2，占比 18.99%，其多位于老城区内，已和城市共生融合，如上海的田子坊、同乐坊等。上述数据证实了多数城中厂处在不断更新的建成环境中，其周边多是非工业功能用地，因而更新必须在街区层面统筹展开才能获得显著效果。

（3）距内城较近且多滨水分布

长三角地区城中厂具有优越的区位条件，多数聚集在内城边缘的环形地带，如上海内环路、中环路之间的广大区域，苏州老城内外边缘，常州和无锡内城与大运河重叠区，杭州下城区，嘉兴内城东北，湖州内城东南等区域。将城中厂与各城市市中心的距离同中心城区的平均半径求比值，可以大致得出区位分布态势。

绝大多数城中厂的比值分布在“0.10~0.40”的区域内，总数达到 191 处，占比达到 60.44%。其中分布在“0.10~0.20”“0.20~0.30”“0.30~0.40”区域内的分别为 69、65、57 处，分布相对均匀。而位于“0~0.10”和“0.40 以上”区域的城中厂分别为 20、105 处，合计比例为 39.56%，明显少于前者。结合各城市空间结构不难发现，位于“0.20”线内侧的城中厂多位于老城区范围内，如上海的内环路内、无锡护城河内等；0.40 线多为快速城镇化之前的城市边界，如上海的中环路、常州的青洋路高架、嘉兴的中环路等。而位于 0.40 线外侧的城中厂多数是曾经的工业卫星城。超过半数的城中厂位于中心城区内的优良地段，具有乐观的更新前景。

滨水是另一个重要的区位特征。城中厂主要分布在各城市中心城区内的水网周边，临水而建、依水而生、应水而兴。316 处城中厂中，有 141 处拥有直接的滨水界面，占比达到 44.62%。非直接临水的案例中，87 处距水岸直线距离不到 500 米，43 处位于 500~1000 米范围内，45 处超过 1000 米，占比分别为 27.53%、13.61%、14.24%。这些城中厂散布在如上海的“一江一河”（黄浦江和苏州河），杭州、无锡和常州的京杭大运河两侧老城区段，嘉兴、湖州和苏州的护城河畔等。考虑到部分河流已被填埋，如上海的肇嘉浜、蒲汇塘等，可以认为滨水的城中厂比例超过 90%。此外，城中厂聚集的水道往往是老城区边缘尺度较小且岸线平缓的河流，一般河道平均宽度不超过 100 米（黄浦江例外），如上海苏州河、苏州护城河、京杭大运河、湖州菜花泾等，这些水道如今成为更新中的重要景观要素。

4.3.3　功能衰败且多作临时用途

（1）生产和非生产并存的现状功能

长三角地区的部分城中厂通过“非正式更新”模式实现转型。316 处城中厂，有 232 处在过去 20 年间经历了改造更新，占比高达 73.42%。其现状功能中，文创办公占比最高：作为创意产业园的城中厂数量高达 161 处，占比 50.95%，包括研发设计、建筑设计、文化艺术、咨询策划和时尚消费等类型（乐景彭，2005），部分文创功能近年来逐渐转型为办公和商业。亦有 24 处转型为博物馆、美术馆等文化设施，占比 7.59%。这两类城中厂更新反映了社会对工业遗产的历史和艺术价值的认同。43 处转型为公寓、保障房或社区配套，占比 13.61%。相比文化价值，城中厂的经济价值尚未得到充分释放。此外亦有 81 处仍在生产，比例高达 25.63%，主要分布在常州、湖州和嘉兴的中心城区边缘。

城中厂的现状主导产业情况也不尽相同。316 处案例中，有 229 处主导产业清晰，占比 72.47%，如办公导向的上海八号桥、居住导向的湖州天昌丝绸厂、商业导向的上海幸福里、工业导向的常州冶金机械厂等案例。另 87 处案例缺少明显的主导产业，占比 27.53%。如上海上生・新所、苏州金谷里等，是文化、休闲、旅游、办公、商业和居住等功能的混合体。一些城中厂的主导产业也在二次更新中发生过变化，如上海宜山路街区的文定生活（原为冷拉型钢厂）、画家街（原为雨衣厂）等，从文化创意逐渐转向商业休闲。近年来，一些城中厂被植入混合的社区功能，结合地产项目统一开发，如杭州城市之星（位于原杭氧和杭锅地块），在中心城区东北角建立起一个新兴的中高收入社区。

（2）轻工业体系下的原产业

长三角城中厂的原产业特征在于“轻”和“全”。早在明清时期，富余的农产品就在本地催生出发达的手工业，以棉纺、缫丝和食品加工为主，早期中国资本主义萌芽即诞生于此。晚清到民国时期，长三角又成为中西方工业交流的前沿，并承接了西方二次工业革命后转移的中低端制造业，如棉纺、火柴等。中华人民共和国成立初期受到海上封锁，重工业纷纷内迁，各城市只能不断拓展轻工业的上下游产业链。本章研究的316处城中厂共包含42个产业门类，小到梳篦、檀香扇、泥人等工艺品制造工坊，大到纺织印染、面粉粮仓、机械家电等普通制造业，亦包含少数如火车、钢铁、造船等重型工业，基本囊括了除采矿业之外的所有工业门类。其中，156处城中厂以仓储、棉纺、缫丝、食品等轻工业为主，占比高达49.37%。84处主要生产小型装备如家电、普通机械、零配件以及建筑材料等，占比26.58%。此外，基础设施35处，占比11.08%，重工业仅41处，占比12.97%。

由上述数据分析可以得出三个相关结论：首先是环境，轻工业的污染残留相较于重工业而言总体较轻，如棉纺产业等，这减少了更新过程中在环境治理方面投入的成本；其次是社群结构，上述轻工业多为劳动密集型产业，周边聚集了数量庞大的本地工人和外来务工人群，更新如何保障这部分人的利益，避免既有社会网络崩塌，是需要认真考虑的议题；最后是本地性产业的植入，成熟的手工业基础和匠人精神是城中厂所在区域的优势，更新不能完全以房地产思维为导向，而是要保留并发挥城中厂在城市经济结构中的独特性，适度促进手工业和都市工业同服务业结合，并融入住宅和文化设施，形成有别于现有居住区模式的混合型城市社区。这一思路在西方已然成熟，如英国生产花边材料的诺丁汉莱斯广场，以及生产珠宝的伯明翰珠宝街区等。

（3）老化且效率低下的配套功能

长三角地区城中厂的周边配套，多数沿承计划经济时代的单位配套设施，三十余年来鲜有更新，这在除上海和杭州外的城市中是常态。单位体制下，城中厂往往配有幼儿园、中小学、医院、影剧院等公共设施，但随着生产功能的外迁，工业区人口流失严重，这些设施使用率下降。同时由于缺乏本地税收，可用于设施修缮改造的资金有限，设施老化严重，部分业已关闭或仅能勉强维持运转。

上述问题在教育设施中最为明显。例如，在关于嘉兴石油机械厂的访谈中发现，厂区子弟幼儿园难以获得政府资金以改造老化的校舍建筑。由于其生源以高流动性的农民工子弟为主，幼儿园学习氛围较差，师资力量流动性也偏高，学校不得已雇佣一批缺乏教学经验的老师，从而导致生源进一步流失，形成一个恶性循环。社区商业设施如商店、菜场、超市数量亦不足，除却少数新建商业项目（集中在上海、杭州、苏州等地）外，多数为杂货铺、小饭馆和露天菜场，环境较恶劣，缺少维护管理，不仅影响了城中厂周边的街道风貌，也导致社区生活质量不高。娱乐设施则多数关闭，曾经的工厂电影院等或被租给社会企业，或遭到闲置。值得强调的是，部分城中厂周边新开发的配套功能，尽管在数量上弥补了设施匮乏的现状，但显然不是面向工人群体，高昂的消费和门禁式管理反而催生了社会隔离。

进一步对城中厂相邻地块的配套设施进行分析，包括商业（餐饮零售、办公、菜场、超市、影院）、教育（幼儿园、小学、中学）、配套（医院、社区中心、警局、消防、广场、体育）3 大类 14 小类，整理其 POI 数据，将 316 处城中厂划分为配套完善（各类功能达到 80% 以上）、配套普通（50%~80%）、配套短缺（20%~50%）、配套稀缺（20% 以下）四个类别。其中仅 28 处配套完善，占比 8.86%；72 处配套普通，占比 22.78%。上述两类城中厂主要位于上海、苏州和杭州。配套短缺型高达 183 处，占比 57.91%，其他 33 处基本没有配套设施。因此，城中厂周边配套设施总体较为短缺，有必要采用社区化的更新模式，提供更多配套功能。

4.3.4 工业遗产的价值丰富多元

（1）建成年份久远，时代特征鲜明

作为中国近代工业发源地，长三角地区的城中厂历史悠久，从 1860 年至今已跨越 160 余年，工业遗产数量众多。基于形成年份的数据统计，晚清时期共计 33 处，占比 10.44%；民国时期 104 处，占比 32.91%；社会主义建设时期 118 处，占比 37.34%；改革开放后 48 处，占比 15.19%，其他 13 处年份不详。

长三角地区城中厂建设高峰期，第一个在 1895—1905 年间，即甲午战争结束后的十年，清政府对经济的控制弱化。基于传统手工业的优势和中西交流的前沿区位，长三角地区民族工业迅速成长，各城市产业结构的雏形初现。第二个在 1919—1937 年间，即两次世界大战之间的工业发展黄金期，在相对稳定的国家政治、中外贸易增速、西方无暇东顾、税制和币制改革等大背景下，大批民营工厂、合资工厂以及工业基础设施拔地而起，奠定了城市的工业基础。工业甚至跨城市发展，带动了长三角的第一次一体化进程。第三个高峰在 1950—1966 年间。一方面，以工业为核心的城市发展政策已得到全面贯彻，各城市工业体系已然成熟；另一方面，苏联技术和援助，直接或间接催生了一大批诸如钢铁、水泥等先进制造业。这些工厂构成如今城中厂的空间布局结构，屹立于各城市工业史的里程碑上。因此城中厂的历史价值中，代表性的时代特征不可忽视，这其中既包括建 / 构筑物、景观和场地，也包含技术工艺、流水线、产品、人物事件等要素。

（2）工业建筑类型丰富、风格多元

长三角地区城中厂建筑类型丰富，风格多元，常见的基本可分为 4 类：①低层中小型厂房。部分采用传统砖木结构，坡屋瓦顶木椽子，和民居相似；另一些则是砖混或钢筋混凝土框架结构，长度大进深小。这些厂房年代悠久，多是亟待保护修缮的遗产建筑。②大跨单层厂房。多是厂区的主车间，采用钢筋混凝土排架、框架甚至钢结构体系，体量和高度远超周边建筑。这些厂房主要建于社会主义建设时期和改革开放后，建筑质量较好。③多层厂房或配套设施。以钢筋混凝土框架结构为主，多建于 20 世纪 70—80 年代。其体量较大，高度多在 20~40 米。建筑质量好，数量多，空间适应性强，适于直接再利用。④其他类型厂房。包括水、电厂、筒仓、水塔、配电房、停机库、船坞等，往往采用特殊结构体系，力学效能强，但空间尺度较大，需改造后才适合使用。

至于建筑风格，晚清时期的工厂或多或少有一些装饰性元素，多集中在建筑入口。如杭州胡庆余堂制药厂的金色匾额，以及上海湖丝栈的欧式门头等。民国时期，工业建筑风格开始分化，一些工厂装饰性变得更强。如折衷主义的上海邮政总局，在英国古典建筑风格的基础上，融合了科林斯柱式和巴洛克式钟楼。主立面使用细粒水刷石粉面，同时设计了大量装饰性线脚；另一些工厂则开始摒弃装饰，如常州大成厂，清砖柱头和混凝土梁无过渡衔接，外墙仅简单粉刷，开窗均无线脚，立面造型的工业韵律感更强。中华人民共和国成立后，在批判形式主义和复古主义的浪潮中，工业建筑风格在经历了短暂的向苏联学习的“民族形式”之后，迅速转向倡导厉行节约（邢和明，2016），结构美学逐渐取代装饰美学。典型的有上海同济大学的电工馆，采用了砖砌双曲拱顶技术（朱晓明等，2017），体现了纯粹的力学之美。而大多数厂房则失去了特色，开始复制千篇一律的单层排架和多层框架建筑形式。如上海彭浦机械厂、冶金矿山机械厂和鼓风机厂，建筑风格几无差异。改革开放后，工业建筑依然保持着去装饰的趋势。如杭州八丈井工业园区，厂房立面极为简洁，除去开窗没有任何线条或装饰。（图 4–10）

（3）工业场所感和可识别性

长三角地区城中厂的场所特征，基于低层高密度的厂房建筑群，形成了以建筑为肌理单元的小密路网系统，和现代城市空间差异较大。典型场所可分为 4 类：①均质化的路网。一般道路宽 7~10 米，长数十米，道路两侧退界较浅，同城市社区的围墙边界和明显退界大不相同。②单位特有的前区。通过一条大道串联主入口和办公区，环境优美，建筑尺度宜人，工业氛围不浓，多伴有开阔的广场、花园、绿植等景观。前区的建筑类型较为多样，如低矮的宿舍、独立式住宅、高大的办公楼等。这同“后区”密集的厂房大相径庭。③点状或线状小块空地。包括门楼、码头、堆货场、凉亭、标语墙等，以及厂房之间逼仄的消防通道。④地标物。包括水塔、烟囱、塔吊、油库、瞭望台、焚化炉等构筑物，同工业建筑相比，构筑物

图 4-10
不同时代厂房立面形式，2016.03/2017.01/2015.01/2016.01
自左上到右下依次为：民国时期江南民居风格厂房；民国时期中西合璧风格厂房；中华人民共和国初期苏联风格厂房；改革开放后现代风格厂房

更为高大且拥有特异的空间形态，为厂区地标，能引发归属感并建立场所的可识别性。

4.3.5 低层高密的空间特质

（1）用地规模两极分化

长三角的城市中，既有数百平方米的独栋厂房，亦有数十公顷的巨型工业区。分析了 316 处城中厂的用地规模后发现，1 公顷以下案例有 115 处，占比 36.39%，包括民国时期留下的独栋多层厂房、20 世纪 70—80 年代建设的街道工厂和里弄工厂，以及在开发中被保留下来的工业历史建筑等。这些城中厂多已转为商业办公使用。占地 1~3 公顷的案例有 96 处，占比 30.38%。这些城中厂多数始建于民国时期，并在社会主义建设时期得到扩建，如今多数被改造成了创意产业园。3~10 公顷的案例有 67 处，占比 21.20%。这些较大的城中厂，多是社会主义建设时期建造的国营工厂，主要生产区保存完好，既有转为他用的也有维持生产现状的。10 公顷以上的案例有 38 处，其中 20 公顷以上的仅 14 处，主要是结构完整的国营大厂或改革开放后新建的合资工厂，由于生产能力强、流水线复杂，这些城中厂多数仍在生产中。

接下来，笔者通过比较城中厂和长三角地区常见居住区的规模，进一步观察二者之间的关联。考虑到居住区规模多为 50 公顷以上、居住小区 10~50 公顷、居住组团 10 公顷以下，可以认为，10 公顷以上的城中厂有较大潜力被更新为完整的城市社区（居住小区级别），然而这类案例在全部 316 处案例中仅占 12.03%，余下 87.97% 的城中厂规模偏小，更新仅能让其成为城市社区的一部分（居住组团级别）。基于数据现实，可以认为城中厂的社区化更新，更多的是填补现有社区的功能空白，提升空间的使用效率，以及为社区提供身份认同的物质载体。这也是长三角地区城中厂的特殊性所致。

（2）容积率远低于非工业用地

长三角七市过去的工业生产相对粗放，浪费土地资源，开发的容积率过低。在常见的“非正式更新”中，容积率是无法提升的。而“正式更新”的成本又不断高企，城中厂适应性再开发的路径不明朗。通过讨论城市开发中的常见容积率（本书取 2.0）和城中厂现状容积率之差，可以分析其在城市开发中的强度失衡程度。316 处案例中有 50 处容积率不到 0.5，占比 15.82%。这些工厂多是水、电、燃气等基础设施制造中心，以及造船、钢铁等重型制造业，占地广、污染重，主要分布在中心城区边缘地带。另有 119 处案例容积率在 0.5~1.0 之间，占比 37.66%。这些工厂以棉纺、机械等传统制造业为主，也包括少量仓库，散布在老城边缘到中心城区边缘的广阔地带。亦有 111 处案例容积率介于 1.0~2.0 之间，占比 35.13%。这些工厂多位于内城边缘，以多层厂房为主。此外亦有 36 处案例容积率超过 2.0，多为内城中的街道工厂，厂房数量少、层数多，生产服饰、小家电、小五金及日用品，主要集中在上海和苏州老城区，其内部空间和功能多数业已改造或变更。

上述容积率现状反映出城中厂空间使用效率的低下，总体上无法满足高密度城市发展的需要。一半有余的案例现状容积率在 1.0 以下，仅与社区中的幼儿园和文化活动设施容积率相当。因此城中厂社区化更新的一个重要目标即在于有效提高土地利用效率，加建和新建显得尤为必要。

（3）建筑密度较高且分布不均衡

受制于建造技术水平、流水线结构和防火要求等，长三角地区城中厂的建筑空间大而低，建筑密度高，改造在采光、通风、卫生和防火等层面面临挑战。笔者统计了 316 处案例的建筑密度，并选择 25% 作为比较标准（约等同老公房并略高于商品住房），发现仅 36 处案例低于 25%，占比 11.39%，主要是基础设施类工厂（水厂、电厂）和重型工厂（船厂、钢铁厂）。多达 198 处案例位于 25%~50% 之间，占比 62.66%，此类城中厂以棉纺、食品、小型制造业为主。亦有 82 处高于 50%，主要由保留的独栋工业历史建筑，以及改革开放后新建的巨型工厂（单边尺度可达 300 米以上）构成。数据显示，城中厂的建筑密度集中在 30%~45% 区间内，远超常规社区，这意味着更新需要拆除部分厂房，从而使建筑密度下降至一个合理的水平。

建筑尽管密度高，但在厂区内分布并不均匀。主要生产车间空间尺度往往达到百米以上，面宽大、进深长、高度高，尺度和民用建筑相差甚远，其所在地块建筑密度甚至能超过 80%。相反，其他工业建筑尺度参差不齐，所在地块建筑密度从 10% 到 50% 不等，占地面积同前者相比能相差数倍甚至数十倍，因而在同一城中厂内形成“大而疏”和“小而密”两种截然不同的肌理。

（4）小密路网和窄马路

城中厂的内部路网是服务于“运货”而非“运人”需要的，因此路网密度较高，人车混行，路面较窄，多成环路。本研究将路网密度分为 $10km/km^2$ 以下、$10\sim20km/km^2$、$20\sim30km/km^2$、$30\sim40km/km^2$、$40km/km^2$ 以上 5 个类别予以统计，并同长三角城市常见路网密度（约 $10km/km^2$）、巴塞罗那的 $13\sim15km/km^2$，以及美国曼哈顿中城、皇后和布鲁克林西区平均值上限的 $23.1km/km^2$ 作比较（叶彭姚等，2008）。同城市路网相当的（$10km/km^2$ 以下）案例仅 11 处，占比仅 3.48%，两者差异明显。接近巴塞罗那路网密度（10~20km/km^2）的案例 90 处，占比 28.48%，类似美国城市路网密度（20~30km/km^2）的案例 106 处，占比 33.54%。数据反映出小密路网和窄马路的空间特征。亦有 74 处案例高于绝大多数城市的路网密度（30~40km/km^2），以及 31 处路网密度高达 40km/km^2 以上，占比分别为 23.42% 和 9.81%，多是小微型甚至独栋城中厂，道路不成体系，数据仅作参考。

路网形态以 6~7 米宽的两车道居多，两侧辅以绿化隔离带或狭窄的人行道。亦有一些 4~5 米宽的消防通道，鲜有 10 米以上宽的车行道。这些内部道路多是围绕主车间形成环路，抑或由主干道串联成鱼骨状路网，路两侧遍布各类仓储和配套建筑，这构成城中厂的主要空间结构单元。大型城中厂则是由多个上述单元组合而成。这些单元的组合，反映了城中厂在不同历史阶段的发展进程，各单元之间的道路并非完全连通，厂区内常见 T 字和 Z 字形路口。

4.3.6 社会结构和权属复杂

（1）人口流动性大、社群两极分化

长三角地区城中厂及其周边社区，曾经是“锚固”城市工人群体的社会单元，如今则成为城市流动人口和中低收入阶层的聚集地。同时随着城镇化的推进，中高收入群体逐渐涌入，社群结构出现两极分化。

低收入流动人口主要是中青年外来务工人员，受教育程度不高，收入较低，因此聚居在租金低廉的工业区内，并在周边从事生产或安保等低回报服务工作。不稳定的工作导致了人口的高流动性。中低收入本地人群以年迈的工人及其家属为主，这一群体多在 20 世纪末国企改革中下岗，收入不高，部分依靠低保生活，无法胜任城中厂转型后的新行业（如文创、旅游等）岗位，也无力消费附加值颇高的文化产品。他们居住在本地的唯一理由是希望拆迁能够改善日益破败的生活环境。然而随着城市动迁成本的不断攀升，这一希望变得愈加渺茫。最后一类是伴随着工业区的再开发，大量涌入城市的中高收入人群。城中厂周边用地被新的商住功能所替代，高昂的租金和房价将目标人群锁定为中高收入者。为了保障此类群体的安全和利益，新的围墙和安保系统将再开发区域同城中厂隔离开，新居民同工厂基本不产生任何联系。

不同人群收入的两极分化，折射出更新中的公平正义问题，即原住民未参与规划设计，其利益未能得到保护；而新居民强力介入街区，易引发社会冲突。如常州三堡街工业历史地段，2016 年年初，在约 100 万平方米的棚户区中，夹杂着两处共计 25 万平方米的商品住宅。棚户区居民人均月收入不到 1200 元，人均居住面积不到 15 平方米，商品住宅中的居民月收入则普遍达到 3000 元以上，人均居住面积超过 30 平方米，明显的不均衡增加了社会风险。事实上，西方城市曾因绅士化诱发过多次社会动荡，其中的经验教训值得作为长三角地区城中厂社区化更新的参考。

（2）权属关系错综复杂

城中厂曾是“单位”结构的核心，既在空间上，也在社会和经济关系上和邻里环境存在千丝万缕的联系，主要呈现 4 方面特征。

a）产权类型多样化。早年的城市工厂多是国有企业。20 世纪 70—80 年代的各类政策，催生出多元的工厂类型，如地方政府和事业单位下属工厂、街道工厂、校办工厂、乡镇集体工厂、农村合作社工厂等。在市场经济环境下，部分工厂转为混合所有制，亦有一些在城市中收购土地新建厂房。如在 25 公顷的上海宜山路街区内，就有钢铁厂（宝钢集团）、食品仓库（百联集团）、缝纫机厂（集体企业）、香水厂（街道企业）、型钢厂（民企）等。

b）产权边界不清晰。行政管理的强势和多变，导致城中厂和周边用地边界模糊不清，其间或夹杂一些市政通道、绿地、民房等零碎地块，难以明晰具体权属。如常州运河五号北侧数栋民房紧贴厂房外墙，历史上则曾是厂区附属住宅，在住宅市场改革后独立出去，如今又部分被运河五号租用，难以明辨产权边界位置。

c）产权和使用权分离。一部分城中厂通过“非正式更新”实现了转型，遵循的是“三个不变”原则，产权方将工厂租给物业公司，后者将其改为办公、商业或公寓运营获利。另一部分城中厂则被划分出租给众多小厂，包括汽车维修、仓库、办公零售，甚至作为外来务工人员临时住所。面对工业和商业租金之间的巨大利差，“二房东、三房东”现象层出不穷。

d）集体意识和产权分离。集体产权意识存在于工人群体的精神深处，体现为归属感和认同感。对工人群体而言，工厂既是他们的生活依靠，也是精神支柱，更是他们改善生活质量的唯一机会。因此更新如未能保障他们的利益则难以推进。如在嘉兴冶金机械厂西侧有2000余套老公房，在可行性评估中发现，更新的动迁成本是改造成本的5倍，这无疑对政府和开发方提出了更高的要求。产权结构的错综复杂导致更新需平衡众多利益方的诉求，亟需设计一个兼顾各方利益的制度加以应对。

4.4 长三角地区城中厂的类型

4.4.1 分类标准

可以从多个角度对城中厂加以分类。格林伯格从工业生产区与其周边相关居住生活区和人口流动的关系出发，总结了费城的城市工业邻里类型，包括：①高度工业化并严重衰败区；②传统工业且维持生产区；③城郊新且高速发展区（Greenberg，1981）（图4-11）。马库森则从经济对空间结构影响的角度，基于玛莎（A. Marshall）提出的玛莎模式（即本地小型工厂集聚区，强调一种本地生产的合作网络），提出工业街区的另外3种模式：①辐射模式（hub-and-spoke），即以某一工业为核心的上下游工业的集聚区；②卫星平台模式（satellite platforms），即不同工业分支机构的横向聚集区，

图4-11
格林伯格提出的工厂邻里结构类型

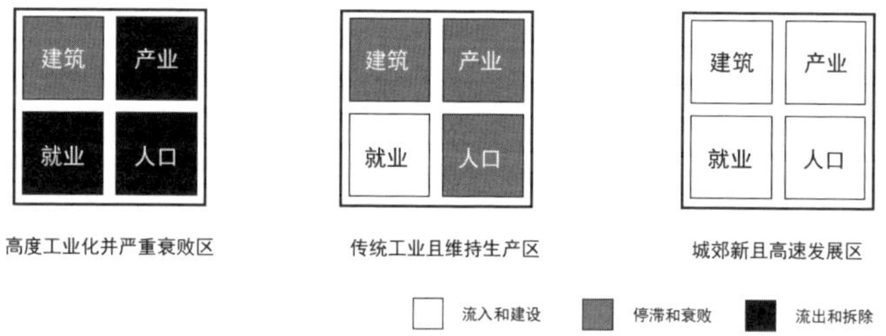

如趋向低端劳动力生产的集合；③国家锚固模式（state-anchored），即以军工业、监狱等核心且长期固定功能为核心的区域，具有浓厚的政治背景（Markusen，1996）（图 4-12）。上述两种均是基于社会学和经济学的分类。

斯特拉顿（2000）则按区位将城市工业场所分为：①工厂和住房混合的内城工业街区；②内城边缘滨水区；③城市边缘大型工业区；④工厂镇。（图 4-13）。工业建筑类型分为多层厂房和仓库、多层天光厂房、大空间厂房、单层库房、非建筑（Stratton，2000）。美国环境署（2008）按功能将工业场所分为油气和油气设施、制造业设施、资源回收循环场所、处理和修理设施、混合型设施。从工业场所布局的角度，布兰德利（1999）认为传统工厂分为线状、紧凑和加密状、四边形中央广场状、单元系统状，而较新的厂区则以“主厂房—库房”（head-house & shed plan）和“查尔姆斯”制造单元体（manufacturing unit plan of Allis-Chalmers）两种模式为主（Bradley，1999）（图 4-14）。琼斯则按建筑风格将英国工厂分为先锋（pioneering）、加固和增长（consolidation and growth）、铸铁和浪漫古典（iron and romantic）、哥特复兴（the Gothic revival）、上维多利亚运动（the

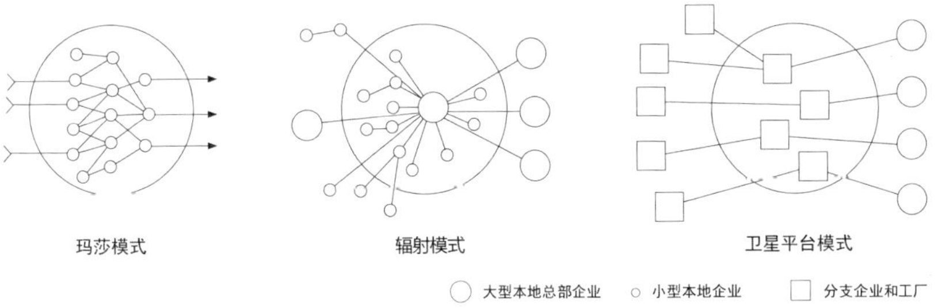

图 4-12
马库森提出的产业 – 空间结构类型

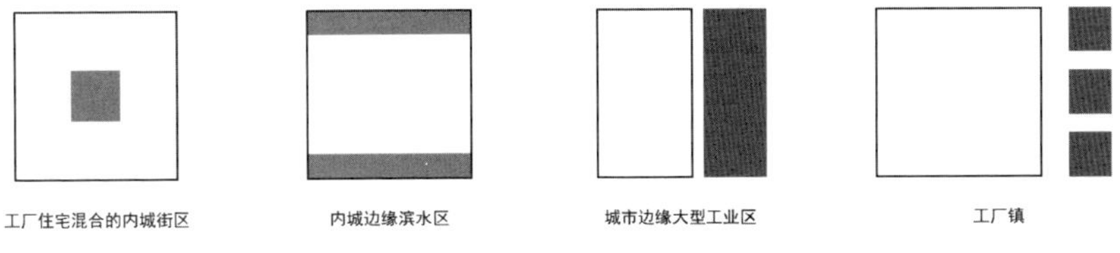

图 4-13
斯特拉顿提出的工厂区位结构类型

图 4-14
布兰德利提出的工厂布局结构类型

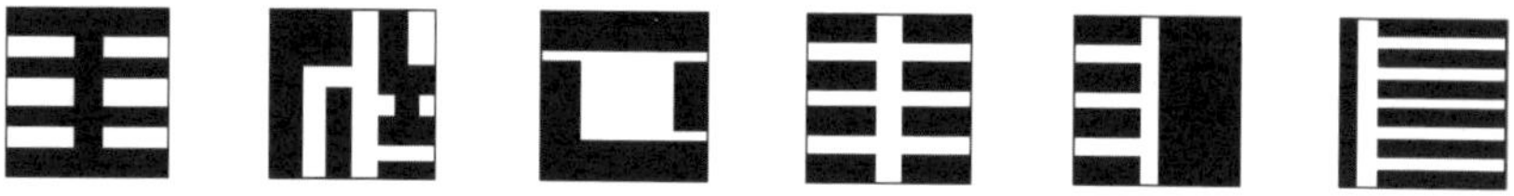

high Victorian movement）、意大利传统（the Italianate tradition）、爱德华工业风（Edwardian industrial）、现代主义运动（modern movement）8 个时期（Jones，1985）。

有国内学者依据建筑艺术的风格倾向，将城中厂分为 18 世纪折衷主义风格、19 世纪中期向功能主义过渡的风格，以及 20 世纪全新的工业美学风格（王建国，2008）。根据时间线索将中国工业遗产分为近代工业生产阶段、近代工业初步发展阶段、私营工业迅速发展阶段、抗战时期和战后短暂复苏、社会主义工业初步发展时期、曲折前进期、现代工业大发展时期（俞孔坚等，2006）。

在规划层面，按照用地性质将城中厂分为 5 类：工业用地、仓储用地、交通用地、市政公用设施用地、其他用地。按国民经济行业将其分为 5 类：采矿业、制造业、电力 / 燃气及水的生产和供应业、交通运输 / 仓储和邮政业、水利 / 环境和公共设施管理业（刘伯英等，2009）。从工业用地权属和重建情况出发将其分为 4 类：不变性不重建（保持原状）、不变性但重建（不可能发生）、不重建但变性（非正式更新）、既变性又重建（正式更新）（冯立等，2013）。基于形成动因可将工业用地分 3 类：由于城市扩张而被包围的建成区传统工业、街道政府自行发展的工业，以及城市蔓延中“吞并”的乡镇工业用地（杨帆，2016）。此外亦有学者根据区位圈层（罗超，2015）和产业链（哈静等，2017）等进行分类。

在多数分类标准中，城中厂同其邻里的空间结构关系都被视为重要考量要素，呈现出“厂－城共生”的基本逻辑。城中厂社区化更新设计策略应同时建立在对工厂自身的认知和对周边社区结构的融合上。基于“厂－城”关系，本书将长三角地区城中厂分为 4 种类型：①飞地型，即孤立在城市非工业环境中的独立城中厂；②群落型，即一到多个小规模城中厂聚集在城市非工业环境中的集合体；③聚落型，即被一定数量的附属功能环绕的城中厂；④系统型，即一处功能结构完整的工业“单位”。结合案例，本节对 4 种类型的特征进行解析。（表 4–3）

表 4-3　城中厂的 4 种形式类型

图例 / 特征		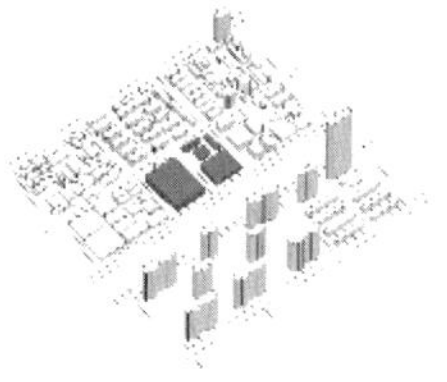		
形式类型	飞地型城中厂	群落型城中厂	聚落型城中厂	系统型城中厂
定义	城市核心区内由孤立的中小型工业建筑组成，被各类非工业城市空间所包围。	城市核心区边缘的多组有联系的中小型厂房建筑群，和非工业建成环境混合一处。	中心城区内中型工业厂区，位于半工业区内，周边具有完整但衰败的配套设施。	中心城区边缘的成片大型工业厂区，周边亦为大型工厂或工人新村。
年份	晚清、民国、社会主义建设中后期	民国、社会主义建设时期	民国中后期、社会主义建设中前期	社会主义建设初期、20 世纪 90 年代中后期
常见城市	上海 / 苏州 / 无锡 / 杭州	上海 / 常州 / 无锡 / 苏州 / 杭州	长三角七市	长三角七市
区位	内城中心	内城边缘	内城外、中心城内	中心城边缘
规模	建筑群，1 公顷左右	建筑群，1~5 公顷	小街坊，3~10 公顷左右	大街坊，10 公顷以上
用地	划拨 / 集体工业用地为主	划拨 / 集体 / 出让工业用地为主	划拨工业用地为主	划拨工业用地为主
遗产	较多	较多	有限	较少
污染	服装、食品等轻污染加工产业	仓储和手工作坊等轻污染产业	棉纺、机械等普通污染产业	冶金、钢铁等较重污染产业
现状	停产，基本转型为办公或商业	停产，基本转型为办公或商业	部分停产，部分转型为办公商业	少数停产，多数仍在生产

续表

交通	外部便捷，内部不畅，步行为主	外部便捷，内部不畅，人车混行	外部较便捷，内部有交通环线	外部交通便捷度一般，内部较通畅
尺度	几栋低层和多层厂房混合体	成片的低层里弄建筑 + 少量多层厂房	中小尺度工业建筑的集合体，少量大型厂房	大尺度工业厂房为主，亦有中小尺度工业建筑
权属	国营 / 集体	国营 / 集体 / 民营 / 私有产权	中小型国营 / 民营企业	大型国营 / 外资企业
邻里	高层低密商业开发 + 中层中密工人新村	中高层中密商业开发为主	中层中密工人新村 + 低层中密工业 & 少量高层低密商业开发	低层低密工业 + 中层中密工人新村
社群	本地工人群体、外来中产人群	外来中产人群为主	本地工人群体、外来务工人群	本地工人群体、外来务工人群
周边配套	商业零售、办公、教育、休闲等均较完善	商业零售、办公等较完善，居住、休闲较缺乏	商业零售、办公、休闲缺乏，居住和教育基本满足需求	商业零售、办公、休闲、教育缺乏，居住质量较差

4.4.2 长三角地区城中厂的 4 种类型

（1）飞地型城中厂：上海四行仓库

飞地型城中厂占地小，多层高密度，建筑质量一般较好，现多转型为文创办公或商业。现存的飞地型城中厂多集中在上海、杭州、苏州和无锡的老城区内。其原功能多是中小型加工车间或仓库，或是棉纺等大厂在开发中残存的主车间。飞地型城中厂，更多呈现的是其自身历史代表性价值和工业美学价值，同街区的整体风貌关联性有限，典型案例如上海四行仓库、常州大成一厂、杭州杭丝联等。

四行仓库（图 4–15）位于静安区光复路 1 号，曾是大陆银行和北四行的联合仓库，始建于 1931 年，因抗战时期的“八百壮士守四行”战役而闻名，1994 年被列入第二批上海市优秀历史建筑。作为苏州河畔最大的单体仓储建筑之一，四行仓库兼具工业遗产和城市地标价值。进入 21 世纪，苏州河两岸工业仓储用地被不断再开发，四行仓库逐渐从工业环境中独立出

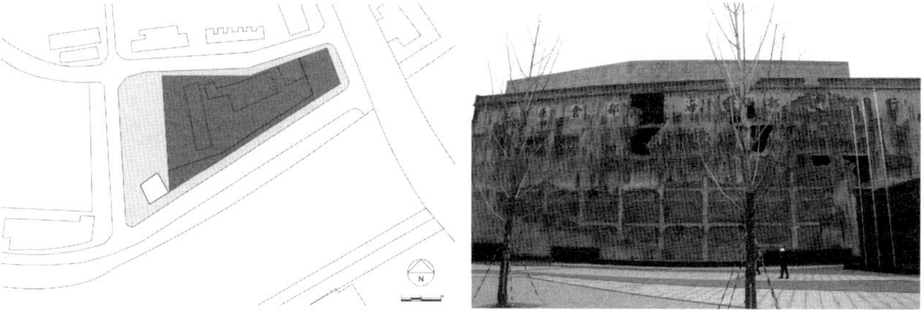

图 4-15
上海四行仓库空间肌理图及主要山墙界面，2016.01

来，成为占据一个街坊的飞地型城中厂，并于2015年被改造成博物馆和办公混合体。

仓库占地约0.81公顷，建筑面积2.56万平方米，容积率3.1，建筑密度接近65%，西侧正对战争遗址墙留有约2500平方米的广场。原建筑为5层，后加建至7层，更新后又减至6层，新建顶层退台以保证历史界面的完整性（唐玉恩等，2016）。其南北进深最大60米，最小26米。建筑内部交通流线不复杂，空间相对均质，外部有完整的两车道环路，路网细密。

四行仓库周边街区近年来开发力度大，公共交通逐步完善，仓库距曲阜路地铁站仅200米，周边有多趟公交车经过，可达性较高。同时仓库周边展现出各个时代的特征：东侧隔西藏路桥为新旧结合的四行天地，靠北则是老公房和高层住宅混合区，西面为公共停车场和正在更新中的“创意仓库”文创园，南侧则临苏州河步道，历史风貌多样性为区域提供了文化氛围。然而周边住宅较少，幼儿园、学校和医院等配套不足，尚不属于成熟的城市社区环境。

飞地型城中厂在空间上多孤立于城市中，占据街坊一角。其容积率较高，建筑密度往往超过50%。厂区内功能独立，边界相对清晰，外部交通情况较好，但停车较困难。此类城中厂的遗产价值较高，且由于尺度较小，更新后往往更适宜开展社区活动，周边基础配套设施也较完善，区位优势明显，具有较大的再利用潜力。多数已经历一轮更新，社区导向的二次更新或许是未来方向之一。

（2）群落型城中厂：无锡庆丰纱厂

群落型城中厂多是城市发展中被遗留下来的工业建筑群，用地规模和建筑尺度不大，建筑质量参差不齐，路网细密，是典型的低层高密场所，遗产保护价值适中。这些城中厂主要位于老城边缘，与居住、零售和手工作坊交错分布，部分已转型或正待转型为商办楼或居住区，如无锡庆丰纱厂、湖州茅安前豆制品厂等。

庆丰纱厂（图 4–16）位于无锡市梁溪区惠勤路世茂国际广场北侧，紧邻无锡火车和汽车客运站，始建于 20 世纪 20 年代，曾是近代无锡显赫一时的四大家族之一——唐氏家族的产业，周边曾聚集了国棉二厂、三厂等众多工厂，是无锡重要的工业遗产集聚区。纱厂于 2005 年开始搬迁，10 公顷的基地上，多数厂房被拆除，并新建了商住综合体和汽车客运站，仅留下 1931 年建设的 8400 平方米的纺织车间和仓库，占地 0.73 公顷。

2017 年，纱厂被更新为社区文化艺术中心，容积率 1.15，建筑密度 52.05%，包括 12 栋 2 层或 3 层小型红砖厂房，进深 9~12 米不等，单边最长 38 米，最短 18 米。厂房由一条 4 米见宽的步道串联，并在滨水一侧留出 4~6 米宽的通道，路网细密，宜于步行。外部留有出口连接惠勤路，建筑和城市道路之间空出广场。

纱厂更新同房地产开发结合，厂房转型为住宅区的配套功能，并同居住功能形成互补，将城中厂融入既有社区，为大型、单一的住宅区提供活力和可识别性。如今的庆丰纱厂周边正处在快速开发中，东、南、西三侧

图 4-16
无锡庆丰纱厂空间肌理图及细密的巷道，2018.11

地块在过去十余年间新建了数十万平方米的住宅和交通设施，北侧的工业地块也将拆除殆尽，道路等基础设施已提前完工。由于周边配套设施较少，庆丰纱厂引入了幼儿园、美术和运动培训机构，以及相关的办公、设计和轻餐饮等面向中等收入群体的社区功能，是典型的社区化更新模式。

群落型城中厂在空间上多以街坊一隅为单元，由一个或多个“单元”集结而成，街坊内还有大量其他厂房或住宅，建筑密度多在40%以上，容积率在1.0~2.0区间内。厂区边界不明确，建筑间距小，内部交通不便且停车困难。但同时区位优势明显，街道空间尺度较小，宜于步行，域内人口密度较高，周边基础设施和配套功能相对完善。在这一类城中厂的社区化更新中，需要重点平衡开发利益和本地居民利益之间的关系。

（3）聚落型城中厂：常州第五毛纺厂

聚落型城中厂是城市中较完整的大中型工厂，多兴建于20世纪50—60年代，拥有完整的空间结构和产业链，数量较多，其保护再利用至今尚未引起社会的广泛关注。其建筑尺度参差不齐，路网密、路面窄，空间低层中密。这些城中厂分布在从内城边缘到中心城区的广大区域，是典型的国营工业单位，产品包括棉纺、缫丝、电器、药物等多个门类。一些工厂已转型为创意产业园，另一些则仍在生产中，但生产效率不高，部分厂房因而被分租出去。这些代表了社会主义建设时期工业史的城中厂，近年来逐渐成为更新对象，如常州第五毛纺厂、苏州电讯电机厂等。

第五毛纺厂（图4-17）坐落在常州市三堡街141号，2019年被列入第二批国家工业遗产名录。其紧邻京杭大运河，前身为始建于20世纪30年代的恒源畅厂，历经多次扩建，巅峰时期拥有20余栋工业建筑，包括一组三进两层粉墙黛瓦的民国时期办公楼，以及单层苏联式锯齿屋顶主车间。其生产的注册于1936年的“童鹰”牌毛毯，一度远销国外。21世纪初，大运河两岸开始大面积拆除工厂。作为城市转型的新尝试，2008年12月，常州工贸公司开始改造第五毛纺厂，将其打造成集文创、旅游、展览为一体的运河五号创意街区。

工厂占地3.6公顷，建筑面积3.2万平方米，容积率0.89，建筑密度约

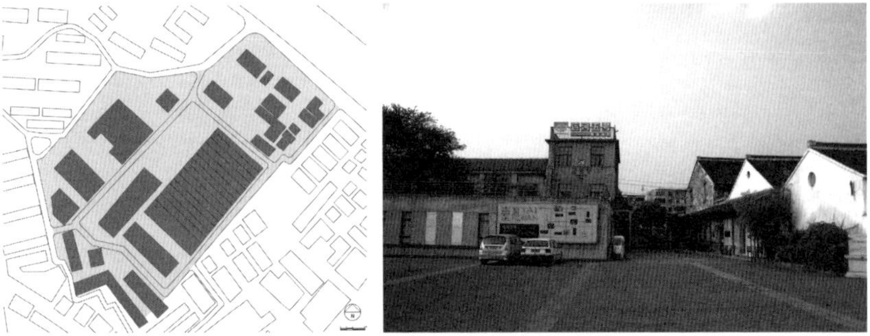

图 4-17
常州第五毛纺厂空间肌理图及主入口广场，2016.08

为 37%。以围墙为界，其周边紧邻棚户区，仅西、北两侧临城市道路。北向沿三堡街为 2~3 层的小型砖混建筑，现作为办公和民宿使用。主车间平面尺寸达 60 米 ×105 米，锯齿状屋顶和巨型烟囱是街区地标。其他厂房则环绕主车间，现植入了创意办公、绘画展览、创意零售、餐饮、酒吧等业态。内部有一条 7 米宽的车行环路，两侧为宽 2 米有余的人行道，道路截面比例为 3：2~1：1。环路沿线分布着 6 处停车场，基本满足停车需求。核心区内有步行流线串联主要建筑，部分区域用玻璃顶覆盖。

工厂外部交通环境较差，主要车行入口并不直接临路，而作为城市道路的三堡街路面偏窄，交通承载力有限。此外，第五毛纺厂的邻里环境质量较差：除却西南角的勤业新村，其他均是 2~3 层的城中村自建住房，现居民多为退休工人和外来务工人员，人口密集且流动性强。配套设施相对不足，仅有幼儿园和学校各 1 所以及几处小卖部，缺少医疗和文娱设施，未能满足社区化需求。

聚落型城中厂多是较完整的街坊，建筑密度在 40% 左右的居多，容积率一般不超过 1.0。厂区边界清晰，内部为单一生产功能，工人聚居于周边工人新村或城中村。建筑间距较大，道路空间尺度宜人、内部交通通畅，但停车较困难。然而，大多数聚落型城中厂位置偏远，周边配套设施破败或缺失。由于所牵涉的利益关系复杂，投入的成本高，其社区化更新需要战略层面的统一规划。

（4）系统型城中厂：嘉兴冶金机械厂

系统型城中厂多是完整的大型工厂，拥有各个时代的工业建筑、完整的生产流水线和工业风貌，周边则是成熟的配套住宅、办公、零售、教育、医疗、文化设施，能体现工业街区的系统性价值。建筑和道路经过更新规划，具备直接再利用的潜力。这些城中厂主要分布在中心城区边缘，以装备或棉纺织生产为主，常见于常州、嘉兴等地。尽管其仍在进行生产，但周边环境已在更新中。如嘉兴冶金机械厂、常州戚墅堰机车厂、上钢一厂等。

冶金机械厂（图 4–18）拥有十余栋嘉兴市工业遗产保护建筑。工厂位于嘉兴老城东北方向约 1.5 千米的角里街 112 号，南临平湖塘、北靠长板塘，是角里街工业片区的重要组成部分，拥有完整的生产体系。冶金机械厂前身系私营杜锦记翻砂机器厂，1951 年更名为新新铁工厂，1957 年从东门迁入此地，为中华人民共和国成立初期冶金机械部直属机修企业，亦是嘉兴工业支柱之一，主要生产电机减速器。2005 年冶金机械厂宣告破产，3542 名员工被分流安置，厂房则被分租给各类小型企业，亦有少量转型为社区配套如体育馆等。

冶金机械厂占地 24.6 公顷，建筑面积约 16.48 万平方米（其中被列为保护建筑的有 8.39 万平方米），容积率约 0.67，建筑密度约 40%，空间低层高密。历史上冶金机械厂自南向北发展，因而南侧多为 1~2 层的小型砖木厂房，跨度 10 ~ 20 米，长度不超过 50 米；中部多见大跨度钢筋混凝土桁架厂房，最大的一座为 80 米 ×140 米的三跨厂房；北侧则以沿河堆货

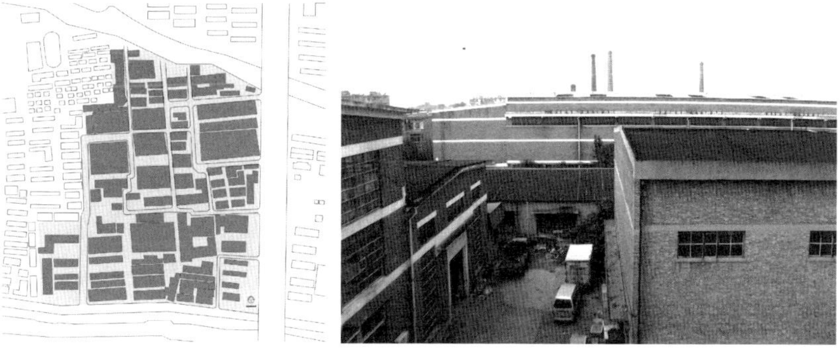

图 4-18
嘉兴冶金机械厂空间肌理图及鸟瞰实景，2014.11

场和小尺度单层临时库房为主。冶金机械厂西侧和民丰造纸厂之间现有一片包含 2440 套住宅、6608 位居民的工人新村，以及厂区配套幼儿园和学校。工厂和住宅区由围墙分隔。厂内路宽多为 7 米，厂房较道路退后 3~5 米。部分厂房周边留有空旷的堆货场，具有转型潜质，街道剖面宽高比为 2∶1~3∶2 不等。

厂内环境较差，工业半成品和原材料随处堆放，植被稀疏，路面不整，缺乏维护管理。外部交通可达性较差，仅在角里街上设有两处入口，而东侧为中环东路高架桥，北侧为长板塘，西侧和工人新村直接相连。此外，冶金机械厂东西两侧均为大型工厂，南侧和西北均为配套工人住区，仅北面越过平湖塘有新住宅区。周边配套较为衰败，尽管有幼儿园、学校和医院各 1 所，以及少量杂货铺，但总体上仍处于 20 年前的经营状态，亟待植入新功能加以替换。

系统型城中厂往往占据城市的多个街坊甚至自成街区，厂区周边附属较完整的生活功能体系。厂区空间低层中密度，建筑密度多在 30% 上下，容积率约 0.5，空间利用率相对较低，是典型的社会主义建设时期的产物。厂区边界较清晰，职住区分明确。建筑间距较大，内部交通系统完善，停车场地充足，但和外部交通衔接较少，周边公共交通设施不足。区位劣势和规模过大是此类城中厂更新的主要障碍：位于中心城区边缘缺乏市场吸引力，而巨大的动迁成本让市场望而却步，社区化更新可行性相对较低。唯一的选择是地方政府将城中厂更新上升到城市战略的高度，联合国营和民营等市场力量共同推进整个区域的转型。

4.5 本章小结

长三角地区城中厂具有鲜明的特征。首先，由于“退二未能进三”等原因，城中厂数量巨大，分布广泛，是城市更新的重要对象。其次，由于长三角工业历史悠久，工业遗产众多且类型多元，城中厂承载了城市近现代历史文化脉络。第三，产业的退出速度快于用地等管理制度的革新速度，这导致多数城中厂只能进行“非正式更新”，抑或是闲置待拆除。第四，规划理念和建造技术相对落后，导致城中厂的空间结构秩序相对混乱。第五，单位制度在工厂周边催生了大量非工业功能，因而城中厂的邻里环境较为复杂，新与旧、工与非工、住与非住等空间交错分布，这也是城中厂封闭和隔离的重要原因。最后，城中厂的权属关系错综复杂，人口流动性和老龄化日趋严重。由此总结出长三角城中厂的 6 点特征：

（1）量大面广、亟待更新；

（2）邻里环境多元且封闭；

（3）功能衰败且多作临时用途；

（4）工业遗产的价值丰富多元；

（5）低层高密的空间特质；

（6）社会结构和权属复杂。

长三角地区城中厂的类型繁多，既有位于老城区内、孤立于非工业环境的工业建筑群，也有在老城区以外、正在开发中的工业街坊。基于“厂一城”关系，将其分为 4 种类型：

（1）飞地型城中厂；

（2）群落型城中厂；

（3）聚落型城中厂；

（4）系统型城中厂。

5 价值
城中厂社区化更新的可行性

本章阐述了长三角七市城中厂社区化更新的价值，并从政策、行政管理、经济、社会、空间、文化和环境 7 个维度分析了社区化更新的可行性，比较不同类型城中厂之间的差异。同时参考了国外案例，引为借鉴。

5.1 城中厂社区化更新的价值

基于“厂城共生”的目标，明晰城中厂“社区化”更新有别于“园区化”更新的特殊价值，具有现实意义。城中厂不仅应重新建立同城市的空间、经济和社会网络关系，为更多本地居民提供服务，更需以工业遗产为文化资源，激活衰败工业区的活力，并带动城市资源的高效利用。具体包括以下 4 个方面：

5.1.1 缝合城市断裂带

时间观念、时间秩序、时间对象和时间效能的断裂（张琪，2015），催生了城中厂作为城市遗产在空间、功能和意识上的断裂。彼得罗将其称为“中间景观”，赛奇归纳为空间的“空白性”，特兰西克定义其为“失落的空间”，莫拉莱斯强调了空间的“模糊性”（王西西，2012），阿兰·伯格（2006）认为这些物质对象是城市“废景”，而库若里（2014）则总结了其功能和社会结构的过渡性。在国内，孙立平（2003）较早关注到城市产业转型带来的社会结构断裂，这也被描述为破碎化、碎片化和阴影化等（魏立华等，2006；胡咏嘉等，2011；杨俊宴等，2012）。断裂导致了区域性的慢性衰败，并引发经济、社会和物质空间的一系列问题。

如何应对断裂失落引发的挑战？柯林·罗提出用文脉主义的方式去织补现代城市碎片，采取不断叠加的方式缝补城市；雅各布斯提出城市的多样性、功能的混合、小密路网、历史建筑保护等措施；而新城市主义者总结了包括紧凑开发、混合功能、步行友好、公共空间、公交导向、可识别性等的一系列社区导向的设计策略。在国内，吴志强（2004）较早提出城市缝合理论，于城市边界、城市中心和整个城市空间3个层面提出10条策略。张杰等（2009）提出织补理论，包括生态系统修复、产业和空间结构调整、织补公共服务设施网络、改善交通环境、塑造特色空间、织补社会结构、实施科学的“留改拆”策略等7点措施。因此，缝合策略旨在运用城市设计方法，通过功能混合、公共空间、步行友好、开放边界等措施，使工厂融入邻里环境中。

5.1.2 锚定地方性要素

锚定社会和文化要素，在社区化更新中意义显著。滕尼斯强调社会的“共同”内涵，要求相对稳定的居民群体，以及共同利益和身份认同，这和涂尔干的共同体理论殊途同归，历史经验、生活方式和信仰等的相似性构成稳定的社区结构。而身份认同，在芝加哥学派眼中具有决定社区和个体特质的影响力。

让失去功能的厂房实现特定结构边界和共同关联性（interrelationships），在西方语境下被表达为“锚定”（anchor）或“磁力”（magnet），强调更新的建筑自身是商业或文化目的地（destination），通过和周边居民、商铺、休闲娱乐设施的密切联系产生流量效应，这不仅有益于商业开发和零售、吸引居民，甚至能引发公共补贴（public subsidy），以及公共部门对基础设施和文化设施的投入（Sternberg，2002）。然而为什么厂房比普通建筑更适宜成为“锚”？《下塔吉尔宪章》指出，工业遗产可以提供身份认同、稀缺性和特殊价值。库若里（2014）认为工业遗产具备“再造的感知”能力，可以重新唤起市民对社区的记忆并引发联想，产生对本地的归属感、认同感和自豪感，从社会学角度而言，锚定是将原有知识和意义转换为新系统的过程，用熟悉的名词来解释和定义不熟悉的事物（Moscovici，2000）。

通过保留工业遗产，将工业时代形成的社会表征锚定、具化，并延续既有的脉络，让人们的行为和思考演化为强势的价值观念（管健，2009）。章明等（2017）倡导锚固工业场所中的物质存留，但又要使其存在于游离于场地的诗意呈现中。在千城一面的当代城市中，工业遗产具有典型的“地方性”特征、场所价值和社会记忆，传递着破碎的历史信息，并能结合产业推动区域转型（丁新军等，2014）。因此，保护工业遗产就要保护其原真性和特殊性，通过稀缺性来构建场所精神，强化居民的身份认同，从而锚定人口、产业和文化精神等要素。

5.1.3 资源循环利用需求

城中厂中的工业建筑和景观等物质对象的再利用，可以减少资源和能源浪费。《都柏林原则》（Dublin Principles，TICCIH，2011）强调保护工业遗产有利于物质、环境和社会层面的可持续发展。事实上早在半个多世纪前，哈普林（Halprin，1970）就在旧金山吉拉德利巧克力工厂改造项目中提出了“建筑再循环”的理念，认为改造那些没有达到技术寿命的建筑是有经济意义的，而其核心是改变功能和调整内部空间。

尽管结构加固、立面修缮等的成本远高于新建成本，但从建筑全生命周期的角度出发，保留既有工业建筑不仅可以减少能源消耗、建筑垃圾和碳排放（刘伯英等，2018），也让空间的再利用变得更加灵活，折射出将工业建筑看成“空间资源”的新视角。传统的博物馆、遗址公园、创意产业园等再利用模式，都是基于实现“创意城市”的目标，试图用创意产业驱动城市经济转型发展（Florida，2004），这其中工业遗产的资产属性让其具备承载创意产业和转化经济效益的可能性。然而，创意城市理论成立的基础，在于投入巨额政府资金（张文卓等，2018）、供给充足的创意人才、营造成熟的产业环境，以及建立一个高度发达的消费社会。很显然，长三角地区尚不具备上述条件，这也导致大量存量资源得不到充分利用。因此强调更具日常性的更新设计策略（章明等，2014）、以社区为导向的更新（张健等，2010；李和平等，2012），能更充分利用存量资源。

5.1.4 激活区域发展动能

城中厂社区化更新，还在于能够提供发展动能，激发周边区域的振兴，这也被称为“触媒效应”（Catalytic Effect），在不彻底改变城市的前提下激起新生命力，并呈现出连锁、持续和渐进等特征（韦恩·奥图等，1992），包括产生稳定人流、形成发展范式、营造公共环境、强化投资信心、突出建筑遗产的意义等特征，可以提升街道活力，刺激街区投资和建设，并提供示范效应等。

存量工业建筑常因为破败闲置而成为中心城区内的不动产洼地，但投资者的进入，会使其周边地区形成一个不断增长的热点（Sigman，2010）。尤其是那些具备历史文化和美学价值的工业遗产，适应性再利用能催化上述价值转化为街区发展的经济优势（Kee，2019），譬如吸引大量居民、创造就业岗位、刺激创意消费、改善街区面貌，并开创一种连锁的示范效应（Zukin，1982；Xie，2015）。更进一步地，更新可以去除“污名化”（stigmatization），为重建后工业街区的身份认同创造条件（Hospers，2002）。国内一些学者也关注到更新能催生触媒效应，如金广君等（2006）强调将新元素作用于邻近元素，并不断放大辐射效应，振兴衰败城区的面貌、活力和经济。这一过程中，混合功能、混合空间的城市综合体模式能更有力地实现工业遗产更新的综合效益（寇婧等，2015）。

5.2 城中厂社区化更新的可行性分析

可行性研究旨在揭示项目自身具有的优势和劣势、在市场环境中存在的机遇和威胁、实施所需的资源，以及最终所希望达到的目标和实现的程度（Justis et al.，1979；Georgakellos et al.，2009）。一些学者从城市更新、工业遗产再利用等角度整理可行性评价指标，如洛瑞思（Loures，2015）归纳出后工业时代再开发项目的22个益处和17个障碍（表5-1）。于城中厂社区化更新而言，可行性研究可包括政策、管理、经济、社会、空间、文化和环境等7个方面，笔者从优势和挑战两个层面予以梳理。

表5-1　洛瑞思解析后工业场所再开发的益处和障碍

益处	障碍
1. 增加归属感	1. 对犯罪的察觉
2. 加强人与环境的联系	2. 可用但缺乏技术的劳动力
3. 创造就业机会	3. 土地收储困难
4. 去除污名化	4. 高昂的再开发成本
5. 鼓励娱乐和交流	5. 可达性不足
6. 减少城市扩张	6. 对再开发的相互关系理解不足
7. 提供可支付住房	7. 本地和区域性游说团体
8. 保护和强调工业遗产	8. 所有权模式
9. 利用现有的基础设施	9. 不确定的需求
10. 降低基础设施成本	10. 获得财政支持的挑战
11. 提高财产价值	11. 责任和清理问题的不确定性
12. 鼓励内城投资	12. 可能产生的生物、物理和化学影响
13. 减少未开发地的消耗	13. 关于修复和建设的现实不确定性
14. 刺激新的经济活动	14. 管辖权重叠
15. 减少空气和水的污染	15. 货币成本的概念不明确
16. 增加税收	16. 长时间的清理和土地收储
17. 增加文化资产的价值	17. 老旧的城市基础设施
18. 增加支出的派生产品	
19. 防止污染物扩散	
20. 创造和保护野生动物栖息地	
21. 提高城市空间的美学品质	
22. 创造绿色的开放空间	

注：根据参考文献[47]整理。

5.2.1 社区化更新的优势

（1）区位价值日益凸显

长三角的城中厂多位于城市中心区内，在当今各类城市病频发、动迁成本高企的背景下，社区化更新有助于发挥区位优势，充分利用城市建设用地，减少对新基础设施和配套设施的投资。一方面，这些城中厂用地同周边地块相比价格低廉，商业再开发潜力大；另一方面，城中厂周边的公共交通可达性高，而厂区现有道路、堤岸、绿化景观和市政管网等设施，经过优化即可达到社区标准。此外，一部分城中厂的邻里配套功能，如学校、幼儿园、医院、办公、零售等，改造后仍可适应社区需求；另一部分则已是商业娱乐、教育医疗、公共空间和绿地等成熟设施，更新后的城中厂具备快速融入城市和社区的可能。

在优越的区位条件下，更新能更好地提升城中厂和城市之间的连续性。同时，城中厂代表了相当数量产业工人群体的利益，采用更新而非动迁拆除的方式，既可以为这一群体提供在本地居住和就业的可能，缓和社会冲突，也能够为新的社区提供相当数量的消费者和劳动力，激发社区活力，让产业、配套和空间的升级有依据，亦能帮助工厂、本地居民、外来居民三者重新融合。

（2）厂区环境具有改善基础

城中厂的内部空间具备较完善的基础设施、小密路网、零星空地等。以建筑单体或小型建筑群为单元划分地块，一方面形成了路网密度20~30km/km^2、路段平均长度约100米的均质空间体系，适合改造为生活或商业场所；另一方面道路断面宽度以10米上下最常见，两侧工业建筑高7~20余米不等，道路宽高比2∶1~1∶1，空间尺度宜于步行，可以营造紧凑向心的社区环境。散布的零星空地，是社区化的另一类重要空间载体：较小的空地多是过去的堆货场、停车场、办公区的广场或绿地。这些空地规模一般不超过1000平方米，较均匀地散布在厂区内，在社区化更新中可被改造成口袋公园或绿地广场。较大的空地集中在滨水区，用地规模多为数千平方米，绵延数公里，适合改造为街区级公共空间。

环境治理亦是社区化更新中的重要内容。本书中的长三角城市，过去是以棉纺、小型装备等轻制造业为主，污染严重的重工业数量较少，近年来污染治理力度也相对较大。因此在多数的长三角城中厂内，污染残留是可以经过净化达到社区标准的。

（3）工业元素的适应性和稀缺性

随着城中厂的数量减少，工业建筑和构筑物、设备物件等变得愈加稀缺，其经济和工业美学价值也逐渐凸显。相关建筑大概可分为 3 类：一是晚清民初建设的砖木厂房，多在 3 层以下，进深小于 30 米，面宽不超过 60 米，同民居差异不大，转型为社区功能显然没有问题；二是中华人民共和国成立后建设的国营工厂，除了主车间外，多数厂房、配套办公、宿舍、诊所等功能空间的尺度同社区化需求相契合；三是 20 世纪 70—80 年代建设的一批多层厂房，由于进深小、容积率高，同办公和公寓的尺度接近，空间具有较高的适应性。（表 5–2）

表 5-2　常见工业建筑尺度（以嘉兴冶金机械厂为例）

<table>
<tr><td>小型厂房</td><td>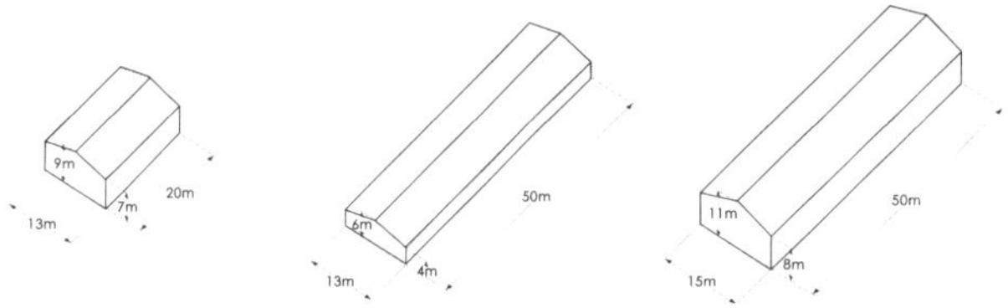
</td></tr>
<tr><td>中型厂房</td><td>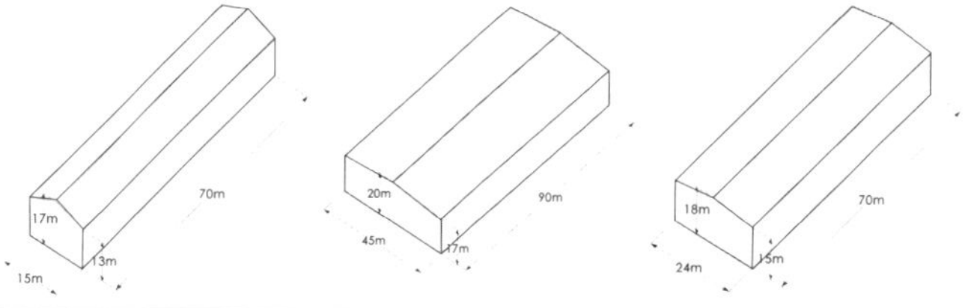
</td></tr>
<tr><td>大型厂房</td><td>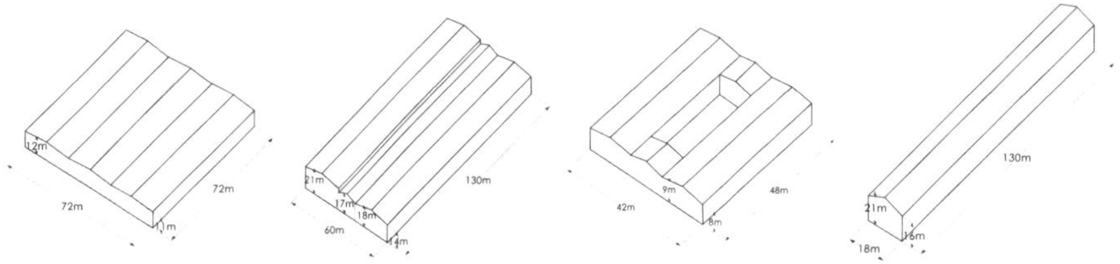
</td></tr>
</table>

另一方面，场所的稀缺性也同社区化更新要求相关联。如工厂的入口区、服务区和行政区，同生产区的样貌往往迥然不同：入口处多设置林荫大道和广场，服务区和生产区之间以绿带隔离，行政区独立且环境幽静，同社区功能需求相契合。生产区拥有较多空地，既可以转型为社区公共空间，也可开发建设新建筑。烟囱、水塔、煤气罐、机器、塔吊等元素，在更新中可以被改造成社区地标物，具备构建社区身份认同的潜力。（表 5–3）

表 5-3　常见工业街巷尺度（以嘉兴冶金机械厂为例）

小型道路

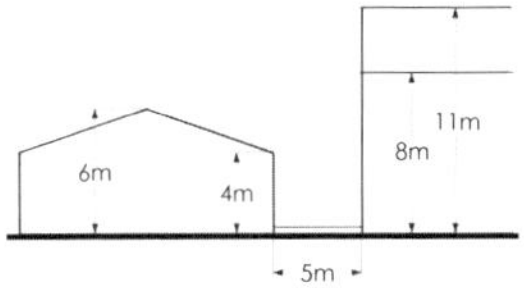

中型道路

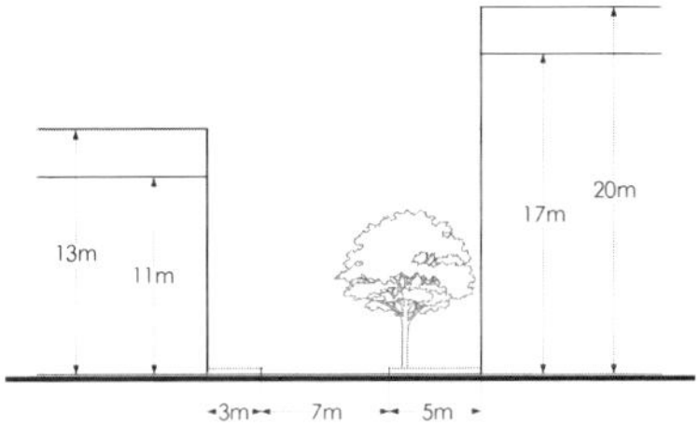

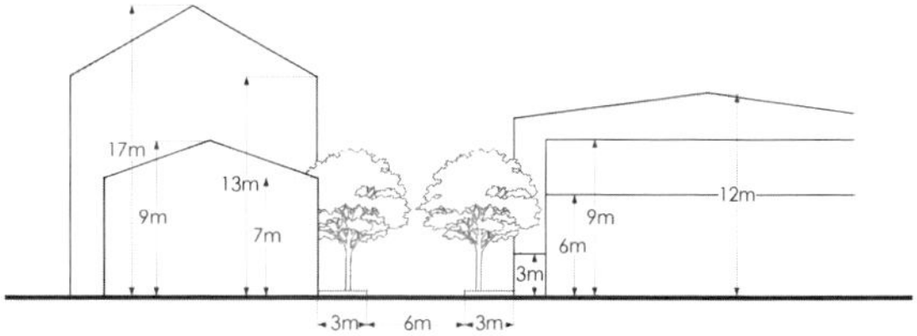

大型道路

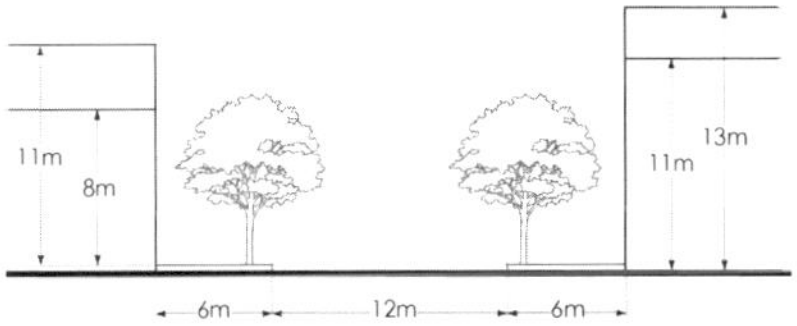

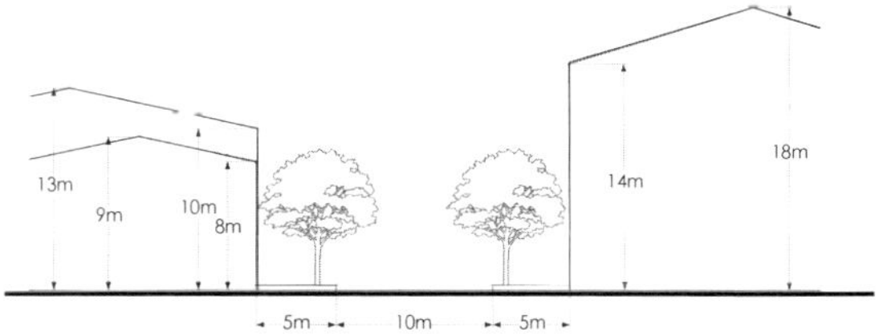

（4）城市内向发展需求

从城市需求出发，随着长三角城市向内生性发展转型，城中厂社区化更新承载了重构区域经济、社会和文化网络的重任。更新既可以在传统文创园模式基础上，吸引文化创意和都市工业等产业，进而逐步植入诸如商办、住宅、娱乐等多元社区业态，也可以将厂房直接改造为长租公寓，部分解决中心城区内“居住难”的问题。同时伴随着城市轨道交通的建设，部分城市基本实现公共交通全覆盖，这为解决城中厂社区化更新中可达性低、停车难的问题提供了条件。

此外，一些由城中厂改造而来的创意产业园也有社区化趋势。在对杭州拱墅区、苏州和上海老城内的部分创意产业园的调研中发现，这些城中厂在不断的自我更新中已初具社区特征：它们依托于某一类核心产业（如软件工程、文化消费等），吸引了一批关联企业，园区为企业员工提供活动、餐饮甚至住宿等服务，企业也对园区进行监督，建立起一套自我管理、自我服务、自我监督的自治体系（沈冠辰，2017）。这种自下而上的管理模式，具有典型的社区经济特征（图 5-1）。正如吉布森（Gibson，2014）所描述的，街道和邻里、自我雇佣和供给、非正式和非市场、生产者和消费者联盟、家庭 / 儿童 / 朋友等导向的社区经济正在成为当前城市发展的重要趋势。

（5）保护和再利用的一体化趋势

城中厂包含大量工业遗产。随着静态保护逐渐被活化所取代，保护和再利用的一体化已成为发展趋势。从最早的《无锡建议》，到各城市陆续公布的工业遗产保护相关文件等（表 5-4），倡导保护的同时都强调了再利用，这同《下塔吉尔宪章》中强调的适应性再利用一脉相承，城中厂作为兼具经济、社会和文化价值的物质空间载体得到承认。

图 5-1
城中厂更新中常见的社区经济形式，2018.11

表 5-4　长三角城市部分相关政策文件

颁布年份	发布者	政策法规
2006	无锡	《无锡建议——注重经济高速发展时期的工业遗产保护》
2006	上海	《关于加快本市产业结构调整盘活存量资源的若干意见》
2007	无锡	《无锡市工业遗产普查及认定办法（试行）》
2008	国家	《国务院办公厅关于加快发展服务业若干政策措施的实施意见》
2008	上海	《上海市加快创意产业发展的指导意见》
2008	上海	《关于促进土地节约集约利用加快经济发展方式转变的若干意见》
2008	杭州	《关于加快文化创意产业园区建设的若干意见》
2009	常州	《常州市市区工业遗产保护与利用规划》
2011	无锡	《无锡市进一步推进节约集约用地促进产业转型升级实施意见》
2011	杭州	《杭州市工业遗产建筑规划管理规定（试行）》
2012	嘉兴	《市区国有土地上房屋征收补偿及奖励办法》
2012	常州	《常州市政府关于进一步推进节约集约用地加快产业转型升级的实施意见》
2013	嘉兴	《嘉兴市城市有机更新总体规划》
2012	嘉兴	《嘉兴市中心城区城市有机更新三年行动计划》
2014	国家	《国家新型城镇化规划（2014—2020 年）》
2015	上海	《上海市城市更新规划土地实施细则》
2015	上海	《上海市城市更新规划实施办法》
2015	杭州	《杭州市工业用地规划管理若干规定》
2015	杭州	《进一步优化产业用地管理、促进土地要素市场化配置的实施办法》
2016	上海	《关于本市盘活存量工业用地的实施办法》
2016	上海	《关于加强本市工业用地出让管理的若干规定》
2016	国家	《中共中央国务院关于进一步加强城市规划建设管理工作的若干意见》
2017	国家	《住房城乡建设部 / 国土资源部关于加强近期住房及用地供应管理和调控有关工作的通知》
2018	苏州	《苏州市城市设计管理办法》
2018	湖州	《工业项目、休闲旅游项目“用而未尽、建而未投、投而未达标”低效用地认定标准和处置办法》
2018	国家	《国家工业遗产管理暂行办法》
2021	国家	《国家工业遗产亳州倡议》

2006 年，由上海市经济与信息化委员会推出的“创意产业园”计划，开创了以文化为导向、大规模保护和再利用一体化的先河，共计改造 78 处闲置的城中厂，并在随后的 10 余年间激发了长三角城市中数百处类似改造项目，如上海 1933 老场坊、常州运河五号、无锡北仓门等，大批工业遗产得以重新进入人们的生活。2010 年上海世博会更是让工业遗产成为家喻户晓的城市地标。近年来，工业遗产活化成为城市发展的常态，并演化出长租公寓（如魔方公寓、湾流国际青年社区等）、商业办公（WeWork、德必等）、文化休闲（上生·新所、红坊等）、社区配套（幼儿园、学校、会所）等多种新类型。近年来，在“中国制造 2025”政策指引下，聚焦产业发展和复合功能的“产业社区”（赵民等，2014），为社区化更新赋予了更为丰富的内涵。保护利用一体化，一方面刺激了新的经济活动、社区活力和凝聚力，另一方面提供了更多居住空间和就业岗位，这在上海和杭州等地已初显成效。

（6）社区在城市中的重要性提升

长三角城市的“细胞”单元，经历了从“单位”到“小区”再到“社区”的过程，伴随着经济功能、社群意识、活动和场所范式的转变，发展出以居民福利和服务效能最大化为导向的城市单元新模式，这正是社区经济（community-based economy）发展的重要目标（严陆根，2013）。

社区经济鼓励小型、日常、廉价和高频的消费娱乐、工作和居住形式，同时模糊了传统功能分区的边界，功能切换频率大幅提升。这种适应性较强的社区经济模式，在空旷的厂房空间里更易实现。社区的凝聚力则需要通过强化居民的本地共识、认同感、自豪感和归属感等予以深化，而工业建筑 / 构筑物和工业景观可以提供这种特殊性和辨识性，这同“千城一面”的商品住宅区显然不同。此外，和高层商品住宅区相比，城中厂无论是建筑还是场地尺度，均更适宜人的活动，尤其是散步、小憩、驻足、游戏等行为。而分布零散、层次丰富的公共空间以及开放的厂城边界，都能形成场所感更强、场景更丰富、更易于居民交往的社区环境。

5.2.2 社区化更新的挑战

（1）邻里自发更新能力较弱

城中厂社区化更新不仅发生在厂区内部，更可在街区内形成触媒效应，以连锁的方式推动城市转型，这需要适当的邻里环境。然而在长三角城市中，部分城中厂的邻里环境是老旧工人新村或城中村，居民以下岗退休的中老年工人和外来务工人员为主。这些人群需要改善生活环境，但缺乏自下而上的自发更新能力。

这种能力的匮乏体现在消费、就业和综合环境 3 个方面。在消费方面，在对常州三堡街工业历史街区的调查中发现，“运河五号”周边 300 米范围内，半数以上的居民家庭年收入低于 5 万元，其消费支出主要是食品、衣服、房租和子女教育，鲜有能力消费展览、歌剧等文化活动，或是购买设计、软件、旅游等服务，而这些正是大多数城中厂更新后的功能。在就业方面，服务业需要大批受过良好教育的专业技术人员，而城中厂周边居民缺乏相关培训，只能谋求保洁等少量职位。最后，衰败的工业区催生的治安、卫生和基础设施破败等问题，并没有因更新项目而得到改善；相反，更新行为激化了既有生态和新生态的冲突：工厂周边聚集大量低收入流动人口、失业工人甚至拾荒者，由此引发的治安和卫生问题，阻碍了城中厂和邻里社区的深度融合，围墙和门禁式管理更符合现实需求（图 5–2）。

（2）纷乱的权属和使用关系

权属和使用关系纷乱也是挑战。历史上我国工业生产制度的多次调整

图 5-2
城中厂同其周边邻里环境质量的巨大差异，2018.08

往往导致城中厂的管辖权重叠，这主要发生在政府同企业之间以及不同政府部门之间。如上海宜山路街区冷拉型钢厂（已改造为文定生活家居创意广场）和雨衣厂（已改造为画家街）之间的公共通道，其产权在2010年前后从徐汇区下放到徐家汇街道，而使用权则隶属型钢厂，但少量用地则位于雨衣厂围墙内，权属关系尤为复杂。同时，多数城中厂属于工业划拨用地。掌握其长期使用权的企业，更倾向利用城中厂获取稳定租金，而非再开发，因为后者可能导致产权丧失。鉴于这些企业和各级行政部门关联紧密，推进城中厂的社区化更新难以获得普遍性支持。

此外，由于更新项目过程较长，各利益相关方的诉求难以保持长期稳定，新的利益冲突不断产生。如在嘉兴冶金机械厂改造过程中，本地政府早期基于保护工业遗产和打造示范项目的目的推动更新，但不断攀升的财政压力，让快速出让土地成为新的诉求。企业则在房地产市场下行中失去更新的兴趣，尤其是在修缮工业遗产和动迁居民方面。本地居民既希望尽早更新以改善恶劣的居住环境，又希望在和政府的长期博弈中获得更多动迁补偿。社区化更新由此必然受到多方掣肘。

（3）内部空间利用效率不足

长三角地区城中厂的空间容量不足、建筑密度过高、可达性较差且基础设施亟待更新。多数城中厂的容积率不到1.0，更新因而需要大幅提高空间容量。考虑到当前日照等规范，新建高层不可避免，然而两者在空间和形式，尤其是地基衔接方面存在困难。改建不仅对工程设计要求高，更需要大量投资。改造的土建成本，往往是新建的1.2~1.5倍。同时，40%左右的建筑密度会侵占更多公共空间，并影响周边建筑的采光和通风，但拆除又违背历史风貌保护的原则，对拆除对象和拆除方式的选择需要创新，如何平衡保护和利用的关系是一大难题。

道路系统的更新亦是难题。基于货运设计的路网，考虑的是便捷和安全等技术问题。在转为民用车辆通行后，均质化的路网易导致方向性错乱、堵车多、停车难等问题，加之厂区临路边界较短，开口较少，交通可达性总体偏差。消防也是改造难点。由于缺少系统规划，厂房间距过小，建材耐火等级低，乱搭乱建现象严重，疏散通道和灭火设施不足，缺少救援通道等等，消防隐患严重。此外，水、电、煤气等能源供给系统在过去20余年中多未曾升级，安全性和稳定性较低。一些城中厂周边的居民对停水、停电、停气习以为常，日常生活常用天然气罐等设备。

（4）政策管理的滞后和模糊

长三角地区城中厂社区化更新，也受到法规政策模糊和行政管理滞后的制约。现行城市建设法规政策，主要建立在指导新建项目基础之上，如《城乡规划法》对控制性详细规划权威性的树立，导致多数更新在土地性质和控制指标调整方面缺少灵活性。安全规范也是重要影响因素，如老厂房的结构不符合稳定性要求和消防标准，布局不符合消防间距、外墙消防扑救面、救援窗面积、疏散距离、防火分区、中庭防火等要求，高大的室内空间难以布置消防系统等。

新的社区功能住宅、学校和幼儿园等，相关设计规范如居住和公共建筑节能设计的标准较严格，针对朝向、日照时长、采光窗地比、最长连续面、停车、内外保温标准、结构抗震标准等的要求均超出厂房现状。此外，严格的文保法规可能导致有历史价值但未被划入保护名录的工业遗存被拆除，如常州大成三厂，由于城市紫线仅包含零星几栋建筑，因而开发拆除了其他所有厂房。相较而言，多数城中厂采取了“非正式更新”模式。这一由行政手段推广的更新模式，临时性特征较突出。如厂房改造的长租公寓，2016—2018年间得到政策驱动，但2019年起即被收紧，导致了一批相关更新难以为继，被迫转型。

地方政府关注城中厂更新带来的综合效益，包括GDP、地方债、税收、就业、文化事件等，同时也受到上级政府及职能部门的影响。如上海一方面大力推进工业用地转型更新，另一方面严控城市常住人口规模，限制厂房转型为居住功能。矛盾之下，更新何去何从尚不清晰。于各职能部门，资产管理关注城中厂作为国有资产的安全性，经济管理部门强调再利用带来的产业集聚和经济增长，而发改、工信、旅游和商务部门侧重点亦各有不同。规划建设部门则是聚焦土地供给和建设管理，严守法律法规，同时兼顾风貌保护，但同文保部门对工业遗产的保护又不尽相同。行政部门之间的掣肘，不仅需要上级政府协调，还间接导致漫长的更新过程。近年来出现的上海徐汇西岸公司模式，正是解决这一困境的新尝试，由政府派出机构协调各行政部门的利益，这同伦敦道克兰的LDDC模式相类似。

（5）再开发模式尚不成熟

缺少成熟的再开发模式，是城中厂社区化更新面临的重要挑战之一。更新巨大的资金投入和利益平衡问题，仅靠政府难以解决。西方城市多采用政企合作的PPP模式。而在长三角的城中厂中，国有为主的权属，让私营资本难以介入，同时也缺少相关的税收减免、政府补贴或融资渠道，尚无法脱离传统地产开发模式。城中厂本身也缺少可行的社区经济模式。在“非正式更新”框架下更替功能，相关利益方更易趋向短期回报。租金形成盈利，商办带来税收。因此，创意产业园模式得到政府和企业的一致欢迎。

对3类主导功能案例展开分析。商办主导的更新多是封闭的创意园区，没有提升街区的活力和不动产价值，反而成为赚取工业和商业空间级差地租的手段。居住主导的更新规模小、数量少，一般是被改造成长租公寓，缺乏诸如学校、医疗、零售等社区配套功能。同时居民既没有产权，也无法享受和普通住宅相同的城市权益，如获取住房贷款、民用水电气价格、所在城市户籍等。休闲旅游主导的更新，往往选择博物馆或遗址公园等单一功能，因此既留不住本地居民，也难以形成规模化旅游产业，更无法创造可观的就业机会。一个明显的证据是，同为常州休闲旅游区，由普通历史街区改造的“南大街”，和由城中厂改造的“运河五号”相比，前者2015年的游客数量是后者的5倍（常州市地方志办公室，2016）。

（6）更新缺少系统性框架

长三角的城中厂社区化更新尚处于起步阶段，不仅在宏观的政策管理、中观的开发模式上有待完善，也亟需建立一套更新设计的体系，其中包括如何选择“留改拆”对象、如何改造厂房和布局功能，以及如何评估对环境的影响等。

首先是评价、保护、修缮和改造工业遗产建筑。当前保护往往聚焦地标性工业建筑，而大量普通工业建筑、构筑物、设备、产品以及非物质文化对象并未被纳入保护范围，这导致工业风貌的破坏和文脉的断裂。其次，现行改造方式以翻新为主，在提高容积率的诉求下，探索加建、插建、贴建、拆建、围建等方法，有利于平衡保护和再利用的关系。再次，现行功能更替措施限制了功能的混合程度，从办公园区到生活社区的混合具有必要性。因此，基于城市设计层面，建立一套更新设计的策略体系，打破“城中厂”同“厂外城”的封闭边界，进行区域统一规划，制定城市设计导则，推动城市更新立法，普及前期策划研究，倡导带方案出让更新用地等，有利于建立城中厂社区化更新的常态机制，帮助大量“非正式更新”项目向“正式化”迈进。

5.3 城中厂社区化更新可行性的多维比较

不同类型的城中厂，进行社区化更新的可行性不尽相同，这意味着部分城中厂将有更大概率得以先行更新。对此进行探讨，有助于建立系统性应对策略。将可行性研究细化到法规政策、行政管理、经济、社会、空间、文化和环境 7 个维度，分析 4 类城中厂的社区化更新可行性。评估建立在调研和深度访谈基础上，具体将可行性分为较强、一般、较弱 3 级。

5.3.1 法规政策可行性比较

法规政策对更新的影响，主要体现在城镇化发展、规划定位、产业、财税、人口、文保等至少 6 个方面。（表 5–5）

表 5-5 法规政策可行性比较

	飞地型城中厂	群落型城中厂	聚落型城中厂	系统型城中厂
城镇化政策	●	●	◎	○
规划政策	●	●	◎	○
产业政策	●	●	◎	○

续表

	飞地型城中厂	群落型城中厂	聚落型城中厂	系统型城中厂
财税政策	●	◎	◎	○
人口政策	◎	◎	●	◎
文保政策	○	◎	◎	●

注：表中●表示“较强”，◎表示“一般”，○表示“较弱”。

（1）城镇化政策：飞地型和群落型城中厂多位于老城区内，本身即有工业减量的迫切需求，如上海提出的“存量规划”。聚落型城中厂多散布在转型偏慢的老城边缘，更新需建立在城区整体发展基础之上。系统型城中厂则集中在城市中心区边缘的工业集中区内，少有更新条件和政策支持。

（2）规划政策：飞地型和群落型城中厂是城市更新工作的重点对象，如上海的规划工业区块外、集中建设区内的195平方千米现状工业用地（即195区域），近年来转型态势显著。聚落型城中厂呈现明显的集聚性，如杭州的拱墅区等，往往依据城市发展政策自上而下转型。系统型城中厂少有更新要求。

（3）产业政策：飞地型和群落型城中厂多位于非工业环境中，向城市社区转型具备成熟条件。聚落型城中厂常位于第二、第三产业混合区，转型社区需要外部力量打破区域产业平衡。系统型城中厂周边以工业为主，更新会受到工业为主的产业结构掣肘。

（4）财税政策：飞地型城中厂更新常同房地产项目相结合，资金获取渠道相对成熟多元。群落型和聚落型城中厂更新多采取“非正式更新”模式，融资渠道以中小型民间资本为主，缺少财政税收政策支持。系统型城中厂规模过大，鲜有相关财政支持和税收优惠。

（5）人口政策：聚落型城中厂周边人口密度较低，地方政府往往倾向采取积极的人口政策。飞地型和群落型城中厂周边人口密度较高，政策以疏散或维持平衡为主。系统型城中厂所在地区人口密度较低，但同时生活配套、基础设施和就业供给也较差，鲜有积极的人口政策。

（6）文保政策：飞地型城中厂多是各级文保单位，文化价值突出，导致转型为文化设施成为优先选项，社区化更新反而有难度。群落型和聚落型城中厂内文保单位较少，更新阻力不大，多数业已转型为创意园等，可以进一步向社区化发展。系统型城中厂内文保单位最少，受相关政策阻力亦最小。

5.3.2 行政管理可行性比较

行政管理对更新的影响，关注用地、权属、使用、再开发、产业和发展6个方面。既涉及历史因素，也包含现有操作开发模式的差异等。（表5–6）

表 5-6 行政管理可行性比较

	飞地型城中厂	群落型城中厂	聚落型城中厂	系统型城中厂
用地管理	●	◎	◎	○
权属管理	◎	●	◎	○
使用管理	●	●	◎	○
再开发管理	●	●	◎	○
产业管理	●	●	◎	○
发展管理	○	○	●	◎

注：表中●表示“较强”，◎表示“一般”，○表示“较弱”。

（1）用地管理。部分飞地型城中厂已转为居住或商业用地，群落型和聚落型城中厂多为国有划拨工业用地或集体工业用地，系统型城中厂则以划拨或出让工业用地为主，转型较难。

（2）权属管理：飞地型和群落型城中厂多隶属地方国有企业，自上而下调整权属关系相对容易。系统型城中厂则涉及国企、央企、民企和外资企业等多种产权主体。依靠地方行政力量调整产权的阻力较大，如上海世博会时对江南造船厂用地的征用就是典型案例之一。

（3）使用管理：聚落型城中厂多已闲置，亟须调整功能以重新利用。

而大部分飞地型和群落型城中厂已完成一次翻新，短期内再更新意愿不强。系统型城中厂则仍以生产为主，多缺乏更新需要。

（4）再开发管理：群落型和飞地型城中厂如今部分已被列为历史风貌保护区或历史保护建筑，再利用条件成熟。聚落型城中厂改造以“非正式更新”为主，正式开发机制尚不成熟。系统型城中厂的再开发难度极大，因而只能由地方政府推动，如杭州钢铁厂。

（5）产业管理：飞地型和群落型城中厂多是仓储或手工作坊，更新对城市产业结构影响较小，受产业管理部门制约亦较小。系统型城中厂则是大型工厂和规模以上企业，亦是产业管理的重要对象。聚落型城中厂则介于两者之间。

（6）发展管理：近年来各地政府热衷于滨水区再开发，尤其在城市内河两岸，其中包含了一批聚落型和系统型城中厂，如常州老城以东工业片区。相反，飞地型和群落型城中厂的更新更多依赖市场力量，受城市发展管理影响较小。

5.3.3 经济可行性比较

经济因素的影响集中在街区城市设计层面，主要体现在区位选址、现有业态、邻里功能、基础设施、教育医疗、商业配套等6个层面。（表5–7）

表5-7 经济可行性比较

	飞地型城中厂	群落型城中厂	聚落型城中厂	系统型城中厂
区位选址	◎	●	◎	○
现有业态	●	●	◎	○
邻里功能	◎	●	◎	○
基础设施	●	●	◎	◎
教育医疗	●	●	○	◎
商业配套	◎	●	○	○

注：表中●表示“较强”，◎表示“一般”，○表示“较弱”。

（1）区位选址：群落型城中厂多位于区位优越的老城内，不动产仍有升值空间。飞地型和聚落型城中厂则散布在老城区边缘到中心城区内，区位和周边环境质量的差异较大，不动产价值也参差不齐。系统型城中厂则居于中心城边缘的工业区，不动产价值相对较低。

（2）现有业态：飞地型和群落型城中厂多转作文化和商办，和社区功能较接近。聚落型城中厂部分闲置，部分翻新为创意园区，业态结构已然较稳定。系统型城中厂多仍在生产，业态调整缺少内生动力。

（3）邻里功能：飞地型和群落型城中厂周边多为生活、消费和服务功能，更新契合邻里发展趋势。系统型城中厂周边配套服务总体质量不高，同更新诉求不匹配。聚落型城中厂介于两者之间。

（4）基础设施：位于城市建成区内的飞地型和群落型城中厂，水、电和煤气等基础设施较完善，更新可直接利用。其他两类城中厂周边的基础设施相对陈旧老化，不适应社区需求，需要通过更新进行系统升级。

（5）教育医疗：部分飞地型和群落型城中厂已融入城市生活区，周边幼儿园、学校和医疗设施不在少数。聚落型城中厂多位于城市开发区，配套设施尚未植入。系统型城中厂多拥有附属的学校和医院。

（6）商业娱乐：飞地型和群落型城中厂周边有诸如菜场、小卖部、五金店等零售功能，亦有部分靠近大型商业综合体。聚落型和系统型城中厂周边商业零售稀少，仅零星存有一些小卖部等。

5.3.4 社会可行性比较

社会可行性比较试图厘清社会因素对更新的影响，大致包括 8 个方面：关联群体、居住集聚、社群互动、社区生态、混合功能、服务业潜力、社会治安和邻里影响等。（表 5-8）

表 5-8 社会可行性比较

	飞地型城中厂	群落型城中厂	聚落型城中厂	系统型城中厂
关联群体	○	●	◎	○

续表

	飞地型城中厂	群落型城中厂	聚落型城中厂	系统型城中厂
居住集聚	●	●	◎	○
社群互动	●	◎	◎	○
社区生态	●	●	◎	○
混合功能	◎	●	◎	○
服务业潜力	●	◎	◎	○
社会治安	◎	●	◎	○
邻里影响	◎	○	◎	●

注：表中●表示“较强”，◎表示“一般”，○表示“较弱”。

（1）关联群体：飞地型和系统型城中厂主要涉及地方政府和产权人的利益，前者多已完成利益分配，后者则缺乏同外界关联的意愿。聚落型城中厂除涉及前两类群体外，还包括使用者和周边工人居民等。群落型城中厂关联群体最多元，复杂性因而也最高。

（2）居住集聚：飞地型和群落型城中厂周边密布社区关联的居住和配套功能。相比之下，聚落型和系统型城中厂周边的居住属性减弱，配套设施明显不足。

（3）社群互动：飞地型城中厂周边多有文化休闲、公园或居住配套设施，同社区居民互动频繁。群落型和聚落型城中厂则通常配有完整但品质较低的可供居民互动的设施，而系统型城中厂周边以生产为主，前述设施严重不足。

（4）社区生态：群落型城中厂的更新多是自下而上进行，社会连续性明显。飞地型和聚落型城中厂更新则多是产权所有者同社会资本合作的产物，功能连续性不足。系统型城中厂则多数缺乏基本社区生态。

（5）混合功能：群落型城中厂的混合程度最高，甚至部分包含了居住功能。聚落型和飞地型城中厂混合程度适中，比如单一的创意办公、商业街或长租公寓等。系统型城中厂中除了少量宿舍外，基本没有其他非生产功能。

（6）服务业潜力：飞地型城中厂周边往往居住着较多都市白领，具备发展服务业的潜力。群落型和聚落型城中厂周边，则是不同收入群体的混居场所，发展服务业需要导入一定数量受教育程度较高的人群。系统型城中厂周边居民以制造业从业人员为主，难以从事服务业相关工作。

（7）社会治安：飞地型城中厂周边多是中高收入群体聚居的较安全街区。群落型和聚落型城中厂治安状况则参差不齐，既有如上海田子坊般治安良好的街坊，也有拾荒者和无业游民的聚集地。系统型城中厂周边较荒凉，治安环境不佳。

（8）邻里影响：系统型和聚落型城中厂密度较低，建筑距红线较远，更新对周边地块的日照、消防、通风和视线影响有限。群落型和飞地型城中厂周边环境较为复杂，更新易对邻里上述条件造成负面影响。

5.3.5　空间可行性比较

物质空间差异主要涉及建筑、场地和交通，可从外部道路、公共交通、用地规模、空间强度、空间密度、公共空间、建筑尺度、车行交通、步行交通、内外边界 10 个方面进行比较。（表 5–9）

表 5-9　空间可行性比较

	飞地型城中厂	群落型城中厂	聚落型城中厂	系统型城中厂
外部道路	●	○	◎	◎
公共交通	●	●	◎	○
用地规模	○	○	◎	●
空间强度	●	●	◎	○
空间密度	○	○	◎	●
公共空间	◎	◎	●	◎
建筑尺度	◎	●	◎	○
车行交通	◎	○	●	●
步行交通	◎	●	◎	○
内外边界	●	◎	○	○

注：表中●表示“较强”，◎表示“一般”，○表示“较弱”。

（1）外部道路：飞地型、聚落型和系统型城中厂外部道路系统密度高，同厂区之间多有直接出入口。群落型城中厂外道路系统参差不齐，同厂区间的直接出入口亦较少。

（2）公共交通：飞地型和群落型城中厂周边的地铁、轻轨、公交车体系相对完善。聚落型城中厂周边则多是大规模再开发，公共交通设施尚在扩张完善中。系统型城中厂周边公共交通设施较短缺，出行主要依赖厂区接驳班车。

（3）用地规模：飞地型和群落型城中厂占地一般不超过 3 公顷，略小于常见社区尺度。聚落型城中厂规模则同社区尺度相近。系统型城中厂规模偏大，符合当前城市社区建设规模。

（4）空间强度：部分飞地型和群落型城中厂容积率大于 1.0 甚至超过 2.0，同常见社区接近。聚落型和系统型城中厂则在 0.4~0.8 之间居多，明显低于常见社区。

（5）建筑密度：飞地型和群落型城中厂的建筑密度多在 50% 以上，而聚落型和系统型则多低于 40%，有较宽敞的室外空间，后者显然比前者更适合作社区功能使用。

（6）公共空间：飞地型和群落型城中厂建筑空间形态不规则，往往可围合出小块空地作为公共空间。聚落型城中厂拥有多种尺度的室外场地，多伴有绿地景观，适宜打造成体系化的社区公共空间。系统型城中厂室外场地尺度过大，并不符合以人的行为和尺度为导向的公共空间设计标准。

（7）建筑尺度：飞地型和群落型城中厂的建筑尺度，同住宅、零售、配套等接近，简单翻新即可转为他用。聚落型城中厂的建筑尺度大小不一，其中大厂房需要重整空间和结构体系。系统型城中厂建筑尺度巨大，同社区建筑差异较大。

（8）车行交通：聚落型和系统型城中厂内部道路系统多呈环状，空地较多，适宜车辆通行和停靠。群落型城中厂内部多尽端路，空地有限，车辆通行和停靠均较困难。飞地型城中厂场地狭窄，往往不适宜车辆通行停靠。

（9）步行交通：飞地型城中厂拥有典型的窄马路和小密路网，尺度上是步行友好的。相反，随着厂区规模变大，道路尺度随之变大，而密度逐步降低，更新中对路网的调整要求也越来越高。

（10）内外边界：飞地型和群落型城中厂多以建筑外墙为边界，建筑贴线率较高。聚落型和系统型城中厂以围墙为主要边界形式，同城市邻里有明显隔离。

5.3.6 文化可行性比较

文化影响集中在遗产保护和文化价值阐述两个方面，选择以下6点要素进行分析：遗产价值、遗产保护、工业景观、其他要素、文化认同和阐述机制。（表5–10）

表5-10 文化可行性比较

	飞地型城中厂	群落型城中厂	聚落型城中厂	系统型城中厂
遗产价值	●	●	◎	◎
遗产保护	●	●	◎	○
工业景观	○	○	●	◎
其他要素	○	○	◎	●
文化认同	◎	○	○	●
阐述机制	●	◎	◎	○

注：表中●表示“较强”，◎表示“一般”，○表示“较弱”。

（1）遗产价值：飞地型和群落型城中厂内历史保护建筑较多，遗产价值较高。聚落型城中厂在整体上具有风貌保护价值，但建筑的遗产属性不强。系统型城中厂的保护价值总体偏低。

（2）遗产保护：飞地型和群落型城中厂规模小，需要保护的工业遗产建筑和场地较少，成本可控。而规模偏大的聚落型和系统型城中厂，其更新中的不确定因素较多，往往会拆除多数历史建筑，仅保留法定保护对象。

（3）工业景观：系统型城中厂的工业风貌受外部干扰较少，真实性特征尚存。其他 3 类城中厂或多或少受到外部影响，保留下来的主要是建筑单体或建筑群，部分城中厂的场地和码头等工业特征要素已不显著。

（4）其他工业要素：包括烟囱、水塔、塔吊、油罐、设备及其他，主要作为工业景观使用，因此在用地紧张的飞地型和群落型城中厂中较少见到，而在聚落型和系统型城中厂更新中往往更易被保留下来。

（5）文化认同：系统型城中厂的文化认同感最强，这源于工人阶层对集体的依恋和怀旧。飞地型城中厂的文化认同建立在绅士化基础上，是依托工业遗产重新建立的集体身份。另两类城中厂的文化认同感较弱，居民流动性较高、中低收入人群的文化需求偏少均是原因。事实上，工业是本地居民认为导致生活质量和环境下降的首要因素，而动迁则是他们最大的期盼。

（6）阐述机制：对工业文化脉络的阐述可以明确工业遗产的价值，这在呈现出稀缺性的飞地型城中厂中较明显；而对于其他 3 类城中厂而言，价值阐述更多受到主导产业的影响，如旅游或博物馆导向显然比商办或居住导向更关注工业文化阐述。

5.3.7　环境可行性比较

环境影响一方面涉及厂内污染残留，另一方面是周边污染影响，选择以下 5 点加以分析：厂区污染、工业“污名”、邻里污染、治污权责、生物多样性。（表 5–11）

表 5-11　环境可行性比较

	飞地型城中厂	群落型城中厂	聚落型城中厂	系统型城中厂
厂区污染	●	●	◎	○
工业“污名”	◎	●	◎	○
邻里污染	●	●	◎	○

续表

	飞地型城中厂	群落型城中厂	聚落型城中厂	系统型城中厂
治污权责	●	○	◎	●
生物多样性	○	○	○	◎

注：表中●表示“较强”，◎表示“一般”，○表示“较弱”。

（1）厂区污染：飞地型和群落型城中厂多是小型棉纺或机械加工工厂，残存污染较少。聚落型城中厂则服务于大机器生产，残存污染程度一般略高于前者。系统型城中厂以生产机械、化工产品和钢铁等为主，污染情况较严重。

（2）工业“污名”：群落型城中厂多在老城区，其工业属性往往已被弱化。飞地型和聚落型城中厂主要分布于开发中的原工业区，工业“污名”正在被抹去。系统型城中厂自身就是工业代名词，“污名化”影响短期难以消除。

（3）邻里污染：飞地型和群落型城中厂的周边鲜有工业，外部污染源较少。聚落型和系统型城中厂周边则多有工业，尤其是后者，受外部环境污染较明显。

（4）治污权责：系统型和飞地型城中厂在更新中，污染治理一般由大型开发商或地方政府负责。聚落型和群落型城中厂多是“非正式更新”，因而污染处理权责相对不清晰，甚至存在层层外包的现象。

（5）生物多样性：系统型城中厂部分位于城市边缘的滨水、临山地区，更新需要考虑保护生物多样性。其他3类均位于城市建成区内，保护生物多样性的压力较小。

5.3.8 不同类型城中厂的可行性研究比较分析

长三角地区不同类型的城中厂，在社区化更新的可行性上差异明显，缘由包括区位和外部环境、历史和文化特征、政策、城市经济发展规律等。整体而言，将可行性进行量化：“较强”为3分，“一般”为2分，“较弱”

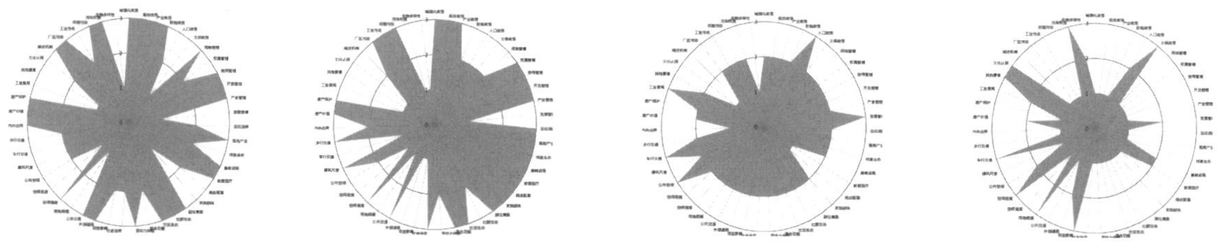

飞地型城中厂　群落型城中厂　聚落型城中厂　系统型城中厂

图 5-3
城中厂社区化更新可行性比较

为 1 分，对上述 4 类城中厂社区化更新的可行性进行比较评价（图 5–3），得出以下结论：

（1）飞地型城中厂宜于实施社区化更新。其优势在于契合政策法规和行政管理的诉求，可以催生出较成熟的更新模式。其基础设施、治安和环境质量等在过去 20 年中已改善提升，当前有待进一步植入多元社区功能。同时也存在一些挑战：一方面是建筑密度高，用地规模小，空间利用不易；另一方面，工业文脉有所断裂，工业风貌已不完整，对建立社区认同形成障碍。尽管如此，飞地型城中厂仍是实施社区化更新可行性最大、条件最成熟的对象。

（2）群落型城中厂较易于开展社区化更新。其优势在于邻里环境中基础和配套设施相对成熟，本地人口多，更新的投入可控，收益明显，同时也能得到政策法规和行政管理的部分支持。其挑战集中在空间层面，如占地规模小、建筑密度大、室外场地面积不足、交通不便等，均同社区化目标不匹配。此外，此类城中厂更新对工业遗产的保护力度有限，立面形制改动较大，工业风貌特色不鲜明，场所的可辨识性相对偏弱。

（3）聚落型城中厂具有社区化更新的潜力。除了厂区内部空间和路网的尺度较宜人外，其他优势并不明显。然而，近年来各城市的滨水区开发，给了聚落型城中厂探索空间适应性和灵活性，以及前沿改造设计策略的机会。同时，聚落型城中厂规模较大，自身即可转型为社区，而承载着真实完整的工业美学的建筑和景观，亦能展现出丰富的文化内涵。然而这些潜力需要外部推动力来触发。

（4）系统型城中厂的社区化更新必要性需进一步验证。以政府投资或房地产开发的模式难以推进更新。系统型城中厂拥有部分工业遗产建筑，并能呈现真实完整的工业风貌，然而多数难以获得政策和行政管理的支持。衰败的邻里环境以及工厂在城市经济结构中的重要地位，可能撼动对其进行社区化更新的必要性。因此，在保留工业生产的同时进行区域功能调整，形成产业社区，亦是城中厂社区化更新的新思路。

5.4　西方城中厂的社区化更新案例

西方城中厂社区化更新起步早，涌现出一批成功案例。其制度完善、技术成熟、适应性强，值得参考。基于100个西方案例（附录3）的梳理研究，重点选择费城海军码头（Philadelphia Navy Yard）、伦敦沙德·泰晤士街区（Shad–Thames）、纽约蒂芙尼街坊（Tiffany Place）3个案例予以剖析。

5.4.1　费城海军码头

费城是美国海军的发源地，其海军造船厂于1867年迁至城市最南端的联盟岛（League Island），即今天海军码头所在地。1889年通过的一项规划持续到第一次世界大战前，“西部造船、东部基地”的布局自此建立。码头在1914—1960年间成为美军建造战舰的重要场所，但从越南战争后期开始逐渐转为民用，1991年停止作为军事用途，1996年正式关闭。2000年，费城工业发展公司（PIDC）开始对其进行重新规划，拉开了海军码头更新的序幕。

海军码头东西长5千米，南北进深1千米，总占地490公顷，包括10千米岸线、7.62千米停泊区、5处干船坞、34座塔吊，以及282栋总面积近百万平方米的建筑，其中233栋具有历史价值（Hess et al.，2001）。2013年的第二版总体规划将用地面积扩大到233.5公顷（图5–4），一方面更为强调空间再开发，新旧建筑面积比例为4:6，总建筑面积预计达124.6万平方米（Philadelphia Authority for Indstrial Development，2013）；另一方面强调功能混合，提高了商业、研发、教育、居住和制造业的面积比例。

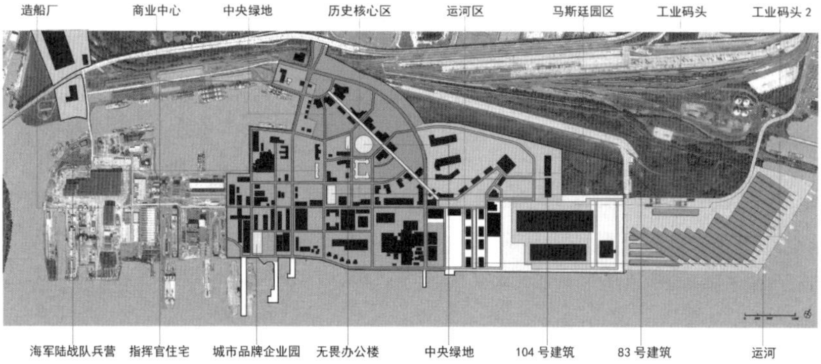

图 5-4
费城海军码头 2013 年版（第二版）规划功能布局，
作者根据参考文献 [59] 绘

（1）厂城边界缝合

海军码头本是城市边缘被铁路隔离的“飞地”。基于 TOD 开发理论，计划将费城地铁宽街线（Broad Street Line）向南延长至海军码头，并展望未来加增跨越特拉华河的港务局交通公司高速线（PATCO Line），通过在历史核心区东侧设置地铁站，改善本地居民和费城市中心的通勤效率。在域内的不同片区之间，围绕企业中央区和历史核心区规划了内部公交接驳环线，并保留连接东面马斯廷园区和西面造船厂的接口。此外，通过功能互补促进人的流动，引导自组织的边界缝合，如西北角规划的商业中心、中部以居住休闲为主的历史街区、东部聚焦制造研发的运河区，通过人的行为需求，缝合空间联系偏弱的各工业片区。

（2）社区功能植入

更新的总体定位是建设一座产业新城，其中历史核心区上升为未来的内城（downtown），因而功能是有机混合的。在制造业回归的主旋律下，都市工业和生产研发等功能成为首选。园区引入了城市品牌服装集团（Urban Outfitters Corporate）总部、食品公司 Tastykakes 的流水线，医药研发、软件工程、新能源和金融公司共计约 120 家，雇佣超过 10 000 名员工，并计划创造 30 000 个就业岗位[①]。同时，政府和私人开发商持续投资建设住宅，改造厂区办公和部分厂房，总计划建设 1 018 套住房，解决 3 000 名员工的住宿。居住、零售和教育研发，以及部分办公功能被设置在历史核心

① https://en.wikipedia.org/wiki/Philadelphia_Naval_Shipyard

区内，工业相关功能则分布在厂区东部，而作为主轴线的劳斯大道（Rouse Boulevard）两侧则坐落各类企业总部。尽管园区总体上功能混合，但生产研发和总部办公依然保持着较高的独立性。

（3）工业遗产存续

海军码头最显著的历史特征是工业场景。极具代表性的红砖建筑，装饰性拱券、高大的窗户和倾斜的屋顶，维持了折衷主义建筑群的特征。疏松的路网、大片绿地以及成组建筑为单位的街坊布局，保留了厂区作为军事基地的空旷特征。生活方式亦再现了军营中秩序的聚集场景：如城市品牌企业园拥有一个可容纳千人的餐厅，午餐期间，人流聚集在大跨钢排构厂房内的餐厅前，宛如当年军营食堂一般壮观（图 5–5）。一段 2 千米的旧铁轨和樱花成为对比强烈的景观元素，保留下的工业构件以及 765 立方米被拆毁的建筑砖石和沥青混凝土块被铺设在公共空间中。此外，废弃的肯尼迪号航母正对城市品牌企业园，表达了对历史的现实纪念性。

图 5-5
费城海军码头内由工业遗产建筑改造的城市品牌企业园，2017.02

图 5-6
费城海军码头工业建筑适应性再利用的 3 种模式

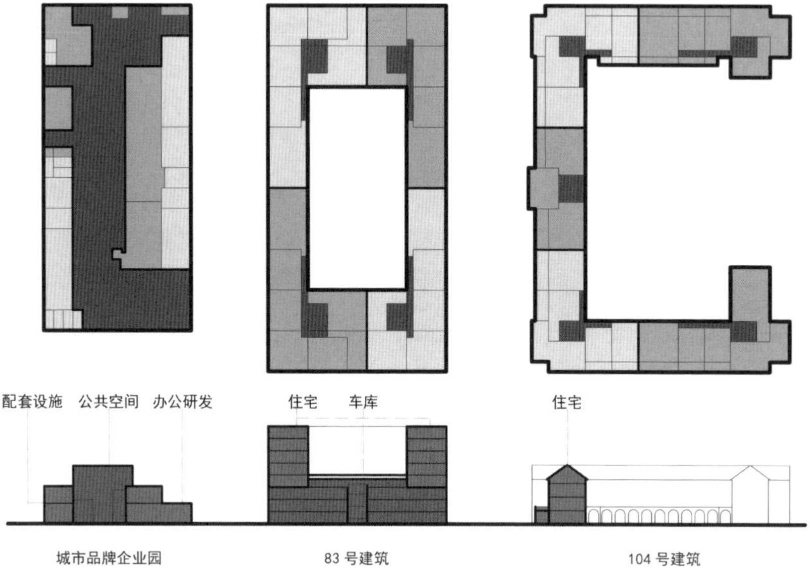

（4）既有空间开发

首先是历史建筑再利用。根据 2013 版总体规划，保留建筑 187 栋，建筑面积 74.53 万平方米，占比 59.81%。其次，改造以满足新的功能需求为导向，如 104 号建筑被改造成住宅，拆除了东侧的突出体量，形成完整的内院，北侧则加建一层门廊，顶部作为阳台使用。为了提高居住质量，建筑被划分为 5 个单元，每层 23 套公寓中有 14 套确保双向采光通风。83 号建筑平面尺寸达到 60 米 ×120 米，高近 26 米。设计将建筑分为 8 层，1~3 层为 208 个车位的停车库，4~8 层为住宅，中间挖出一个 30 米 ×60 米 ×14 米的中庭，解决了大进深建筑的采光通风难题（图 5–6）。历史核心区内容积率仅 0.51，建筑密度约 20%，空间开发强度得到控制。而在历史核心区以外，大量新项目在未来能有效提高区域整体容积率和建筑密度。

5.4.2 伦敦沙德·泰晤士街区

沙德·泰晤士街区最早出现在 1747 年约翰·洛克（John Rocque）的地

图上，零星分布着仓储建筑，道路系统已清晰可辨。1787 年卡里奇酿酒厂（Courage Brewery）的落成，使这里成为重要的啤酒交易市场。1873 年起，街区被重建为茶叶和香料储存中心（Royal College of Art，2013），现存建筑多建于此时。码头在 20 世纪 70 年代停用，并于 1979 年开始被更新为服务中产阶级的混合社区，至 20 世纪 90 年代中期形成今天的基本风貌。

街区位于伦敦泰晤士河南岸，南侧被 A200 公路与主城区分隔，西邻伦敦塔桥，东面以磨坊街（Mill Street）为界，是港区巨大的工业区和城市大型商业区之间一个象征性的文化和空间节点（Tiesdell et al.，1996）。整个区域东西长 480 米，南北进深 230 米，总面积约 12 公顷，被内琴戈河（the Neckinger）分隔成东西两块，分别隶属于两个历史保护区（图 5–7），以拥有伦敦仅存的维多利亚风格建筑群和狭窄曲折的街道而著称，被誉为整个道克兰最具吸引力的街区（Edwards，1992）。

（1）厂城边界缝合

沙德 · 泰晤士街区狭窄的道路和混合的功能，需要密路网、多层次和分散停车来保证内外交通的通畅。①道路系统完全延续历史现状并适当加

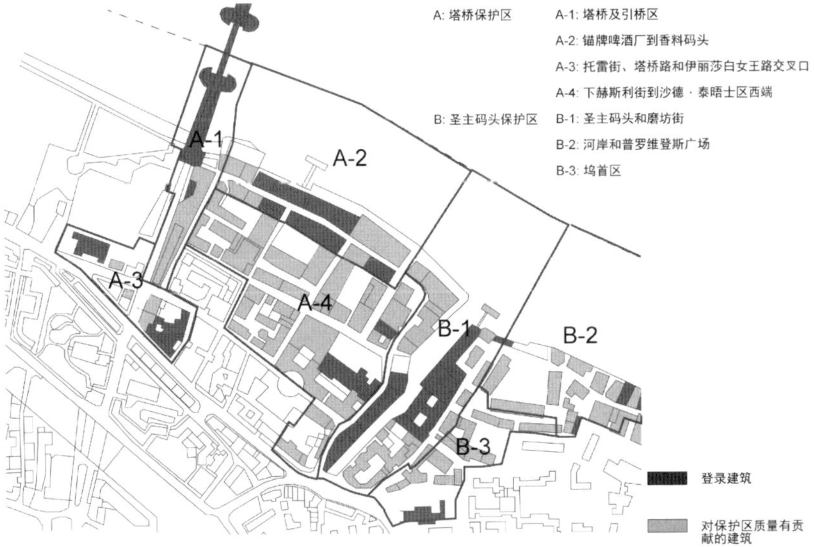

图 5-7
伦敦沙德·泰晤士街区的风貌保护分区

密，达到约 26.67km/km^2，远高于上海常见的 6~9km/km^2 的路网密度，甚至略高于城隍庙附近的里弄区（21.43km/km^2）（熊鹏等，2016）；②道路共分 4 级：东西向的 A200 城市快速路和南北向的塔桥路同泰晤士河围合成主要边界；10~12 米宽的次干道覆盖多数区域；以“滨水步道—巴特勒码头—历史巷道”为主要结构的人行系统延伸到西侧波特菲尔德公园（Potters Field Park），贯通街区和周边城区的步行联系；街坊内部的支路则服务于本地居民。

（2）社区功能植入

街区承载了社区和旅游双重业态，功能混合体现在“区域—街坊—建筑”3 个层面并逐层强化。①设计博物馆、柯兰工作室以及塔桥停车楼构成主要的非居住功能，结合沙德 · 泰晤士大街首层的餐厅和零售，在与更斯福特大街（Gainsford Street）的交叉口造就了一处文化旅游聚集区，而西侧下赫斯利广场附近则形成办公聚集区，其他以居住为主；②绝大多数街坊首层为约 5 米层高的办公或零售，契合本地创意产业从业者的工作习惯（小型办公或商业），社区的稳定性和归属感得以增强；③建筑内部功能亦是复合的，如拥有 302 套公寓的“圆”住宅（The Circle），首层保留了 8 间办公、书店、餐厅和零售，地下室布置了停车、洗衣、储藏等配套功能，此外还拥有健身房和泳池。

（3）工业遗产存续

街区的工业遗产存续策略，是以保留街区整体风貌为出发点的。立面形制的表达路径多样，并随着远离泰晤士河变得愈加多元和后现代（图 5–8）：①沿沙德 · 泰晤士大街两侧建筑均复原为 19 世纪的褐砖、铸铁阳台和天桥的样貌，东端的设计博物馆却呈现出 20 世纪 30 年代的立体主义风格——简约的造型、白色的立面和雕塑般的开窗；②更斯福特大街上褐砖建筑和白色现代主义建筑相间分布，磨坊大街则是在褐砖建筑群中耸立一栋 18 层的公寓，它是由 1813 年建造的面粉厂改造而成；③伊丽莎白女王大街的核心是 CZWG 设计的“圆”住宅，采用了尺寸等同褐砖但材质迥异的蓝色釉面砖贴面，并用斜角组织阳台和开窗，通过一种戏剧化的非真

a. 巴特勒码头　b. 圣主港　c. 沃冈磨坊公寓
d. 下赫斯利广场　e.“圆”住宅　f. 设计博物馆

图 5-8
伦敦沙德·泰晤士街区的重要公共空间节点（来源：图 d，https://www.mimoa.eu/，其他为李振宇摄，2013.04）

实性区别于整个街区的维多利亚风格（Edwards，1992）。

（4）既有空间开发

街区的建筑通过新建、改建和插建等手段显著提升了空间利用效率。①新建筑部分沿用传统风格，另一些则是秉承后现代理念；②绝大多数的保留建筑都被去除了坡顶，并加建 1~2 层新建筑，立面肌理和老建筑一致，而材质有所区分。如在巴特勒码头建筑顶部加建公寓，退台让出屋顶花园，增加面积成为开发商保护工业遗产的重要动力；③插建也是常见手法，在既有建筑之间狭小的空隙里建造新建筑，以充分利用土地，完善街道立面。值得注意的是，所有的插建都选择有别于传统的建筑风格，玻璃、钢和白色涂料的使用成为主要手段。（图 5-9）

图 5-9
伦敦·泰晤士街区的功能分布、交通组织、开放空间分布、建筑新旧关系

5.4.3 纽约蒂芙尼街坊

蒂芙尼街坊位于布鲁克林最大的仓储基地——哥伦比亚街滨水区中段，早在 1921 年，著名珠宝品牌蒂芙尼（Tiffany）在此建设了玻璃制品厂和灯泡厂，以及一片工人住宅区。这一街区在 20 世纪 50 年代以前蓬勃发展，然而至 20 世纪 70 年代中期，生产业务基本已迁至海外，码头也随之萧条，整个街区成为一个遍布空荡荡的商铺和住宅的废弃场所。20 世纪 80 年代初，

在房地产经济热潮下，蒂芙尼街坊开始了长达十余年的更新历程。

街坊南北长 240 米，东西宽 130 米，占地 3.1 公顷，坐落在凯恩街（Kane Street）和德格拉街（Degraw Street）之间，东侧为布鲁克林皇后大道，西侧距伊斯特河（East River）不到 300 米。整个街坊围绕着红砖厂房和仓库而建，呈现出 20 世纪纽约小街坊规划的特征，亦是布鲁克林小尺度城中厂的典型代表。

（1）厂城边界缝合

蒂芙尼街坊是开放的，又是封闭的，这种特征是由于街坊被划分成 30 余个小型项目，复杂的产权导致边界难以完全开放。因此除了作为城市街道的蒂芙尼广场街，其他室外场所全部私有化。以广场街以东的广场公寓和阿丽亚娜公寓为例，建筑外墙和门禁构成新的厂城边界，庭院也仅对居民开放。建筑其他界面均用栅栏围合出停车场，公共和私有边界的分界即是用地红线。西侧住宅亦以建筑外墙作为厂城边界，但主入口却朝向广场街。街坊内，即便是北端的停车场也用铁丝网围合起来，以强调街区权属的私有属性。联系到其再开发模式和目标人群，可以认为开放是空间表象，街坊的本质仍是封闭的中产阶级居住区。（图 5–10）

（2）社区功能植入

蒂芙尼街坊的主要功能是中产阶级居住，仅在西侧保留了少数工人住房面向城市快速路和堆货场。更新功能呈现出典型的绅士化特征：房地产导向、年轻白领入驻、低收入人群远离、业态高端但混合程度有限、文化元素逐渐丧失、活力不足等。具体而言，这里居住建筑面积占比超过了

图 5-10
纽约蒂芙尼街坊的厂城边界，
2017.10

80%，其他功能则包括小型办公、零售和洗衣、建材仓库以及杂货铺等配套。更新后的城中厂更多依托周边社区的配套设施运转，包括西南角的儿童乐园、社区农场，以及东侧卵石山（Cobble Hill）的学校。事实上，蒂芙尼街坊更新的意义在于补充了社区内不足的住宅空间。

（3）工业遗产存续

蒂芙尼街坊保留下来的工业遗产仅有2栋多层厂房。因此更新策略主要是再现场所感，并在局部形成新旧对比。西侧的新建筑，采用了红砖和褐砖混合的立面材质、带砖拱券的长窗，以及外挂的铸铁楼梯，旨在和东侧红砖厂房保持统一的风格。此外，多层厂房建筑的顶部做了加建，同时大体量的新建筑后退街道界面6~8米，避免了玻璃和铝板等立面材质影响整体风貌。有意思的是，多数历史建筑的山墙面被刷上白色涂料，以一种“无序”的方式介入历史街区。同样遗憾的是，工业遗产的非物质内涵缺少呈现，游客甚至无法获知街坊原工业类别，这似乎是为了避免工业“污名化”对地产销售的不利影响，然而亦造成了文化的断层。

（4）既有空间开发

蒂芙尼街坊通过水平贴建、垂直加建以及局部拆除新建等方式重构既有空间。街区东南侧拆除了4层厂房，新建1栋7层住宅楼紧贴蒂芙尼厂房，并在层高、立面开窗节奏以及红砖材质上与后者保持一致。广场街西侧，多栋4层红砖建筑的顶部均加建1~2层的木结构建筑，略微后退让出露台。木质外墙涂以白色和军绿色，同既有部分相区分。街坊的制高点——一栋新建8层办公楼保留了沿广场街的外墙，并在其与办公楼之间围合出一处庭园。新建筑亦采用白色涂料和玻璃幕墙，以保证街道界面的一致和完整性。

西方城中厂社区化更新历经70余年，经验丰富，对其进行对标研究有助于探索适用于中国城中厂的更科学、更落地、更具创新性的更新设计策略。基于对西方案例的理解和分析，可以得出西方城中厂社区化更新的以下4点特征：①边界开放、让渡场地、与城市空间融合；②功能复合、住宅占比高、不同社群混合居住；③遗产活化、新旧结合、厂房建筑同城市融为一体；④空间开发、用地强度显著提升、资源得到高效利用。这为研究长三角地区城中厂社区化更新案例提供了比较的基础。

5.5 本章小结

（1）社区化更新的价值。首先是在功能、空间和身份认同上，有利于缝合城市断裂带，帮助城中厂重新融入城市中；其次是锚定工业遗产、人口、就业岗位和产业等地方性要素，为城中厂创造连续的更新契机；第三是促进资源循环利用，包括建筑和场地空间、景观和其他工业要素等，减少能源消耗、降低碳排放；最后是激活区域发展动能，通过更新催化周边城区的新建和改建，升级产业结构，优化社会网络。

（2）社区化更新的可行性。在长三角城市中，城中厂社区化更新可行性的优势是良好的区位条件、完善的基础设施和环境、日益提升的工业遗产稀缺性，以及城市发展新特征，如存量规划发展、保护再利用一体化，以及日益重视社区地位等。挑战则在于复杂的邻里环境和权属关系、使用效率低下的工业空间、滞后的政策法规和再开发模式，以及缺少系统性更新设计策略等。

（3）不同类型城中厂社区化的可行性。飞地型和群落型城中厂的社区化更新较具可行性，其中前者优势更明显。聚落型城中厂具有社区化更新的潜力，但外部力量的推动亦必不可少。系统型城中厂的社区化更新可行性较低，抑或可基于现状工业生产，演化出混合程度更高的产业社区。

6 实证 长三角地区的城中厂社区化更新

本章选择了长三角城市的30处城中厂社区化更新样本进行实证研究（详见附录4），概括更新背景，厘清更新策略，重点梳理出厂城边界缝合、社区功能植入、工业遗产存续、既有空间开发4方面的更新设计策略，并总结其有待改进优化之处。

6.1 研究背景和对象

长三角的城中厂社区化更新，从改革开放初期由政府提供给返城知青的“鸳鸯楼”，到20世纪90年代服务外来务工人员的“灰领公寓”，都承载了一定的社会保障意义。20世纪末，上海出现了一些艺术家社区，如田子坊、M50等，这种模式被迅速复制到其他城市，诸如苏州桃花坞街区、常州运河五号等。2010年上海世博会掀起了滨水城中厂更新的浪潮，从上海的“一江一河”，到杭州大运河拱墅区段、无锡和苏州的护城河沿岸等地，大量城中厂结合房地产项目被一并开发。近年来，部分厂房转型为住宅，如上海瞿溪路豆制品厂、嘉善老市、魔方公寓等。亦有如上海上生·新所、杭州大兜路街区等混合模式的探索。40余年来，城中厂社区化更新经历了从“拆改留”到“留改拆”、从封闭到开放、从住房到社区的转型过程，呈现出逐渐“正式化”的更新趋势。

本章在长三角城市中，遴选了 30 处社区化更新样本（表 6-1），展开特征和类型学研究，并从以下 4 个方面梳理更新设计策略：厂区边界缝合；社区功能植入；工业遗产存续；既有空间开发。

表 6-1　本书选择的 30 处城中厂社区化更新样本的基本信息

	名称	占地（公顷）	类型	所属城市	建设年代	更新年代	原产业	更新功能导向
1	嘉善老市	0.31	飞地型	上海	1946	2014	针织衫厂	居住
2	上生・新所	4.84	聚落型	上海	1925	2018	生物制药厂	商办
3	众鑫白领公寓	0.94	群落型	上海	20 世纪 80 年代	1999	升降机制造厂	居住
4	瞿溪路公租房	0.28	飞地型	上海	20 世纪 80 年代	2012	豆制品厂	居住
5	苏河湾西区	3.28	群落型	上海	20 世纪初	2014	仓库	居住
6	文定路街区	3.01	群落型	上海	20 世纪 50 年代	2006	钢铁厂 / 雨衣厂	商办
7	半岛 1919 东区	8.00	系统型	上海	1919	2007	棉纺织厂	文旅
8	中成智谷	10.39	系统型	上海	1959	2014	仓库	商办
9	昇 PARK	6.50	系统型	上海	未知	2015	印刷机械厂	文旅
10	田子坊	3.88	聚落型	上海	20 世纪 30 年代	1998	皮革 / 服装 / 配件等厂	文旅
11	复地・复城国际	4.26	飞地型	上海	20 世纪 30 年代	2008	电影机械厂	居住
12	金谷里	0.65	聚落型	苏州	1958	2017	刺绣厂	文旅
13	姑苏 69 阁	4.30	聚落型	苏州	1946	2012	制药厂	文旅
14	桃花坞街区	3.98	群落型	苏州	1956	2007	丝织 / 电扇厂	文旅
15	庆丰文化园区	2.81	飞地型	无锡	1922	2018	棉纺厂	居住
16	梧桐水岸	11.54	飞地型	无锡	1935	2015	毛纺染织厂	居住
17	运河外滩	23.24	群落型	无锡	1948	2008	机械制造厂	居住
18	天元坊	7.35	飞地型	无锡	1947	2015	麻纺厂	居住

续表

	名称	占地（公顷）	类型	所属城市	建设年代	更新年代	原产业	更新功能导向
19	弘阳天下锦	13.60	群落型	常州	1937	2018	棉纺厂	居住
20	国光 1937	4.87	聚落型	常州	1937	2014	电子仪器厂	商办
21	求实园	10.83	飞地型	常州	1916	2012	棉纺厂	商办
22	运河五号	3.63	聚落型	常州	20 世纪 30 年代	2008	毛纺厂	文旅
23	米码头创意街区	2.45	聚落型	常州	1964	2018	塑料厂	商办
24	爱丁堡幼儿园等	12.80	群落型	杭州	2012	2018	停车库	居住
25	城市之星	35.31	系统型	杭州	1951/1955	2009	氧气制品 / 锅炉厂	文旅
26	大兜路街区	9.50	系统型	杭州	20 世纪 50 年代	2010	仓库	文旅
27	Loft49	3.46	系统型	杭州	1958	2002	化纤厂	商办
28	杭丝联	6.00	飞地型	杭州	1956	2007	丝绸厂	文旅
29	运动中心等	24.54	系统型	嘉兴	1943	2014	冶金厂	文旅
30	恒大龙溪翡翠	8.79	飞地型	湖州	1987	2017	丝绸厂	居住

6.2 城中厂社区化更新的类型

功能更替和空间形制变化，是城中厂社区化更新的主要特征，可作为类型研究的依据。此外也可从厂城关联、工业遗产保护方式，以及更新机制等角度予以分类。

（1）从功能角度，可根据主导业态分为 3 类：①居住主导，即以住宅、公寓或宿舍为核心功能，抑或是服务住宅区的配套管理功能，如上海瞿溪路公租房、无锡运河外滩等；②商办主导，即以面向周边社群的小型办公、手工业作坊以及商业零售为核心功能，如常州求实园、苏州桃花坞等；③文旅主导，即混合社区功能的文化旅游目的地，如杭州大兜路街区、苏州金谷里等。也可依据所服务的居住类型分为 5 类：商品住房导向，公共租赁住房导向，长租公寓导向，既有住区导向和临时住房导向。

（2）从空间角度，可根据再开发强度变化分为3类：①高强度开发，即以拆除重建为主，适度保留为辅，如湖州龙溪翡翠、无锡庆丰文化园区等；②中强度开发，即有拆有留，居住多为新建，配套沿用厂房，如上海中成智谷、上生·新所等；③低强度开发，即以翻新为主，少有拆除新建，如常州运河五号等。

（3）从厂城关联互动角度可分为3类：①住区型，即更新后的主体是门禁式住宅区，工业建筑被改造为附属功能载体，如上海复地·复城国际、无锡天元坊等；②园区型，即将城中厂改造成服务周边社区的办公或手工作坊园区，如杭州Loft49等；③街区型，即在空间和功能上，将城中厂同其周边城市完全融合，如上海的田子坊等。

（4）根据工业遗产保护方式，可分为3类：①建筑式保护，即保留少数历史保护建筑，如上海的华侨城苏河湾；②地段式保护，即整体或局部保留工业建筑、场地和景观的完整性和真实性，反映在绝大多数更新中；③体系式保护，即在保留建筑、场地、景观等物质要素的同时，保护非物质工业遗产，如常州运河五号。同时亦可根据工业遗产建筑的活化方式，分为2类：①修缮性改造，即不改变建筑轮廓，仅加固结构、修缮外立面并对室内进行重新划分，绝大多数更新均采用这一模式；②适应性改造，即将少量新建筑空间植入老厂房中，抑或是拆除局部以符合功能需要，如上海昇PARK等。

（5）功能和形式的差异折射出的是更新机制的不同。以此为基础，大致可以分为3类：①非正式更新，即用地权属、用地性质和建筑结构均未调整，包括大多数更新为文创园区的城中厂样本；②再开发式更新，即经历土地收储和“招拍挂”，用地权属、用地性质和建筑结构都发生实质性改变，如无锡的运河外滩和梧桐水岸；③存量式更新，即采用“存量补地价”的方式，保留土地权属，改变用地性质和建筑结构，如上海的上生·新所。本章据此对30处案例进行分类比较。

6.3 城中厂社区化更新的设计策略

6.3.1 厂城边界缝合

边界缝合的思路适用于从传统封闭的园区和住区向更加开放的社区转型的过程。居民和游客、本地居民之间的交往机会逐渐增多，开放步道、商业界面、广场绿地等构成的边界打破了厂区围墙，为厂城空间的融合提供了契机。

（1）边界类型

城中厂的边界类型包括水岸、城市道路、铁路、高架桥，或同其他地块直接相邻，不同边界类型有相适应的设计策略（图 6–1）。

水岸是最常见的边界形式。长三角地区水网蜿蜒密布，水道狭窄，彼此贯通，80% 以上城中厂依河而建，部分工业建筑距水岸仅数米之遥。更新设计往往采取“三段式”边界，自水道起分别为：宽度不等的景观步道和防汛墙、7~10 米的车行道、2~5 米的人行道。如上海苏州河畔，水岸至建筑红线之间的边界被打造成公共空间，强调可达性、可视性和通过性，以提升步行的便利和安全，加强人的视线同历史建筑的联系，重构路网体系等。通过改造防汛墙、围墙和桥梁等方式贯通滨水公共空间（寇志荣等，2019）。在华侨城苏河湾段，兼具防汛墙职能的滨水步道，每隔约 100 米就有出入口同城市道路连接。单向城市道路和与之垂直的密集支路，有效疏散了域内车流。狭窄的人行道则保证了建筑较高的贴线率。新旧建筑之间围合出了开放的口袋公园，向城市让渡内部场地以增强边界纵深。

临路边界以围墙居多。由于道路环境相对复杂，拆除围墙并非更新首选之策。一方面，围墙两侧多是“双路系统”（即城市道路和厂内道路之间只隔一道围墙），拆除围墙需要统筹冗余的交通场地；另一方面，门禁式管理的成本低，安全风险小，而拆除围墙需在安保方面投入更多资金。如杭州杭丝联厂房四周是一条约 15 米宽的内部环路，相隔 6 米的绿化带才为城市道路，两套交通系统之间仅有 3 处入口相连，车辆需要绕厂半圈才能进入。内部环路两侧多设有停车位，遮蔽了厂房立面，占用了外部公共

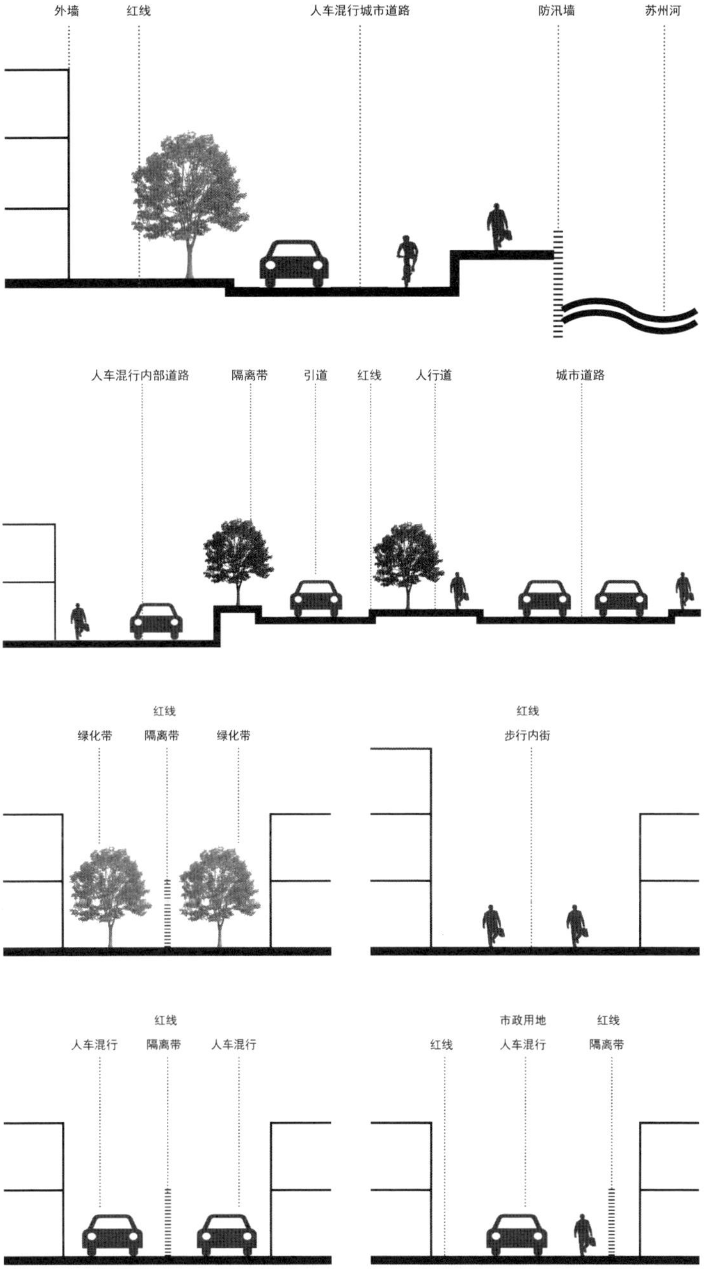

图 6-1
常见的厂城边界缝合断面

空间，并在事实上因阻隔和不便降低了市民进入的意愿。而将厂房改建为停车库、新建立体停车楼、和周边社区共享车位的做法，在多数样本中未有体现。

临其他功能用地，即厂区和住区、商业区之间直接以围墙相隔，场地红线即是围墙所在位置。也有部分城中厂将此类边界作为后勤通道、停车场或步行内街。较好的做法如无锡庆丰文化园区和世茂住宅的商业裙房之间，两者各自让渡出数米带状场地，形成一条步行内街，激活了城中厂最无生气的地带，并同广场、滨水栈道，以及建筑间的小巷构成步行网络。相反，上海文定路街区的冷拉型钢厂（已改造为文定生活家居创意广场）和雨衣厂（已改造为德必画家街）之间，以及同其他新建项目之间的边界被绿篱、围墙、停车场和垃圾堆放站所界定，暗喻了各利益主体之间利益诉求的平衡。

（2）边界形式

居住主导的更新，其边界形式以围墙为主。商业主导的更新倾向用建筑外墙或广场界定边界，而休闲旅游主导的更新则偏好院落、园林和绿地等形式。

① 外墙式。以建筑外墙为边界，首层多是商铺，立面被改造以适应新功能。如常州运河五号的三堡街界面，是由连续的小厂房和民居组成。更新将其划分为多组 1~2 层的商铺，保留粉墙黛瓦、屋顶形制，以及标志性的“恒源畅染织厂”大门。同时根据功能改造局部立面，如在民宿首层嵌入落地玻璃，文创零售首层局部外挂木质店招或嵌入金属店招等。立面改动高度集中在 0.5~3 米之间。

② 围墙式。以 2~3 米高的实墙为主，阻止内外视线交流。如上海众鑫白领公寓的边界，东段实墙贴以红色面砖，中段近入口处采用铁艺围栏和高密度绿植，西段则是间隔布置白墙和红色面砖墙垛，墙后是 1 米左右的厚重绿植。相比之下，墙外人行道宽度仅约 1.2 米，并不适宜步行，无论是围栏、绿植还是围墙，在视线上都是密不透风的。

③ 内院式。是将半公共空间置入围墙内，作为城市向城中厂社区的过渡地带，往往兼具休憩和停车功能，也更符合长三角地区的园林传统。如

苏州金谷里的东侧入口，即是隐藏在粉墙黛瓦之后的半开放苏式园林，包括醒目的照壁、月亮门、太湖石和亭子。通过隐藏在亭子背后的小径，穿越灌木丛进入半室外茶室，整个院子有对景、有借景，从公共到私密，边界感被层次丰富的内院消解了。

④ 广场式。将边界放大，作为社区活动的室外场地，也为强化工业遗产建筑的可识别性提供空间纵深感。如无锡运河外滩，即是拆除沿路一组平面 L 形的小厂房，让渡出一片三角形广场。建筑师隈研吾用穿孔金属板设计的艺术装置，从厂房内一直延伸到广场边缘，端头则辅以水景，强化了广场的围合感和生活氛围。广场是开放的，各类活动融入城市生活，也能为改造后的城中厂吸引更多访客。

⑤ 绿地式。多是成片绿带，可以在满足绿地率的同时，阻隔噪声并提供景观。如杭州大兜路历史街区，紧临大运河的西边界，是一条宽 15~25 米不等的景观绿带，扮演了防洪堤和城市公共空间的双重角色。内部设有步道、口袋广场和城市家具，乔木列于历史街区一侧，分隔出一座静谧的公园。街区东侧，一条数米宽的绿带将历史街区同城市主干道分开，以减少噪声和粉尘等外部干扰。

⑥ 双路式。即厂区道路和城市道路被一道围墙隔开。如杭丝联创意园，一方面希望开放厂区吸引外部消费人群，另一方面却受制于内外多层道路系统的错综复杂。由于消防、停车以及绿化需要，大部分道路用地未能被整合进公共场地，因而难以在厂房外部形成集聚人气的空间。

（3）设计手法

不同类型的城中厂边界缝合的设计手法亦不相同（表 6–2）。其中群落型城中厂最宜开放，飞地型城中厂则因复杂的厂城空间关系较难贯通。

表 6-2　不同类型城中厂的边界缝合策略

类型 / 特征	飞地型城中厂	群落型城中厂	聚落型城中厂	系统型城中厂
边界缝合设计	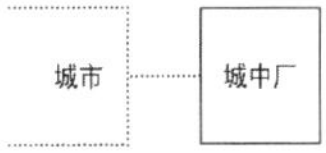			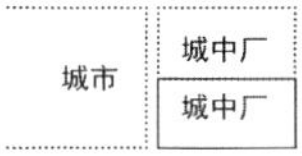

飞地型城中厂的边界缝合较困难，由于临城市道路的界面较短，往往仅能建立线状通道和城市相接。例如位于弄堂深处的上海瞿溪路公租房，日常仅有一处入口开放，并采取了门禁式管理。两栋厂房通过空中连廊串联，进一步减少建筑自身出入口。相类似的上海嘉善老市涉外公寓，位于一片里弄区内，居民访客需穿越一条内部道路方能到达城市道路，因而造成相对复杂的多层边界系统：首先是弄堂道路，其次是北侧的U形庭院，最后才是由建筑外墙构成的内部边界。

群落型城中厂的边界缝合，多是由一系列点状出入口组成。在更新中，往往将1~2条临路或滨水边界设定为开放可达的场所，如无锡庆丰纱厂、天元坊、常州弘阳天下锦、湖州龙溪翡翠等，均是将封闭边界背靠住区，开放边界面向城市，并建立一个步行系统将人群引向厂区内部。常州米码头街区则采用了另一种策略：由于其地处桥下，只能由引道连接城市道路，可达性较差，因此更新一方面运用标牌、绿植和色彩等强化空间导入感，另一方面在桥下开设通道和西侧厂区贯通。

聚落型城中厂多选用“多段线”的边界缝合方式，引入更多车流人流，同时也保留围墙以便于管理。如上海的田子坊，起源于泰康路沿街的藤艺、石雕等工艺品商店。在20世纪末的改造中，商业和艺术活力逐渐向街坊内部渗透，一些居民出租自家住宅给艺术家或商贩，新入驻的文化、商业功能，逐步让蜿蜒细密的内部空间变得更加开放。无锡运河外滩则是将住宅区以外的建筑和场地空间全部开放，且沿街设置餐饮娱乐等社区功能，人流亦可以穿过建筑进入街区内部。

系统型城中厂多采用分区并联型的边界缝合方式。由于规模大、周边环境复杂，因此不仅面临开放和封闭的管理矛盾，也涉及不同类型边界的形式约束。在杭州城市之星样本中，以文化、商业为核心功能的地块边界是开放的，而周边居住地块则围墙高立。规划中，有多组穿过道路边界的空中连廊，串联起由厂房改造的各类博物馆，形成立体化的步行动线，弱化了道路对不同城中厂地块的切分。大运河上的带状岛屿之间用小桥相连，水面因而更易于跨越，滨水边界也得以柔化。

6.3.2 社区功能植入

城中厂社区化更新中所植入的功能，提供创意办公和社区零售的商办主导样本数量最多。其次是聚焦文化旅游和休闲游憩的文旅主导模式。居住主导的样本较少，其中包括商品房社区的配套和各类长租公寓等。

（1）居住功能主导

植入居住功能是最直接的社区化更新方式。常见的是将厂房改造成商品房社区的配套服务空间。近年来出现了一批将厂房改造为长租公寓或公租房的案例，亦有少数作为艺术家住宅和民宿等临时居住形态。

商品房住区模式大约始于 2006 年，少数开发商开始改造工业历史建筑。早期实践有上海的复地·复城国际和明圆·森林都市，分别改造了 2 栋 900 平方米和 1 栋 3400 平方米的厂房，作为物业用房和社区活动中心使用。随后涌现的无锡运河外滩、天元坊、常州求实园等，均是将厂房改造成类似功能。如无锡运河外滩的更新，将老建筑改造为 9 万平方米住宅开发的配套功能，其中包括博物馆、社区零售餐饮、行政办公场所和文化创意公司集聚地。商业同文化的结合，构筑了社区活力中心，为住宅区内的居民提供了亲子、幼教、休闲、沟通交流等多种活动可能性。

公寓模式可追溯到计划经济时代由厂房改造的工人宿舍，尽管不符合消防和日照等住宅设计规范，但在政策和市场的双驱动下，近年来发展较快。自 2014 年兴起的长租公寓，多改造自区位较好的小型多层厂房。其雏形是快捷酒店，如汉庭酒店有 50% 以上的物业是由厂房改造而成。而近年来的魔方、Base、V+、湾流等品牌，在上海改造有约 4 万间公寓。其中上海的昇 PARK 文创园区改造自光华印刷机械厂，总建筑面积 9 万平方米。园区分为文化（30%）、办公（50%）、商业（10%）和公寓（10%）4 部分，其中公寓是 1 栋 4 层厂房改造而成的员工租赁公寓。首层功能包括公共活动、娱乐休闲、食堂和厨房，2 层起均为公寓，并配有洗衣房和健身房等设施。2~4 层的天花板挖出采光槽，确保每户都有自然采光。公寓套内面积 15~25 平方米不等，且每户都有夹层空间（图 6–2）。

临时居住模式包括“灰领公寓”、艺术家工坊和民宿等。前者类似长租公寓，但套内空间更局促，部分套间没有自然采光，居住品质较差。艺术家工坊的常见布局是“下坊上住”。民宿则类似酒店，但保留了更多的工业特征。上海浦东新区 2006 年将 60 余栋、2 万余平方米的闲置厂房改造成外来务工人员宿舍，成为一处较大规模的“灰领公寓”。而上海半岛 1919 东侧的灰领公寓，是将 1 栋 6 米高单层大跨厂房隔为 2 层，根据柱距划分为 8 排隔间，多数房间仅有一扇开窗朝向走廊（图 6-3）。苏州姑苏 69 阁（原二叶制药厂）内的“喜舍”是设计精致的艺术家工坊，红砖厂房的沧桑和苏州园林的雅致并存，从狭长的入口庭院开始铺设鹅卵石小径并

图 6-2
上海昇 PARK 公寓标准层平面图

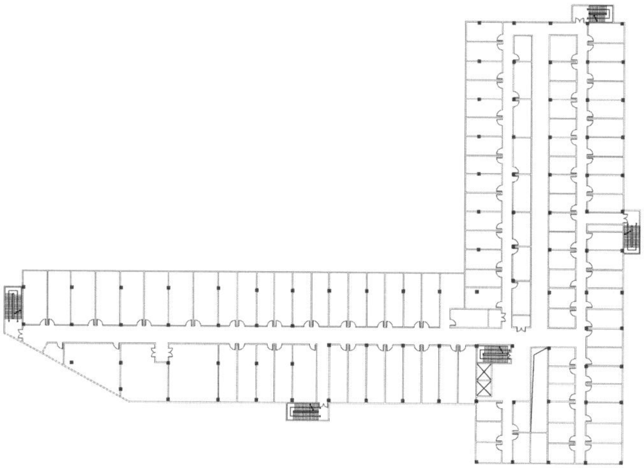

图 6-3
上海半岛 1919 灰领公寓
首层平面图

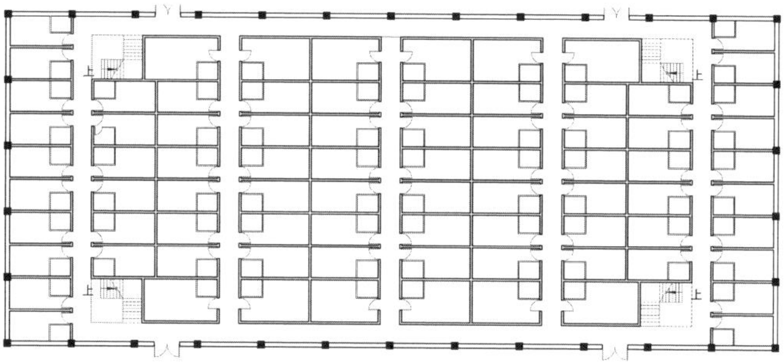

配以山石叠景，于角落处增设仿宋制茅屋茶室。利用厂房的高挑结构留出中庭，并用家具和木格栅划分空间，厂房周边则隔为上下两层。“喜舍”融合了画廊、饮茶、插花和休憩等功能，是居家的文创场所。常州运河五号的青年民宿则用玻璃连廊将多栋小厂房串联起来，不同厂房分别作为门厅、餐厅、展廊和小庭院等空间，在功能上更符合园区自身定位。

（2）商办功能

植入商办功能，可为周边社区提供餐饮零售、休闲娱乐和小型办公场所，亦有少数作为手工业聚集地，主要扮演大型新建住宅区或既有住宅区的配套角色。

办公功能是由创意产业园衍生出的更新模式，随着文化创意产业集聚态势逐步稳定，相关从业人员开始落户产业集群周边，园区和社区的互动变得更为频繁，如上海文定路街区自 1995 年以来改造了 5 处工厂作为家居建材市场。近年来，升级中的产业吸引了一批室内和家具设计师，新的需求促使厂房向办公转型。其中，德必文定路项目是对雨衣厂的两栋厂房进行二次更新，重新划分室内空间，消除消防和结构等安全隐患，同时增加了一个涵盖会议、展示、会客、休闲咖啡以及屋顶足球和网球场的共享体系，服务本地设计师和艺术家。共享体系结合立面的“共享盒子”和垂直绿化，形成层次丰富的空间。1~2 层为小开间的艺术家工坊，3 层以上则是自由分隔的办公场所（图 6–4）。值得强调的是，之前作为装饰画艺术家汇集地的雨衣厂，在更新中留住了 70% 的原租户，这对稳步提升周边产业、优化社群结构有积极作用。

商业功能的较早案例是上海田子坊，在历史文化环境中售卖文创产品和餐饮小吃，成为广受市民欢迎的场所。近年来的更新项目更是混合植入了文化休闲等功能，细分消费群体，聚焦本地居民。如无锡运河外滩、天元坊、梧桐水岸等更新实践，均是利用工业遗产建筑塑造出一个文化商业街区，以社区级别的美术馆、博物馆、文创办公等业态，混合社区商业功能，包括轻餐饮、咖啡、休闲会所、健身、幼教等。结合滨水公共空间，串联成一个联通文化和商业的步行网络。

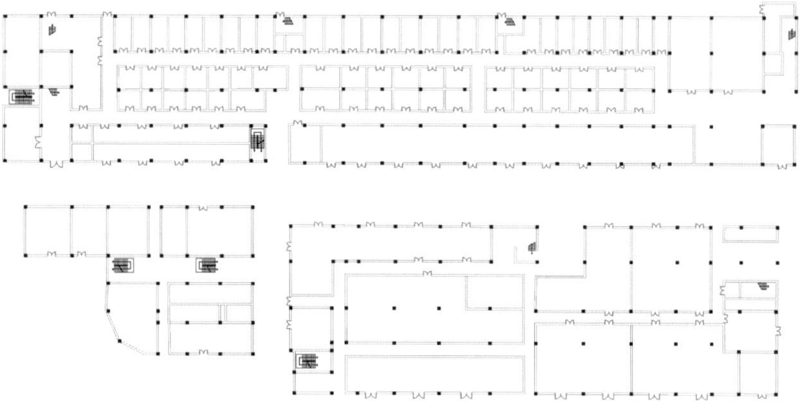

图 6-4
上海德必文定路项目首层平面图

手工业模式在苏州、无锡、常州和杭州等地较为常见，其中苏州的桃花坞街区特征尤为鲜明。在延续版画、木雕等传统手工业的同时，延长产业链使其更适应现代化的生产、销售、设计和美学需求。街区内提供品牌建设、销售渠道、行业协会培训，以及同艺术高校的合作。业态的多元互补也是全产业链的重要支撑，文创从业人员拥有高质量的工作环境，而外来游客、商务人士和本地居民也可以觅得符合“小资”情调的休闲环境。空间契合功能，于园区入口处设置开放的餐饮、休闲和旅社等功能，内里则是“下店上坊”的艺术家工作室，首层展示，二层则是制作、办公和休憩，三层及以上则多是仓库。桃花坞街区同其所在社区环境深度融合，通过产业的在地升级，既保留了本地手工业者的就业机会，也依托旅游和休闲服务为本地社区创造了更多活力和机遇。

（3）文化等配套功能

文化等配套功能没有直接的经济回报，却是能催化街区振兴的城市触媒，增强社区活力、锚固社区居民、提升土地价值，并多和文化旅游或休闲功能相结合。

文化展示是厂房改造的重要方向之一，譬如博物馆或遗址公园等。杭州的城市之星是该市近年来最大的文旅导向的更新项目，原为锅炉厂和制氧机厂用地，其核心区占地超过 35 公顷，关联再开发用地总计 125 公顷。

核心区由霍尔（Steven Holl）事务所规划，大卫·奇普菲尔德（David Chipperfield）、赫尔佐格和德梅隆（Herzog & De Meroun）等事务所改造9栋老厂房。作为核心功能的国际城市博物馆、当代建筑博物馆、设计博物馆、时尚博物馆、工艺品展馆、美术和艺术展馆等面积达到10万平方米以上，集中在南北两个片区的中心位置。保留的水塔则立于南北交接点的地标位置。围绕旅游功能，街区内整合了酒店、公寓、剧院和商场等商业功能，并配套开发了数十万平方米的商品住宅，最终形成集艺术、设计、时尚、娱乐、消费、办公、生活等为一体的城市综合体（图6–5）。

休闲功能多是基于一些设计精致的小空间，向周边居民提供轻餐饮、文化艺术等服务。从苏州金谷里、无锡淘沙巷、杭州大兜路，到上海上生·新所、幸福里等案例皆是如此。其中上生·新所的一期工程充分发挥了互联网时代的“网红”效应，各类历史建筑如海军俱乐部泳池、节庆广场和孙科别墅等，成为独特的消费符号。业态上则强调个性化，引入诸如比拉达、酿酒熊、稻城书店等小众品牌。同时营造“打卡”热点，借助自媒体获得网络流量。上生·新所重点刻画了“新与旧”的关系，融合了殖民文化、

图6-5
杭州“城市之星”更新规划设计方案（局部），2018.11

工业文化、海派文化，以及新时代的消费和网络文化等不同要素，结合音乐会、论坛、展览、露台市场、活动发布会等文化艺术活动，形成具有独一性的本体文化。现正在施工的二期工程新增了办公和公寓混合功能，这将进一步提升社区功能的完整性和复合性。

教育文体功能，在早期城中厂社区化更新中较为少见，直至近年才出现一些定位为幼教、培训、健身的零星项目，如嘉兴冶金机械厂内厂房改造的羽毛球场、杭州公交公司停车楼改造的爱丁堡幼儿园等。无锡庆丰文化园区更为混合，其周边有数十万平方米的居住区和数十公顷待开发建设用地。更新将 3 栋仓库改造成幼儿园，并结合入口广场设置活动场地。中段两栋厂房转型为面向学龄儿童的艺术培训机构（图 6–6），端头两栋厂房则作为健身房使用，此外亦配有咖啡馆、餐厅和设计工作室。这些面向中高收入人群的社区功能，弥补了工业区转型过程中教育文体设施供给不足的阶段性缺陷，有利于保持社区的活力。

图 6-6
无锡庆丰园区的社区级文化功能空间，2018.11

（4）设计方法

功能植入的设计手法，因城中厂内外空间的差异而各不相同。其规模越小，功能越单一并趋于住宅化，规模越大则越呈现多元复合的社区功能。

飞地型城中厂多是植入单一功能，服务其所在社区。一类如上海众鑫白领公寓、瞿溪路公租房等，均是为所在社区提供公共租赁住房，其所需的生活配套设施也和社区共享使用。另一类如上海复地・复城国际、无锡梧桐水岸等，依托于房地产开发项目，主要提供面向本地居民的消费零售、文化休闲或物业服务功能。

群落型城中厂多是植入社区配套功能，并能同时服务周边多个社区。如上海华侨城苏河湾、湖州龙溪翡翠等，都是将厂房改造成零售、教培、健身和文化休闲等功能。规模略大的样本如苏州桃花坞、常州米码头等，则为周边社区居民提供更多相匹配的就业功能，形成在地性产业集群。

聚落型城中厂的社区功能以商业零售为主，辅以办公、文化和居住等功能，服务本地的同时亦面向城区乃至城市。无论是早年的田子坊还是近期的上生・新所，抑或是常州的“运河五号”和“国光 1937”，都诠释了社区的居住功能，同城市文化旅游消费功能高度融合，既面向本地居民，也服务外来人士。

系统型城中厂的社区功能多呈现出以文化为内核、商办为腹地、居住环绕周边的圈层型格局。在杭州的城市之星项目中，各类博物馆作为功能和空间上的内核，带动周边酒店、办公和商业中心的建设，以及更外围的住宅区开发，从而发挥一种自内而外的触媒效应。

6.3.3 工业遗产存续

工业遗产的存续，尚未成为城中厂社区化更新中的关键性因素，无论是工业厂房，还是场地景观和其他工业要素，多是扮演空间的“配角”，更新缺乏系统性价值梳理和对象活化策略，使可识别性和身份认同的建立面临挑战。

（1）工业建筑

目前的更新措施多是保留那些最大、最高、最久，抑或是列入特定遗产名录的工业建筑，以晚清和民国时期的砖混厂房，以及计划经济初期“苏联式”混凝土排架 / 框架厂房为主（图 6–7）。其他厂房在更新中则是设计痕迹多于修复痕迹。

形式的存续主要针对典型的工业建筑，尤其是有着粗犷的混凝土排架或框架结构的“苏联式”厂房，平面尺寸百米见方，空间高大通透，鲜有立面修饰。如杭州杭丝联主车间，建设于“一五”期间，平面尺寸达到 160 米 ×180 米，高约 10 米，是典型的连续单坡多跨钢筋混凝土框架结构工业建筑。其锯齿状屋面北向高起，向南倾斜，朝北侧向采光，巨构尺度赋予其不可替代的地区可识别性。但其形式特征并未在更新中得到强化：一方面室内被重新分隔成小间，大跨空间的空旷感被消解；另一方面厂房原立面被广告店招、空调机位、装饰构件，以及涂料和宣传栏等覆盖，弱化了工业美学的纯粹、理性和秩序的形式逻辑。值得强调的是，杭丝联仍是保护较好的样本，多数城中厂的建筑形式过度设计更为严重。

图 6-7
工业建筑存续策略举例

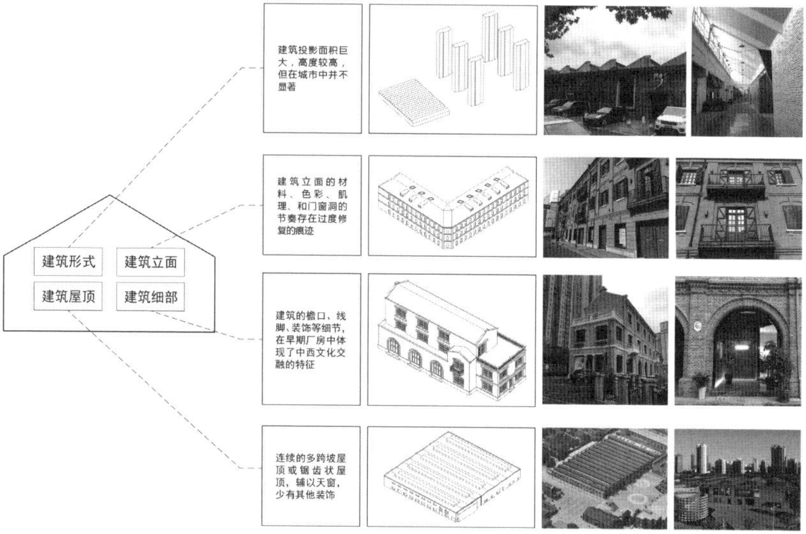

建筑立面的存续包括粗放式改造和精细化修复两个方向。早期的更新样本，偏好仿照商业建筑加增立面装饰性杆件、挂贴石材和面砖，或拆除局部外墙后重新开窗，这导致形式的真实性被破坏。这种粗放的改造策略近年来转向了精细化修复，试图让建筑恢复历史原貌。如常州弘阳天下锦（原大成三厂）保留的两栋单层厂房，保留了窗洞、窗台、窗框等立面要素，同时对外墙砖进行打磨和局部替换，仅将小窗替换成落地玻璃。而上海怡和打包厂更新则试图再现“历史的当代精致性”：去除立面上杂乱的管线，修复破损的局部外墙，将暗沉的红砖磨成亮红色，增添了复古壁灯、铸铁阳台等要素，并将首层窗全部落地为门洞。

更新较少关注到建筑细部。由于长三角城市大规模工业化发生在新中国成立后，工业建筑技术相对西方较为落后，且受到 20 世纪 50 年代开始的厉行节约运动的影响，多数建筑鲜有立面或室内空间的装饰、线脚以及特殊材料的点缀。仅少量始建于民国时期的厂房有所不同，如 20 世纪 20 年代建设的无锡庆丰纱厂，更新修复了厂房中西合璧的立面风格：白灰色立面线脚、阳台上的乳白色小罗马柱护栏、高耸的砖拱券门窗、条石包边的门窗洞和暗红色木质窗框，甚至老式铸铁窗钩都得到了再现。层层叠进的红砖拱券暗示了建筑分层，其底部半弧形收边尤为醒目，是为数不多的建筑细部修复得较好的样本案例。

建筑屋面的类型较少。早期多是双坡硬山，后从西方引进平顶厂房技术。到计划经济时期，主车间多是双坡 / 多坡排架屋面或锯齿状屋面，小型厂房则常使用双坡硬山乃至平屋面。如常州运河五号主车间，105 米的长边被均分成 15 组锯齿状屋顶，是典型的纺织型车间屋面形制，具有极强的可识别性。多坡排架屋面也较为常见。其单跨多能达到 30 米，坡度小于 1 : 10，通过钢筋混凝土排架结构撑起，顶部多有天窗或高侧窗，四周亦留有侧窗。这种屋面多使用于设备生产型工厂，如无锡运河外滩的主车间、嘉兴冶金机械厂等。其他厂房屋面和常见商业项目差异点不多，通过女儿墙高度、屋面突起楼梯间以及设备等可识别。

（2）工业场地

工业场地包括路网、公共空间以及缺少定义的其他空间等。长三角城中厂的更新样本中，对场地的保留相对零碎且内向。由于多有厂房被拆除重建，低层高密被高层低密取代，工业的场所感也因此被弱化（图 6–8）。

既有道路系统密度较高、路面较窄，同当下社区交通功能需求不匹配，因此多是选择降低密度、拓展宽度。如无锡运河外滩，在保留的工业遗产片区内，延续了“三纵两横”的路网系统，过去的厂内干道作为主要步行街，被绿化和不同材质的铺地分开。然而原工厂 70% 以上的区域被重建，路网也被替换成符合住宅区要求的曲折环路。亦有案例通过传承空间肌理来延续路网体系，如上海上生・新所，原为上海生物制药研究所。其路网以建筑为街坊，道路截面窄，宜于步行。更新不仅将原路网保留并作混行使用，更是增加了一些穿越建筑的人行步道，优化了步行环境（宿新宝，2018）。

公共空间较为内向，功能性偏弱。如上海陕西南路历史风貌保护区内的嘉善老市，原为羊毛衫针织厂，2014 年被改造成了住宅、办公和商业综合体。建筑围合出的内中庭通过一条 4 米余宽的小道进入，日常作为居民休憩场所，仅节假日转为露天集市。而在常州运河五号中央，数千平方米的广场在低矮厂房映衬下显得较为空荡，缺少活力业态和空间向心感，因此平时仅作为停车场使用。尺度过大的公共场地由于缺乏吸引力，反而制

图 6-8
工业场地存续策略举例

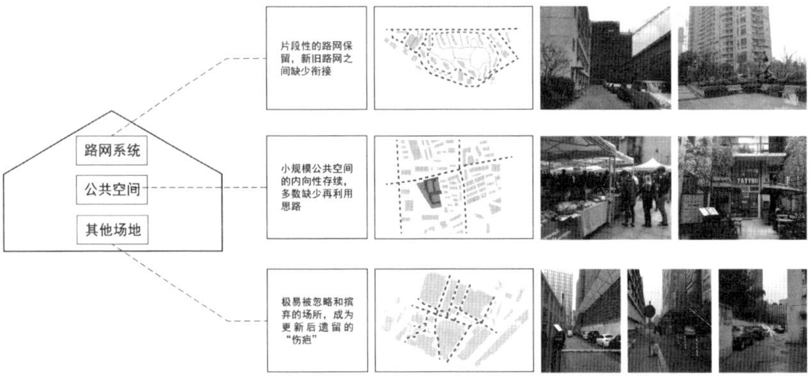

约了公共活动的开展，因此出现了一些新的尝试，如上海杨浦滨江，通过强调线状步行通廊来消弭场地过大的尺度感。

其他如工厂内的卸货场、垃圾场或是设备堆放场，是易被忽视的“消极空间”。更新多是将其作为后勤通道或停车场。以上海文定路街区为例，冷拉型钢厂（文定生活家居创意广场）和雨衣厂（德必画家街）之间有一条 15~20 米宽、150 米长的公共通道，其两侧各退 2~3 米为厂区红线，居中 10 余米为市政道路，现作为停车场和建筑垃圾堆放场使用。因涉及复杂的权属利益，这一场地在 2008—2018 年间一直未能得到更新，成为徐家汇后院的一块“伤疤”。由于缺少管理，周边建筑界面多年未修、路面破败、围墙高企，难以融入城市空间。

（3）工业景观

工业景观，包括场所、自然和人文景观构成的景观系统，反映出城中厂运行管理的内在秩序。但在更新中，工业景观往往因现代功能的需要而被“解构”，物质的真实性在局部尚存，但秩序的真实性多已断裂（图 6-9）。

更新前的场所景观，既包括由大型厂房围合的广场和林荫道，也包含里弄工厂内穿插的、混合生产和生活功能的小径，是一个“点—线—面”的场所景观体系，然而在多数更新样本中留下的多是一些点状的“景观碎片”。如无锡庆丰纱厂的更新，保留了约 1/10 的既有工厂空间，保留了完

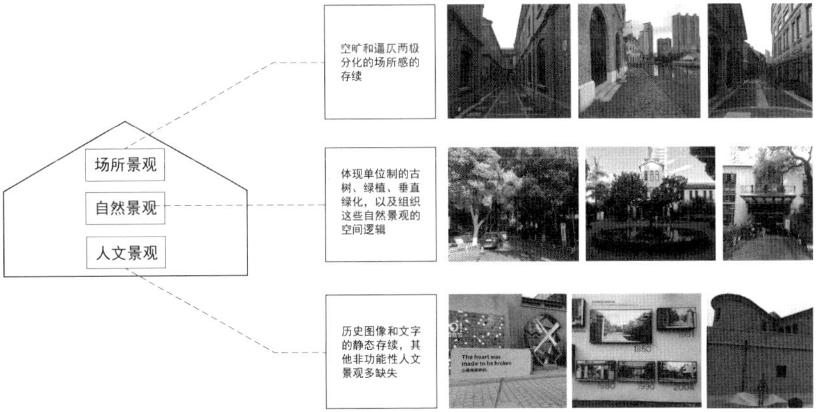

图 6-9
工业景观存续策略举例

好的民国红砖建筑群风貌，借助最宽6米、最窄2米、路截面宽高比5∶2的空间感，并局部退让出口袋广场，配合红砖立面，营造出具有空间稀缺性的场景。然而这仅是20世纪30—40年代受到英美等西方国家工业建筑文化影响的典型工厂形式，并不能代表纱厂百年的变迁历程。而在被拆除的区域，工业场所脉络已被高层住宅和商业彻底取代。

在特殊的“单位”制度影响下，城中厂内留存大量古树、植被等自然景观，其分布组织形式亦能反映制度逻辑。计划经济时代，植被是工厂的“门面”，多是布局在办公区和服务区，在生产区相对稀疏。更新对自然景观亦有诉求。如上海复地·复城国际社区，基本保存了过去的乔灌木和喷泉，重点保留了一条60米长、有近百棵百年树龄的香樟树的林荫大道，作为历史景观印记加以传承。整个项目的绿地率在35.5%，其中既有绿化保护率高达80%。这种保护策略需基于系统性的前期策划，包括实地勘测、记录和公众参与决策，并结合景观设计予以强调。

人文景观类型多样，如历史图像、文字和档案，以及反映工业活动的装备等。由于失去了使用价值，人文景观在更新中多被拆除，或是采用雷同的设计手法，如保留铁轨作为步行引导等，转而倾向加入“去工业化”的雕塑和街道家具来彰显其先进性。如上生·新所尽管是混合功能和开放社区的先行者，然而在工业人文景观的留存上还有待提升。相比保留下来的孙科别墅和哥伦比亚俱乐部，以及新增的旱喷泉等，属于原制药研究所的人文景观要素基本被抹去，譬如制药研发、流水线、搅拌、灌装、净化等设施都已不再，制药的历史已然被遗忘。

（4）工业要素

其他工业要素缺少直接利用的经济价值，同时文化和社会价值在短期内亦难转化为经济价值。因此更新较少考虑保护这些设备机器和非物质要素（图6–10）。

烟囱、水塔、塔吊等高耸的工业构筑物，是城中厂内最易辨别的工业地标物，也多是更新中保留的元素，作为社区的制高点和景观，它们常配以灯光和绿化加以装饰。如上海半岛1919（原国棉八厂），在其保留的30

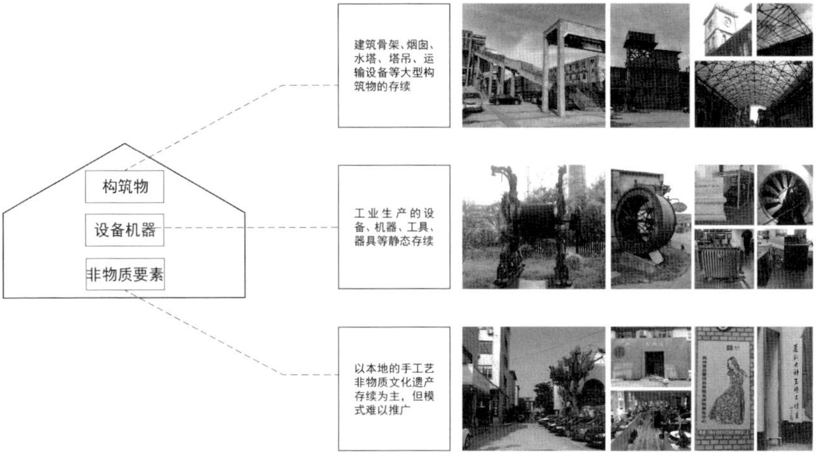

图 6-10
其他工业要素存续策略举例

多栋、7.4 万平方米的工业建筑中，近百米长的倾斜运煤履带以及水塔和钟楼等构筑物尤为醒目。巨大粗糙的混凝土结构凸显出工业的厚重感和历史沧桑，自蕴藻浜驶来的船只远远即可望见，俨然是城市名片。

设备机器作为可移动物件，少量被保存于博物馆中，多数则被废弃拆除。这些缺少直接使用功能的物质对象，并非更新的主要保护目标。较好的保留案例是常州运河五号，一方面将旧机床、纺织和毛机、20 世纪 30 年代生产的印染用固色定型机和挤压式均匀染色机等装备置于户外作永久性展示；另一方面，位于园区内的常州工业历史博物馆收藏了运河五号所在的三堡街工业历史街区内的知名工业物件，如第一代 SJL-180/10 变压器、工业鼓风降温机、毛纺织用篦子等，是为数不多的较完整保留工业设备机器的更新样本。

非物质工业要素更少被关注。长三角地区是手工业繁荣之地，常州的梳篦、留青竹刻，无锡的惠山泥人，苏州的版画，杭州的剪刀、扇子和伞等非物质文化遗产，直至今日仍颇受欢迎。然而通观 30 处更新样本，保留“非遗”要素的仅有桃花坞街区。这里是苏州著名的木版年画发源地，并诞生了宫灯、折扇、雕刻、蜡签、锡器等手工艺（田君，2009）。域内亦混杂了一些工厂，如 1956 年建立的新光丝织厂和 1975 年的长城电器电扇厂被改造为桃花坞创意园。整个街区更新在扶持本地艺术家传承手工艺的同时延长了产业链，使其更适应现代生产、销售、设计和美学需求，为“非遗”再生和城中厂社区化更新找到了结合点。

（5）设计方法

飞地型城中厂多是保留工业建筑和场地等空间实体，对立面、景观和其他要素的改动较大。如上海的嘉善老市，一方面保留了厂房平整的立面形制和蜿蜒的室外通道，将北侧广场和内院保留作为公共空间；另一方面则以暖黄色刷毛涂料饰面，外挂斜置阳台，屋顶上设“天空菜园”（卢颖宏，2018），赋予冷冰冰的工业空间以人情味。其他物质和非物质要素基本没有保留，仅能通过口述从周边居民处获取零碎信息。

群落型城中厂主要做重点区域的整体保留修缮，同时拆除重建工厂其余部分。如无锡庆丰纱厂更新，保留了12栋红砖仓库、2个口袋广场、二纵九横的“微巷系统”、小青砖路面、路灯窗钩等小构件，以及少量植被组成的狭长滨水地带，占原厂区用地面积约1/5。与之形成对比的，则是南侧拆除后重建的高层住宅楼和商办综合建筑。

聚落型城中厂的工业遗产保护相对系统化，工业建筑、场所、景观和其他细节要素多有留存。如常州运河五号，保留的要素包括建筑形制和立面、场地、水塔和烟囱、管线和围墙、机器设备等元素，甚至略显斑驳的建筑墙面。地面铺设遵循历史上的生产逻辑，东西两处花园则反映工业时代的审美情趣，从而呈现出相对完整真实的城中厂原貌。

系统型城中厂多采用分区的方法保留工业遗产。如在上海文定路街区，冷拉型钢厂（文定生活）和雨衣厂（画家街）的保护相对完整：前者保留了厂房的多跨钢排架结构、起伏的山墙面和开敞的纵墙面；后者则延续了平整的工业立面和水平长窗，并用一个小展厅阐述了工厂历史。与之相比，街区内其他厂房和仓库或被拆除重建，或以石材、面砖或涂料等重新装饰立面，加之场地多作为停车场并设置绿化隔离带，工业历史风貌已难以辨识。（表6–3）

表 6-3　不同类型城中厂的工业遗产存续策略

类型／特征	飞地型城中厂	群落型城中厂	聚落型城中厂	系统型城中厂
样本	上海嘉善老市	无锡庆丰文化园区	常州运河五号	上海文定路街区
设计方法	保留建筑形式和重要工业场所，较少考虑工业景观和其他要素	保留重要建筑并大量拆除，较少考虑景观、场所和其他要素	保留绝大多数厂房和工业场所，及重点工业景观和其他要素	厂房质量良莠不齐，各类工业要素的拆留多以片区加以划分
保护图示	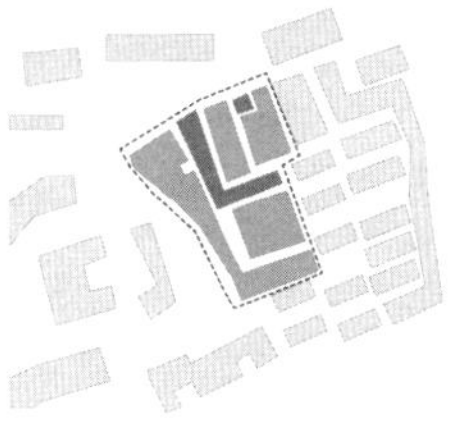	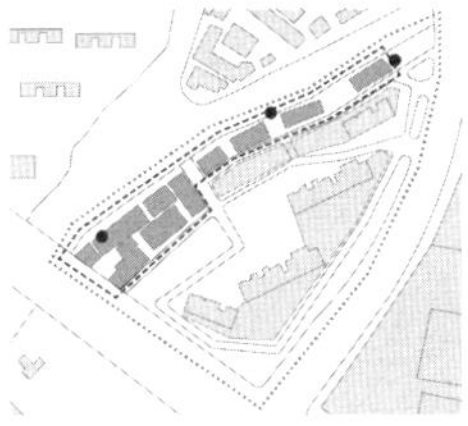	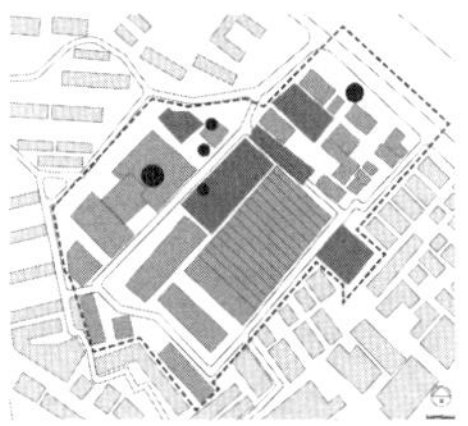	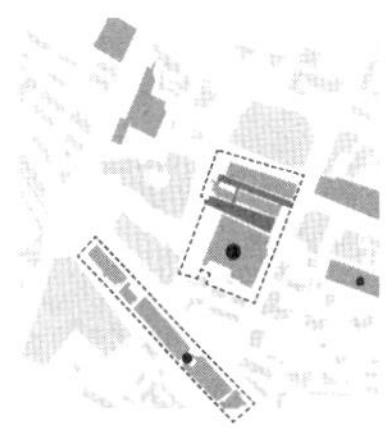

注：灰色为保留建筑，中灰为保留场地，深灰点为保留景观和其他要素。

6.3.4　既有空间开发

城中厂社区化更新中的空间开发是两极分化的。非正式更新样本极少改变建筑轮廓和空间容量，再开发式更新中则出现容积率和建筑密度的“突变”。“要么不变，要么大变”的空间开发特征，迫使更新在保护和利用之间做“单项选择”。

（1）容积率

容积率是反映更新诉求最直接的空间指标。研究样本可以分为 3 类：高容积率（2.0 以上）、中容积率（1.0~2.0）、低容积率（1.0 以下）（表 6–4）。

高容积率多采用新建、围建和加建等设计手法。由于多数城中厂的原容积率小于 1.0，需要新增建筑以有效提高容积率。多数此类更新中，保留的少量工业建筑同拆除新建的高层建筑被分为两个独立的区域。如无锡天元坊、梧桐水岸和运河外滩，容积率分别为 2.49、2.60 和 2.50。上海怡和打包厂和中国银行仓库地块被更新为苏河湾商住综合体，老厂房采用顶部

表 6-4　不同容积率导向下的城中厂空间形态变化

代表案例	更新前	更新后
高容积率 上海 华侨城 苏河湾	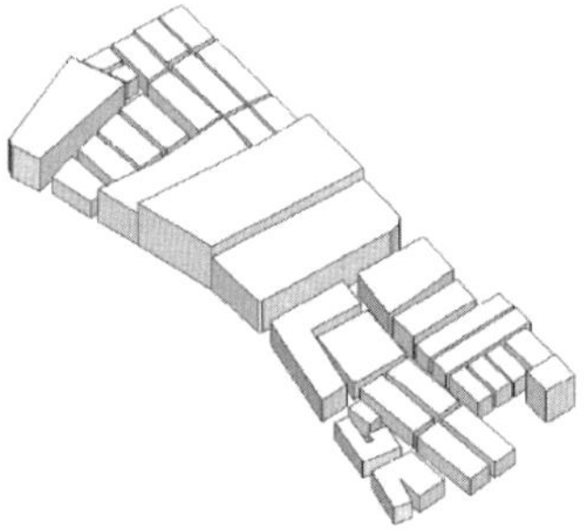	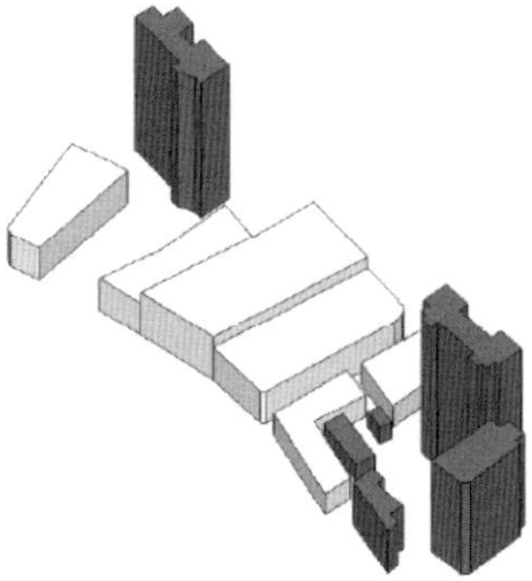
中容积率 上海 上生·新所	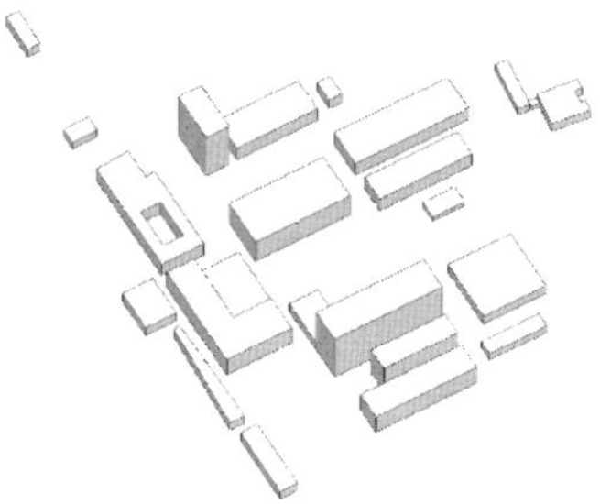	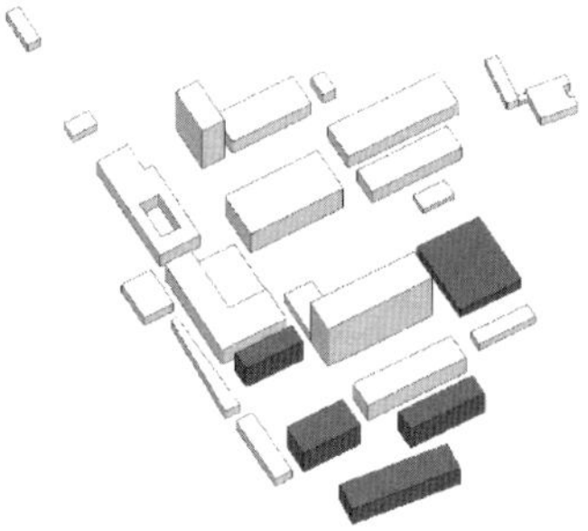
低容积率 杭州 Loft49	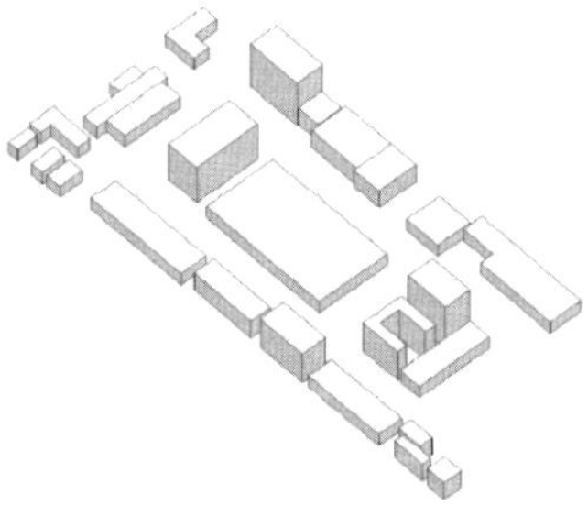	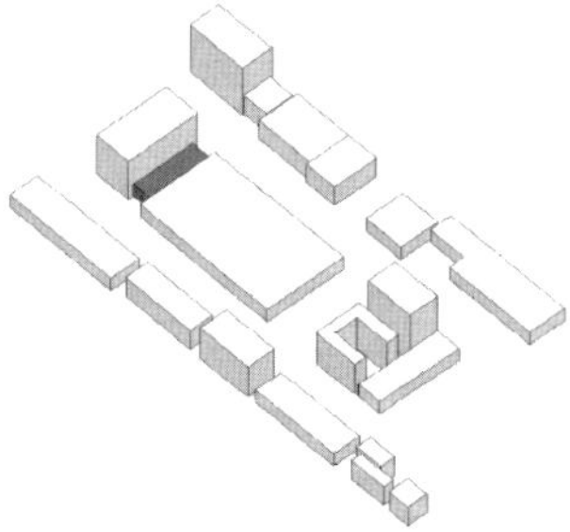

注：浅色体块为保留建筑，灰色体块为新建建筑。

加建和侧向贴建的手法，新的百米住宅围合在其周边，总建筑面积超过40万平方米，容积率高达6.0以上。

中容积率的设计手法以翻新、贴建或内部植入为主。一些容积率较高的城中厂，如上海嘉善老市（1.45）、众鑫白领公寓（1.97）和苏州金谷里（1.71），仅需翻新既有多层厂房即可再利用；而针对那些建筑数量较多、占地较大的城中厂，有选择地采取新建、贴建、插建、联建和翻新等手法具有必要性。如上海中成智谷，更新将其容积率从约0.8提升至2.0，保留的建筑多位于中心区和入口处，新建高层建筑则分布在厂区边缘地带，对整体工业风貌的影响较小，亦是试图在风貌保护和开发利益之间寻找平衡。

低容积率的设计手法主要是翻新，这也是最常见的模式，如苏州姑苏69阁（0.89）、常州运河五号（0.88）、国光1937（0.86）、杭州Loft49（0.73）等。受“三个不变”或类似政策影响，不能改变建筑结构和用地指标，更新因而仅能在局部零星构筑一些临时建筑，或利用诸如集装箱改造等方式增加实际使用面积。有意思的是，这些更新案例的容积率多在0.7~1.0之间，在大中型城中厂中相对偏高，侧面验证了城市对较高开发强度的需求。

（2）建筑密度

老旧工厂的建筑密度较高，新建商业其次，新建住宅再低，三者之间差异较大。因此新建越多，建筑密度越低，从而提出3类更新模式：高密度（40%以上）、中密度（30%~40%）、低密度（30%以下）（表6-5）。

高密度多是采用非正式更新，沿用既有厂区格局，建筑密度多保持在40%以上。如桃花坞（40.78%）、运河五号（53.81%）、米码头（48.73%）、杭丝联（57.50%）等。这些城中厂以主车间为中心，各类厂房环绕周边并由一条环路串联，形成一个“单元”。稍大的厂区拥有多个“单元”，如嘉兴冶金机械厂，被分为南、中、北3个“单元”，其中20世纪50—60年代建设的中部片区，建筑密度高达58.91%。由于高密度开发对采光、通风和消防提出了挑战，因而此类更新多以文旅商办等功能为主，鲜有住宅、幼儿园、学校或养老建筑等。

表 6-5　不同建筑密度导向下的城中厂空间形态变化

案例名	更新前	更新后
高密度 常州 运河五号		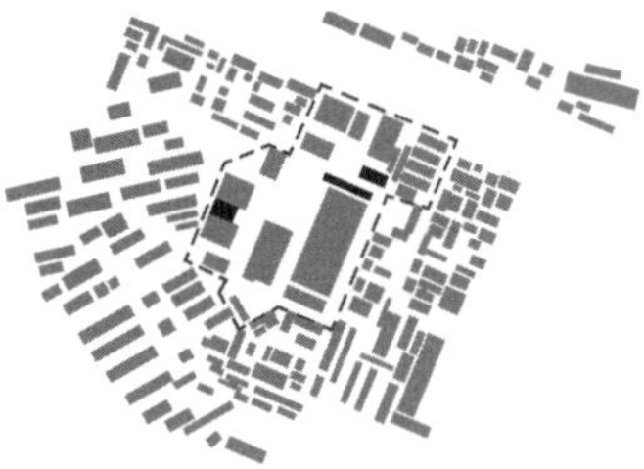
中密度 上海 文定路街区	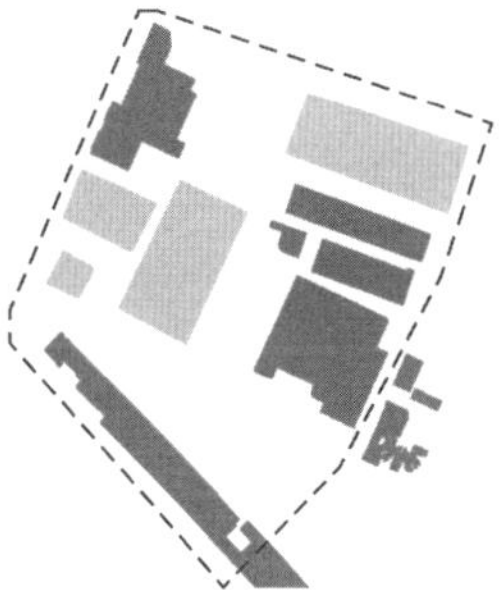	
低密度 无锡 运河外滩	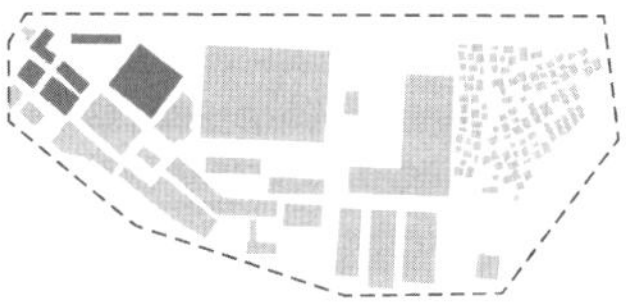	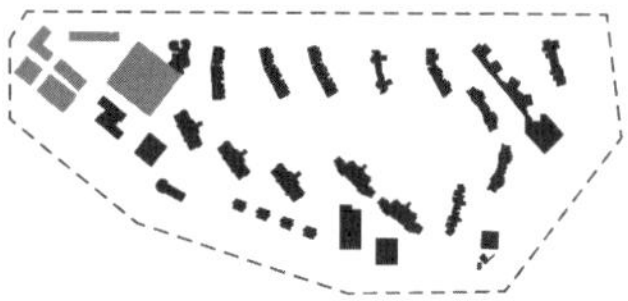

注：浅灰为拆除建筑，中灰为保留建筑，深灰为新建建筑。

中密度包括存量式更新和部分非正式更新样本。前者的典型案例是中成智谷，保留了中部及西、南侧的大型厂房和仓库，是核心活动区和工业遗产集中区。同时拆除东南角突出部分和北侧入口的数栋厂房，新建高层办公和公寓楼，将建筑密度从42%调整到约34.45%。后者如嘉善老市（38.71%）和众鑫白领公寓（37.23%），都是中小型纺织业建筑群，更新并未新建任何永久性建筑，建筑密度并无变化。

低密度样本多是再开发式更新。保留少量低层高密厂房，拆除并新建高层低密度建筑。如上海复地·复城国际（27.64%），无锡梧桐水岸（23.04%）、天元坊（24.79%）及运河外滩（19.33%），同常见地产开发项目无异。在更大规模的更新中，不同用地之间建筑密度会出现较大差异。如杭州城市之星，保留了厂房的文旅地块建筑密度高达40%，而周边居住地块则在20%左右。尽管霍尔事务所在规划中提出了多层中密度围合式住宅社区，以及细分用地、加密路网的方案，但最终建成的仍是传统低层高密度的行列式住宅。

（3）设计手法

空间开发的设计手法，受到政策法规和土地经济的制约，同城中厂自身关联并不紧密，更多是在强势制约条件下的空间映射，因而呈现的变化特征也没有明显规律。

飞地型城中厂占地小、密度高，和周边建成环境呈犬牙交错的关系，改造设计难度较大，更新多是采用简单翻新的方法。一类是重新划分空间，添设楼梯及增加空调机位等外挂构件；另一类则是在保留工业遗产建筑的同时植入新建筑。如上海复地·复城国际，两栋工业历史建筑居于社区中心偏西，环绕以数栋等高新商业建筑，成为社区核心。在历史建筑构成的“核心”以外，则是12层和21层的办公楼、6~7层的公寓，以及数栋高层住宅。

群落型城中厂多是小规模工业建筑群，其空间和功能均依附于周边社区。改造难度在于平衡保留和新建的关系。一类采取新旧混合的方式，建筑尺度较接近；另一类则将两者分区，建筑尺度迥异。前者以上生·新所为代表，一期工程保留改造了14栋代表性历史建筑，并在原城市肌理基础上新建了 3 栋商办楼；后者如华侨城苏河湾的怡和打包厂改造方案，在 L 形厂房东北侧贴建 1 个球形体量，并于北侧厂房顶部加建 2~4 层新建筑，厂房东侧则新建 U 形超高层住宅楼，高度向水面逐层递减，从而形成丰富的临水界面（Kokai Studio，2013）。

聚落型城中厂多是完整的中型规模工厂，以非正式更新为主，设计手法相对单一。如上海文定路街区的文定生活广场，设计保留冷拉型钢厂约 12 米的单层超高空间，并在其中植建了 6 个“玻璃盒子”，从而将单调的大跨空间切分为层次丰富的商业内街。而紧邻外墙约 20 米的“回”形空间被分隔为 3 层艺术家工作室。常州运河五号则是在两栋多层厂房之间插建一个 20 米 ×25 米的玻璃盒子作为主入口大厅，和两侧厂房共同组成常州市工业历史博物馆。无独有偶，运河五号东北角民宿的数栋厂房，也是通过插建一条玻璃廊道而串联起来的。

系统型城中厂是计划经济时代的重要工厂，其厂房体量大、占地广，且拥有数量可观的工业遗产保护对象。这一类工厂在早期多采用简单翻新，如杭丝联的主车间内部，被分隔成多组文化创意工作室，并通过加层，充分利用 8 米见高的空间。杭州城市之星的方案则运用了联建的设计方法，以空中廊道将厂房串联成一个全天候步行系统。廊道被赋予绿色和玻璃两种特征，前者提供咖啡馆、公共厕所、共享单车停靠站和信息亭等服务功能，后者作为景观和交通空间，能近距离贴近沧桑的厂房外立面。

6.3.5 既有更新设计策略评价

通过系统梳理 30 处城中厂社区化更新样本的设计策略，从最高 5 分到最低 1 分评估以下 10 个指标：工业遗产存续、工业场所的可识别性、功能混合程度、同周边社区的职住平衡、空间开发效率、厂城内外联动、社区开放程度、环境良好程度、开发方的多元化、更新制度是否创新。以更新机制为分类标准，比较 3 类更新样本的设计策略。（图 6–11）

评价结果显示，30 处更新案例于整体层面呈现 4 个特性：一是闭塞性。厂城融合程度偏低，边界封闭程度较高。因此，需要为线状的厂城边界增

图 6-11
30 处城中厂社区化更新案例更新设计策略评价

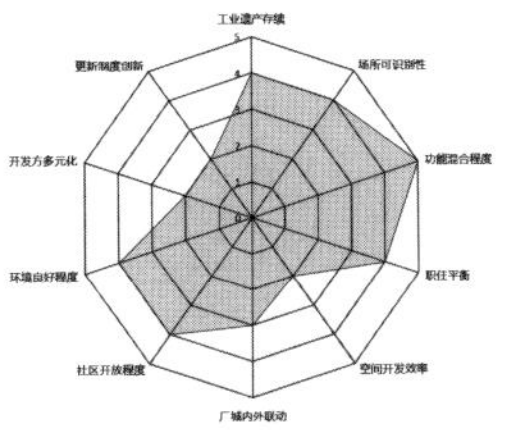

上海嘉善老市

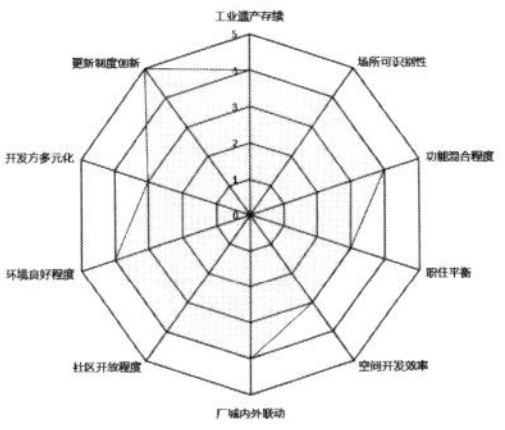

上海上生 · 新所

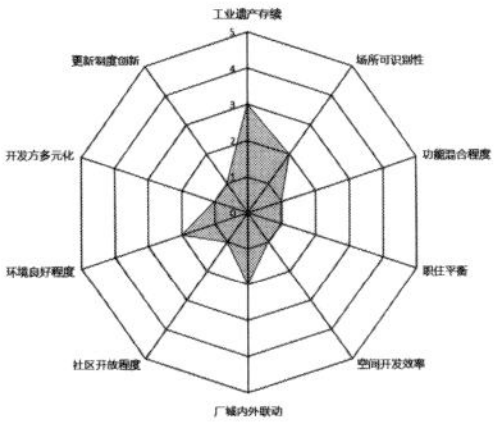

上海众鑫白领公寓

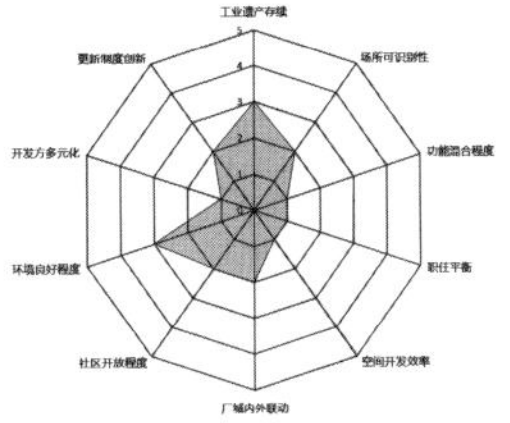

上海瞿溪路公租房

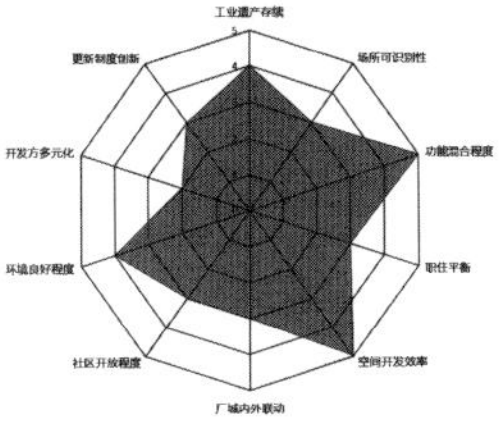

上海华侨城苏河湾

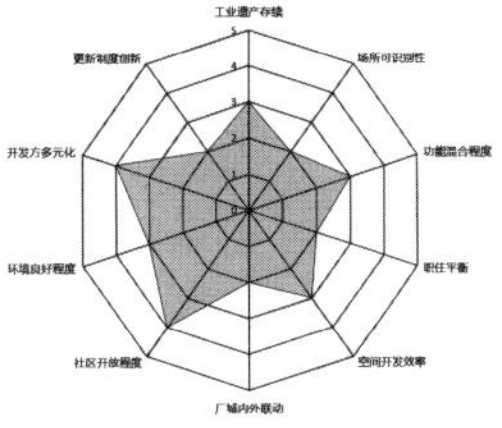

上海文定路街区

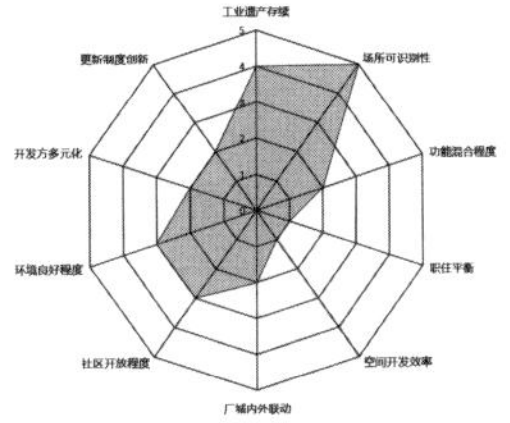

上海半岛 1919

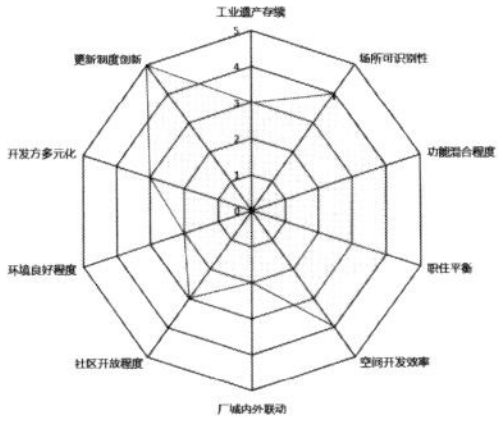

上海中成智谷

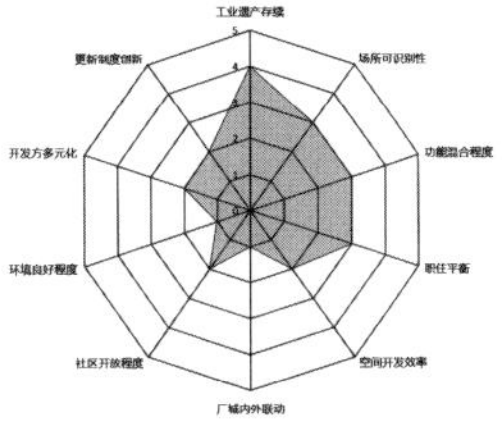

上海昇 PARK

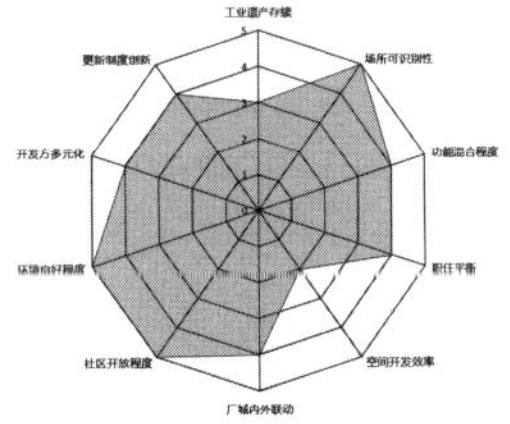

上海田子坊

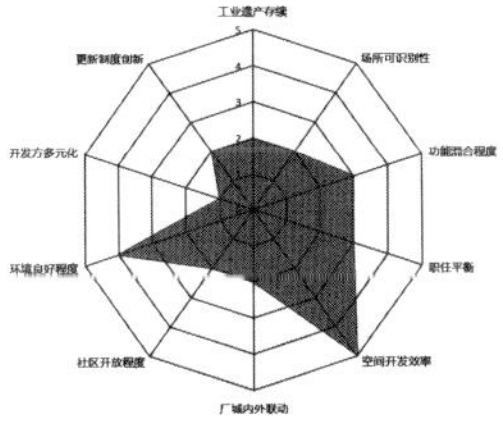

上海复地 · 复城国际

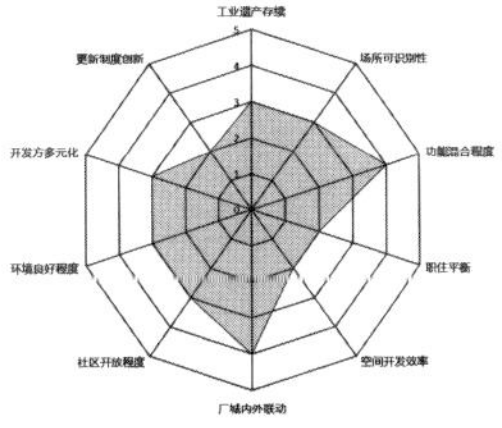

苏州金谷里

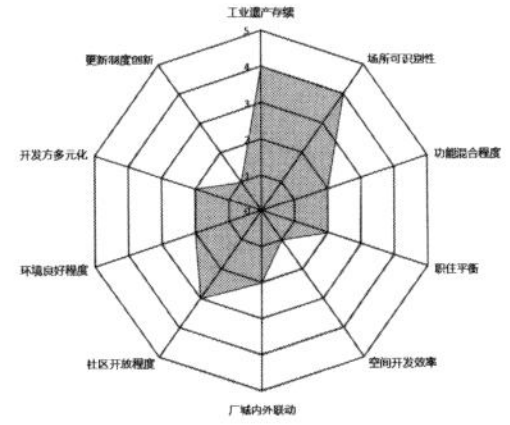

苏州姑苏 69 阁

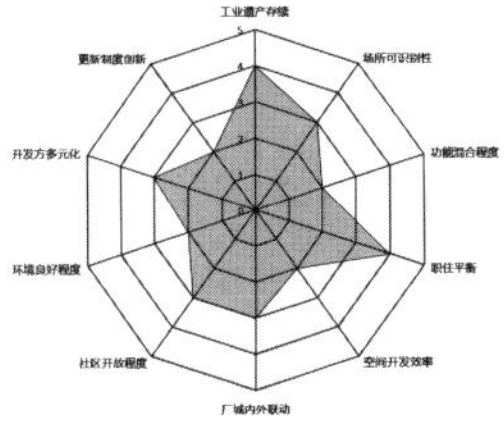

苏州桃花坞街区

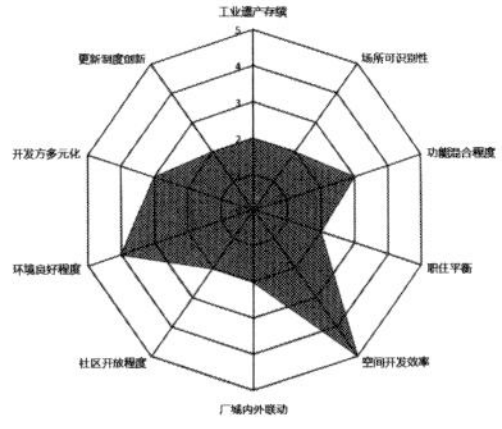

无锡庆丰文化园区

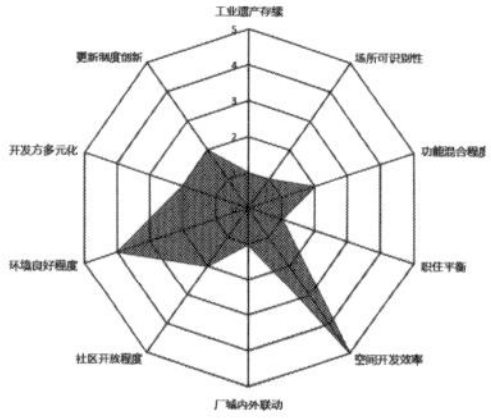

无锡梧桐水岸

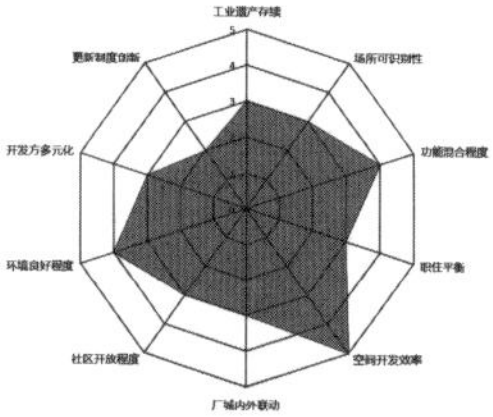

无锡运河外滩

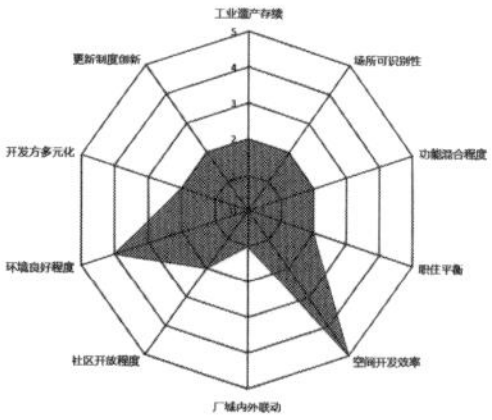

无锡天元坊

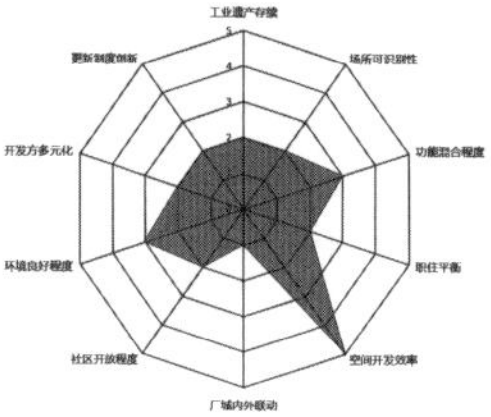

常州弘阳天下锦

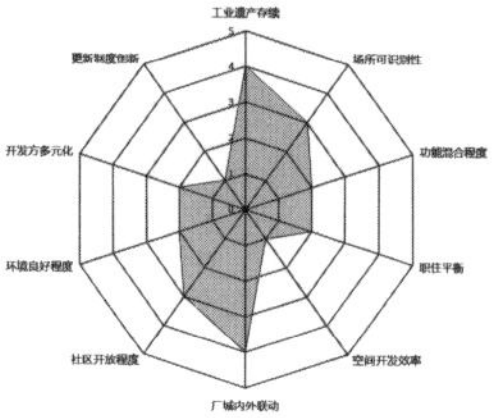

常州国光 1937

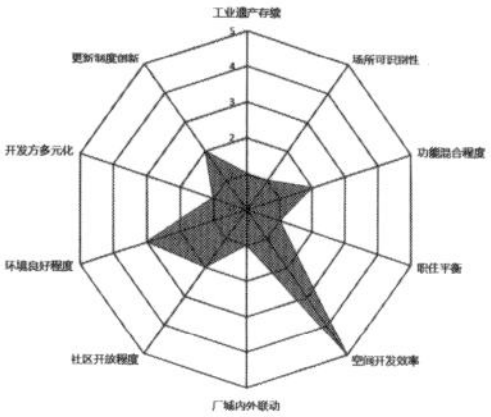

常州求实园

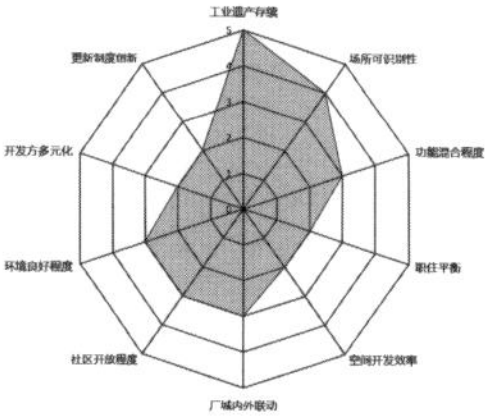

常州运河五号

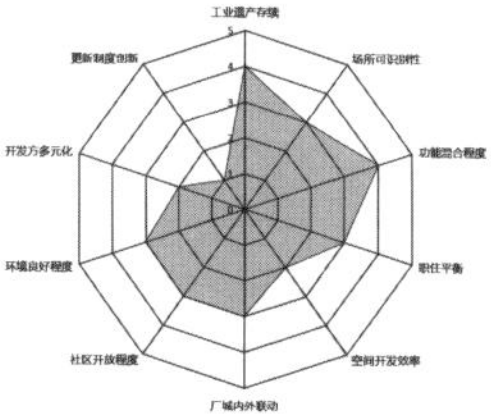

常州米码头创意街区

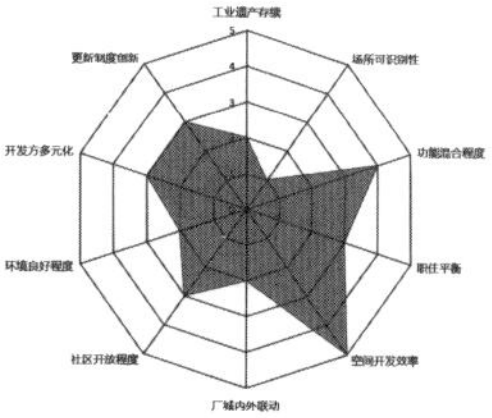

杭州海蓝创智天地

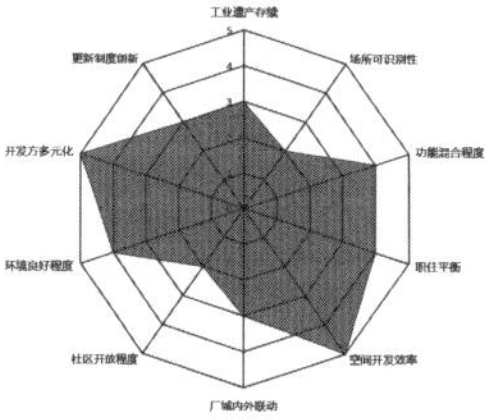

杭州城市之星

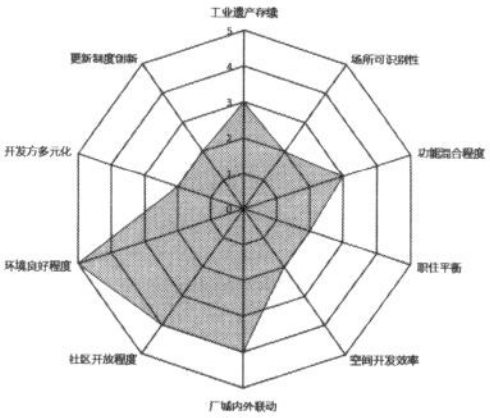

杭州大兜路历史街区

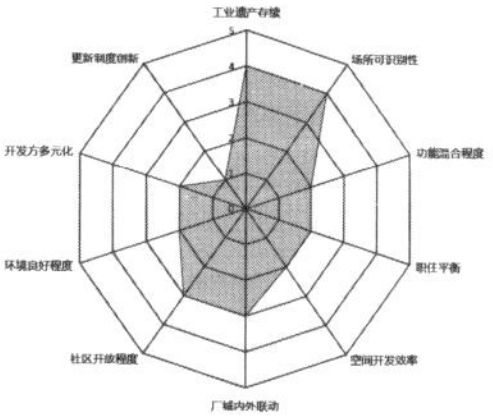

杭州 Loft49

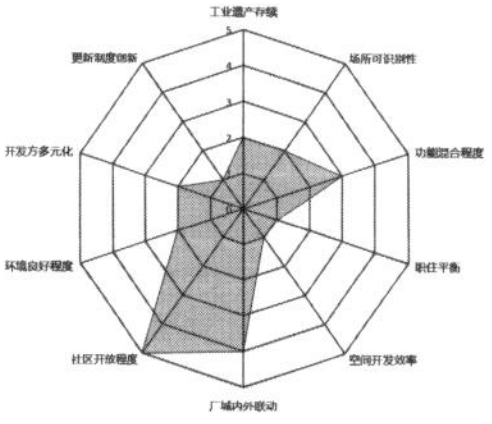

杭州杭丝联

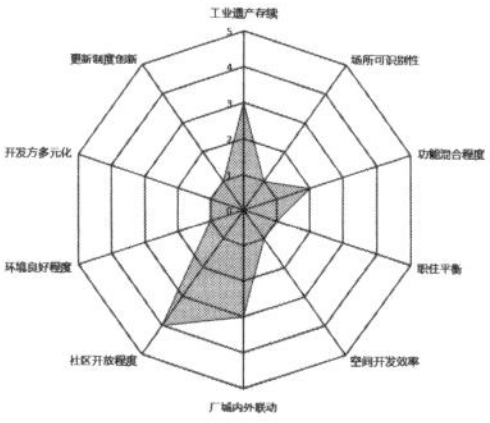

嘉兴冶金厂运动中心等

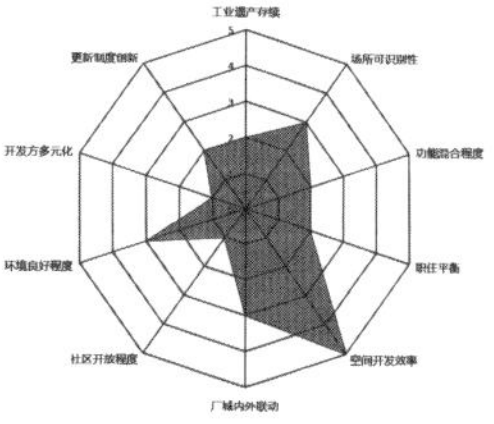

湖州恒大龙溪翡翠

非正式更新　再开发式更新　存量式更新

加纵深，形成宜于停留的公共场所，转负面穿越性空间为社区活力场所。二是单一性。植入的新功能同周边既有功能的兼容程度不高，更多的是集聚了某一类特定功能，如公寓、文创或零售等。因此，功能植入需要同时兼顾周边社区需求，提高混合程度和功能弹性，以适应外部环境的变化。三是单体性。保护工业遗产的聚焦点还集中在重点单体建筑上，系统性不足，对工业场所感及其构成的场地、景观、其他物质和非物质要素的保护有待加强。四是两极分化性。空间和土地利用效率，在高层低密和低层高密之间缺少一个中层中密度的空间类型。

于具体模式而言，非正式更新的样本，在工业建筑和场所可识别性方面有较好表现，尽管这主要归因于“三个不变”的相关政策。但在其他指标方面，非正式更新的结果并不理想，尤其是在既有空间开发利用、更新制度创新等指标上存在明显不足。再开发式更新则与之相反，其优势在于充分开发利用既有空间、优化改善建成环境等，但在保护工业遗产建筑和存续工业场所的可识别性方面相对偏弱。存量式更新的评价结果介于两者之间，在 10 个指标中表现相对均衡。但样本数量较少，是否具备普及价值还有待验证。

6.4 城中厂社区化更新的典型案例

6.4.1 上海瞿溪路公租房

瞿溪路原名瞿真人路，始建于 1914 年，百年来一直是南上海地区重要的工业集聚区——江南制造总局的边缘地带，拥有数量庞大的中小型工厂，同里弄、工人新村混杂而立。20 世纪 80 年代建设的豆制品厂即位于这类街坊中：其北侧和西侧均为 6 层工人住房，南侧是斯米克商业广场，东侧则是江南造船大厦，整个街坊居于内环高架路和南北高架路交叉口的西北角。豆制品厂占地约 0.28 公顷，共计 2 栋建筑——约 6500 平方米的 U 字形多层主车间和 100 平方米的单层杂物间，是上海典型的弄堂工厂。（图 6-12）

瞿溪路公租房是“非正式更新”的长租公寓，改造于 2011 年，定位为

图 6-12
上海瞿溪路豆制品厂改造的公租房，2019.05

公共租赁住房，主要服务在黄浦区工作的“新上海人”。厂区仅能通过一条南北向支路同城市道路串联，东南两面均以围墙同其他地块相邻，北侧则是一条连接前述支路的消防通道和围墙。更新中，西侧边界被塑造成住房主界面，同周边住宅共享支路通道。保留原厂区大门的同时，于建筑首层挖出 4 米 × 4 米的架空消防通道，从西侧和北侧分别进入内院。由于建筑面积不大，周边商业和社区配套齐备，因而改造后的豆制品厂，仅首层留有物业和储藏用房，其他均为住宅。

原豆制品厂主车间的平面为 U 字形，西、北、东三边进深分别为 12 米、10 米和 19 米，其中北翼 1~2 层往外再突出 4 米。因此住宅布局采用单廊和中廊混合的方式，套型选用面宽 4~6 米、进深 7~10 米、套内面积约 35 平方米的“筒子间”，朝向内院的住宅局部界面挖采光槽，3 部疏散楼梯亦围绕内院组织（图 6–13）。为了东南侧住宅的疏散，于南侧架接空中半开放连廊，如今则成为晾晒衣服的场所。套内空间大致分为 4 部分：厨房、

图 6-13
上海瞿溪路公租房标准层平面图

卫浴、阳台和 1~2 间卧室，并根据卧室数量决定租住人数。部分内向的厨房和卫浴仅能朝走廊开窗。整栋厂房除却阳台和连廊外并无新增建筑空间。

豆制品厂的遗产价值并不高，因而对建筑的改造力度是可见的：立面根据功能需求适度增加开窗，局部增加了外挑阳台、落地窗和空中连廊，立面上增设了空调机位、煤气和电气管线以及水平装饰线脚，为采光通风在内院转角处挖出采光槽等。但同时，受到规范以及周边环境的约束，豆制品厂同城市的空间关系被保留下来，包括边界、内院、高度、天际线、立面材质以及单一功能（过去是工业，现在是居住）等。2.3 的容积率和 48.57% 的建筑密度仅因连廊和采光槽略有微调，是“融”于成熟居住社区内的城中厂。

6.4.2 无锡运河外滩

无锡运河外滩的前身是著名的荣氏家族 1948 年建设的开源机器厂，后更名为无锡机床厂，是荣德生为了摆脱洋行进口机械、制造生产纺织品和面粉所用机器的母机的一次尝试，最早可以追溯到其 1919 年在公益工商中学创办的金工实习工场。机器厂根据国外图纸施工，最初占地约 2.7 公顷，集中在京杭大运河梁溪河口以西，包括铸工场、发电间和食堂等，后规模拓展至约 10 公顷的独立街坊，拥有近 1 千米的滨水岸线。2003 年，机床厂被列入无锡市工业遗产名录，2008 年起开始更新开发，保留了 1/3 的工业建筑和场地，其他拆除新建为住宅区，2018 年起开始二期开发，重点塑造滨水公共功能区。

运河外滩是再开发式的更新，其中保留和拆除用地的比例约为 1∶2，构建出一个住宅容积率 2.5，总容积率 1.6，建筑密度 19.33% 的居住社区。

图 6-14
无锡开源机器厂改造的运河外滩，
2018.11

根据规划方案，10 栋历史保护建筑和 4 栋新建筑连成一条沿大运河的公共廊道，并在河口处形成一个历史建筑组团，作为住宅开发的配套功能（图 6–14）。公共廊道向城市开放，在南侧，拆除了一组 L 形的厂房群，从而于湖滨路一侧让渡出一片广场。穿孔金属板模仿的“太湖石”艺术装置，从室内延展到室外，塑造出后现代的流动场所感。公共廊道被植入商业餐饮和文化展示等功能，增强了滨水区的人流带动效应，避免“公园化”，而住宅区同城市之间仍保留围墙。

功能上，南侧的历史建筑组团中，原技术中心被改造成生肖和交通博物馆，计量楼转型为刺绣、泥塑、竹刻 3 个国家级非物质文化遗产艺术馆、档案学会和旅游协会办公场所。次要车间转型为设计公司聚集区，厂部办公转型为社区零售，而 78 米 ×78 米的主车间则转变为艺术、休闲、娱乐和餐饮综合体，同艺术中心构成社区活动之核，为本地居民提供亲子、幼教、休闲等多种功能。机床厂在无锡乃至中国机床史上占有重要地位，工业遗

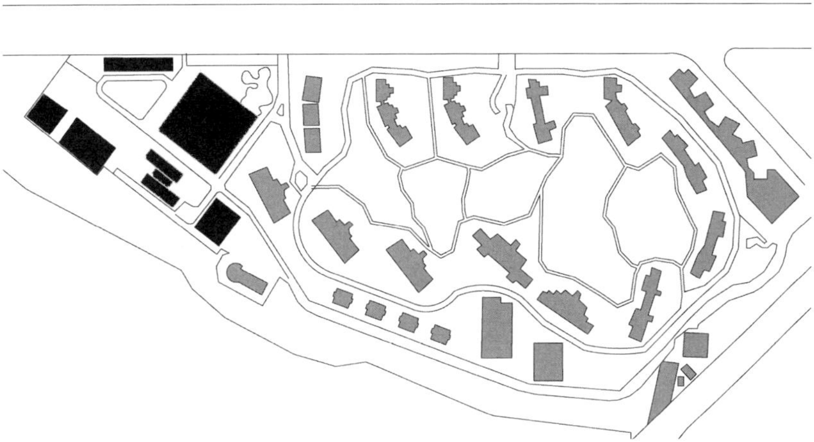

图 6-15
无锡运河外滩总平面图
及主车间平面图

产的系统性保护尤为重要。历史建筑的立面形制和结构体系基本延续下来，并根据单层排架厂房和多层框架厂房的空间特色重新利用。保留“三纵两横”、密度达到 23.6km/km^2 的路网骨架作为人车混行道路，以绿化和不同材质的铺地予以区分。此外，结合高耸的烟囱、斑驳的标语、诠释历史的铭牌和略显暗沉的红砖立面，营造出一种精细整修的、低层高密度的工业美感，同高层低密的住宅区形成鲜明对比。（图 6–15）

6.4.3 杭州大兜路街区

大兜路街区位于杭州拱墅区南部，是工业和民居混合的历史街区，保留着香积寺（曾改造为运输设备厂）、国家厂丝储备仓库和杭州工业气体仓库，以及东北角以外的土畜产进出口仓库，多数建于 20 世纪 50 年代。在计划经济时代，这里扮演了浙北战略物资储备区的重要角色，如今则被纳入市级工业遗产保护名录。这里也是宋代以来杭州北部的贸易仓储中心，由一条 1100 米长、5 米宽的大兜路自南向北串联起来，周边街巷密布，商铺仓库众多。21 世纪初，工业陆续外迁，至 2008 年起开始保护更新。整个街区南北长 770 米，东西宽 150 米，占地 9.5 公顷，总建筑面积约 5 万平方米。

大兜路街区以东，是同期规划开发的住宅区。但不同于无锡运河外滩，街区还兼具城市旅游目的地的重要角色，因此是偏改造的再开发式更新。工业区和住宅区在空间边界上既独立又开放，丽水路为三车道，靠历史街区一侧的界面以密植绿植为主，有 10 余条巷道可供穿行。靠东侧住宅区一侧，通过 3 处垂直支路将地块切分成 200~300 米不等的街区，便于人流跨越道路。街区西边界则紧临京杭大运河，被拓展为一条 15~25 米宽不等的景观绿带，既是可进入漫步的城市公共空间，也将静谧水岸同繁闹的历史街区略加分隔，形成“一动一静”两条廊道。南侧则借用香积寺广场作为人流集中和疏散的主入口。

部分工业遗产建筑得到较好的保护和再利用，在空间和功能上同其他历史建筑相得益彰。厂丝储备仓库的主体被改造成精品酒店，青砖黛瓦的立面形制或替换为金属黑框落地玻璃，或改做错缝空心砖立面，配以饱和度偏低的大门、店招和灯光设计，在材质和色彩上融合度较高。4 栋仓库建筑中插入了 1 个钢结构狭长排架玻璃顶构筑物，作为空间上的连接体，但做旧的手法较难辨识其存在的时间长短，稍远的土畜产仓库则在顶部加建了一个通透的 4 层建筑。重建的香积寺回归最初的宗教功能和空间形制，同时把曾经的工业建筑全部拆除。历史街区内的场地尺度、道路截面和路网骨架被完好地保留，预留的通道随地形起伏，结合沿路的咖啡、茶室等轻餐饮，尤其方便东侧居民进入。更新统筹考虑了历史街区同东侧开发居住用地的综合经济效益：在历史街区内，容积率和建筑密度仅作少量调整（集中在香积寺附近），而东侧则做了常规高层低密度的住宅开发。（图 6–16）

6.4.4 上海中成智谷

中成智谷是上海宝山区南端吴淞工业片区内的成套设备进出口（上海储运）分公司仓库，始建于 1959 年，见证了共和国对外经济援助的辉煌，并因更早在 1876 年铺设而过的一段 1 千米长的淞沪铁路而更为闻名。这些彰显仓储产业时代印记的连续半圆形拱顶和红色砖墙，以及大片曾经的卸货场地，在更新中面临去留抉择。随着中心城区内的创意产业园式更新日

图 6-16
杭州大兜路街区仓库改造的酒店，2019.11

渐普及，2014 年起，占地 10.39 公顷的仓库建筑群和空地开始被改造和新建，转型为园区、景区、街区和社区融合的“中成智谷”，28 栋新旧建筑的面积高达 21 万平方米。

中成智谷的最大特色在于新与旧的深度融合，是兼顾改造和开发的重要尝试。一方面，更新保留了核心区的 4 栋主要仓库建筑，这些单层面积高达 3800~10100 平方米不等的多跨排架厂房转型为创意办公和文化展示功能，局部以轻钢结构进行加层以获取更多使用面积；另一方面，更新也拆除了部分厂房，并建设了包括 4 栋行列式高层在内的 10 余万平方米新建筑，从而形成外部拆除新建、内核保护改造的空间格局，亦将整体容积率从约 0.8 提升至 2.0，建筑密度从 42% 下降到约 34.45%。

中成智谷面临巨大的可达性挑战，而封闭的边界对功能植入提出了更高的要求。厂区的东侧是城市快速路的军工路和长江路隧道，西、南、北三侧均是 5~6 层的成片工人新村，同厂区以围墙相隔。整个厂区的主入口位于东北角长江路近军工路口，既不便捷，也不醒目。这种低可达性要求更具吸引力的功能植入，传统文化展示和消费功能可行性较低。更新聚焦在科技创新、文化创意、智力创业的“三创”企业，并保留了在发展中不断更替业态的可能性，在早年的婚庆、设计、秀场等文创产业基础上，近年来植入了更多电子竞技、社区体育、儿童艺术培训等新业态。值得强调的是，中成智谷新建的 4 栋高层建筑，包括 2 栋办公、1 栋酒店和 1 栋公寓，并面向 80、90 后为主的员工社群提供餐厅、便利店等，营造出一个兼容本地职住的社区功能生态系统。

工业遗产保护呈现出了系统性和真实性，而非完整性：保留的包括红砖厂房、路网骨架、老火车和铁轨、设备机器，以及高低错落的绿丘景观和毛石铺地等，系统真实地再现工业时代的场所感。尤其是红砖厂房，除了立面开窗局部放大外鲜有明显改动。然而被拆除的工业建筑数量也是可观的，这其中包括东南、东北的两栋大型厂房和十余栋配套工业建筑。同时，低矮的新建筑多选择无线脚的混凝土立面，如“成美术馆”，高耸的塔楼则在立面上呈现同老厂房更显著的差异。（图 6–17）

图 6-17
上海中成智谷的工业遗址厂房及铁轨线路改造设计，2019.11

6.4.5 常州运河五号

常州的城中厂多聚集在京杭大运河沿岸，其中就包括常州第五毛纺厂。其始建于20世纪30年代初，最早是三位木材商人在此开厂生产白细布和斜纹布，后由布料商人毛锡章接手更名为“恒源畅染织股份有限公司”，以生产“童鹰”牌纺织品享誉全国。工厂在1966年更名为常州第五棉织厂，1980年再度更名为第五毛纺厂。工厂在20世纪90年代逐渐衰落，并在2008年被改造成常州第一个创意产业园“运河五号”（图6–18）。在10余年的发展历程中，初步实现从“园区化”向“社区化”的转型。

运河五号，位于京杭大运河南岸的三堡街114号，总占地面积3.63公顷。厂区内散布着自20世纪30年代到80年代的数十栋工业建筑和构筑物，总建筑面积约32 000平方米，其中既包括沿街的江南民居，也有极具棉纺织产业特色的联排锯齿形厂房和多层厂房。厂区东南两侧均被2~3层的居民自建房包围，西侧同一片工人住宅区隔路相望，北侧则是大运河。三堡街位于西仓桥和中吴大桥下，可达性较差。

运河五号是常州城中厂转型的先驱，并坚持以工业遗产保护为前提。

图6-18
常州市运河五号创意街区，2016.08

街区沿用既有道路肌理，保留厂区空间结构，延续历史文脉，表达怀旧情怀。对既有建筑的改造，尽可能保留了过去的立面形式和材质，以修缮为主，饰以裸露的机器设备和工业管线，营造朴实粗犷的工业美学风格。高耸的烟囱和水塔，也扮演着街区地标物的角色，营造社区身份。运河五号同时保留了大量非物质工业遗产，包括历史上的优质产品、工艺流程、数据记录、企业档案等，多数保存在常州工业历史博物馆中，反映了常州棉纺织业的百年兴衰，具有重要的科技价值和历史价值。运河五号，是常州乃至长三角地区为数不多的系统性保留工业遗产的案例。

同时，运河五号在政策许可范围内，对空间利用略作调整（图 6-19）：如在作为常州工业历史博物馆和工商档案博览中心的 7 号楼，和作为设计

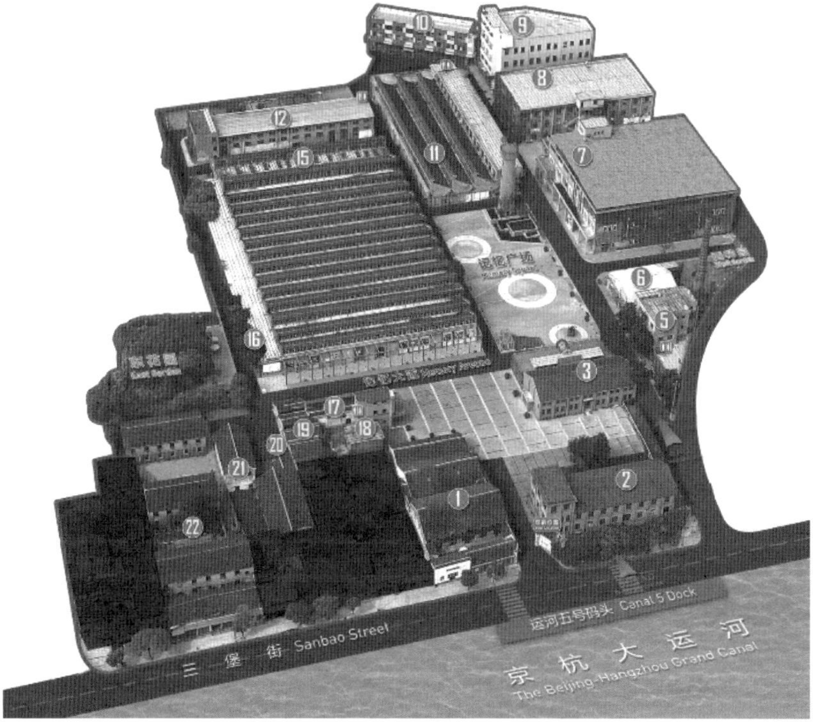

图 6-19
运河五号创意街区空间和功能分布（2016 年），
运河五号创意街区提供

工作室及餐厅的8号楼之间搭建了玻璃“盒子”，在11号、15号和16号三栋主车间之间，以及21号和22号民居建筑之间架设连廊，同时对部分超高厂房作加层设计，增加了建筑使用的空间效率。此外，运河五号的记忆广场和记忆大道作为公共空间向社区开放，是为周边居民的休闲场所。

然而，遵循“创意产业园式”更新的运河五号，在转型过程中面临挑战，其中又以功能定位最为紧迫。其虽以艺术家工作室、博物馆、剧院和餐饮酒吧为主要功能载体，但既未建立一个优势产业，也没能同周边社区形成共生。作为长三角地区的“准二线”城市，常州的文化创意产业的生产消费能级均是有限的。同时周边城区以居住及其配套设施为主，缺乏产业外溢的空间载体。此外，交通可达性较低、厂区边界封闭等因素，也阻碍了文化创意产业的发展。这些因素对运河五号的可持续发展形成冲击。这也催生了自2016年以来的以社区为导向的二次更新。

社区化更新策略大致分为三个方面：①增加面向本地的功能。将原青年驿站（酒店）转型为周边工作的青年白领提供住所的长租公寓，并配备了食堂、洗衣房、咖啡厅以及休闲会客区和创客空间。同时，部分展示空间被社区商业功能替换，如餐饮、茶馆、咖啡馆、理发店、便利店等，沿三堡街尤为显著，这进一步激发了周边居民改造自家民房的积极性；②注重参与性活动。运营方组织了一系列面向年轻社群和儿童的文化活动，将乱针绣、插花、绘画、书法等常州本地居民热爱的文化艺术传播给年轻一代，同时吸了大量有同样爱好的游客。这些人群同愈加小型化的零售企业互动更加频繁，运营机构则通过持续组织小型文化活动来强化本地社会网络，这同过去以大型展览为主的活动迥然不同。③建立工业遗产认同。通过厂城之间的行为互动、功能联动，以及基于线上线下的工业遗产价值传播，逐步建立起以工业遗产为载体的地方认同，进而推动工业遗产、京杭大运河和三堡街历史街区串联成地方认同的载体系统，这一身份认同因居民参与活动和因文化活动产生的收益得以增强。

6.5 本章小结

城中厂的社区化更新，已然成为长三角地区城市更新的重要方向之一，并在城市内向式发展中扮演愈加重要的角色。其历史演化脉络和现状特征，呈现出更为关注厂城联系、工业遗产的保护、功能复合以及存量空间的再利用等正向趋势。然而，社区化更新的机制路径还相对单一，在政策和技术方面尚存在较大的提升空间，具体可在以下4个方面予以改进：

（1）消弭厂城边界隔离。现有更新多数仍采用门禁式管理，居住、商办和文化配套功能之间相互隔离，公共空间较为内向化。因此，应采用开放社区模式，进一步拆除围墙、消弭隔阂，让公共空间和公共活动出现在过去的厂城边界上，提升使用的便捷性、空间的互通性和功能的融合性。通过利益共享的方式，消弭因产权边界导致的空间分化。

（2）强调功能结构平衡。现有更新多是将厂房改造成餐饮、健身、培训或办公等功能，以赚取工业和商业的级差地租。利润导向的选择思路，导致缺少在街区范围内平衡城中厂内部功能和外部功能的战略思维。因此，应以更新催化街区发展为原则，制定街区更新规划方案，功能不仅要多元混合，还需均衡匹配，从而实现优化街区功能结构的更新目标。

（3）延续工业场所感。现有更新多是聚焦那些需要保护的工业历史建筑，但对更大尺度的工业场所感的关注度还有待提高，应更加关注在长期生产逻辑下演化出的工业场所感，包括空间关系、场地和建筑尺度、材质和肌理、工业景观、物质和非物质要素等，新建筑可以介入，但需尊重并融入既有场所。通过系统化的工业场所的可识别性，在城中厂社区中建立身份认同。

（4）提升空间利用效率。现有更新或是维持低层高密度的空间形制，仅修缮少量建筑；或是大拆大建，仅在局部保留少量历史保护建筑。有必要探索一条介于保留和效率之间的平衡之路，适当提升容积率，调整建筑密度，同时尽可能沿用既有道路、场地和景观空间，采用顶部加建、侧向贴建等设计手法，营造中层中密度的城中厂社区空间，提供一个可推广、可复制的更新路径。

7 厂城共生 构建城中厂社区化更新设计策略体系

本章基于“厂城共生”的更新理念，构建长三角地区城中厂社区化更新的设计策略体系：提出厂城边界缝合、社区功能植入、工业遗产存续、既有空间开发4个维度的113条设计策略细则，划出适用范围，明确应用方法，并对更新制度调整和风险控制评估提出建议。最终借助4个案例来呈现更新设计策略体系的应用。

7.1 策略体系的建构

7.1.1 更新的12条原则

长三角地区的城中厂具有量大面广、类型多样、历史悠久、轻工为多、区位优越、功能衰败、厂城关联紧密等特征，这构成了社区化更新的基础条件。参考中西方城市更新的相关原则（附录5），本文提出长三角地区城中厂社区化更新的12条原则（表7–1）。其中第1条为总体原则，第2~3条指导厂城边界缝合，第4~5条指导社区功能植入，第6~7条指导工业遗产存续，第8~9条指导既有空间开发，第10条指导制度调整建议，第11~12条为其他指导建议。

表 7-1 长三角地区城中厂社区化更新的 12 条原则

长三角地区城中厂社区化更新 12 条原则
1. 厂城共生：以城中厂所在街区为研究范围，以在地性需求为导向，提出因地制宜的更新设计策略。
2. 内外联动：将注意力扩展到城中厂的边界以外，聚焦更新同周边社区的联动和催化效应。
3. 边界消弭：拆除围墙，转型为宜于居民活动的共享场地，避免成为园区、小区或旅游目的地。
4. 经济活力：植入居住、商办和社区配套等混合功能，实现区域经济活力和可持续发展。
5. 职住平衡：功能兼具社会效应和经济效应，在街区内平衡就业空间、消费空间和居住空间的比例。
6. 活化遗产：以积极的态度对工业遗产进行适应性再利用，聚焦场所感的再现，强调城市设计的重要性。
7. 文化资源：建立物质和非物质工业文化要素的评价、保护和阐述机制，萃取在地性文化资源的唯一性，为城市提供竞争优势。
8. 空间开发：建立有助于土地高效利用的再开发机制，遵循小密路网、多层中密度的空间控制原则。
9. 个性设计：倡导新旧建筑的融合，采用新建和改建等多种建筑设计方法，丰富空间个性。
10. 定制路径：建立以地方性法规、行政管理和开发实施为核心，产业、金融、社保等相关制度支持，专门面向城中厂社区化更新的管控机制。
11. 污染治理：运用先进的技术和理念改善环境，治理工业污染残留，避免因更新导致的二次污染。
12. 在地契合：针对长三角地区的日照、风向、降水等气候特征，以及工业建筑的空间和结构等物质特征，提出契合需求的设计策略。

7.1.2 更新的 4 个技术维度

基于上述 12 条原则，更新需综合应对厂城联系、社区功能、工业遗产、既有土地和空间等系统性挑战，沿用既有更新设计策略中的适应性措施，改善其中不足之处，以达到以人为本、传承工业文脉、导入人口和产业、紧凑的建成环境和开放社区等目标，进而归纳出厂城边界缝合、社区功能植入、工业遗产存续、既有空间开发 4 个更新技术维度。（图 7–1）

（1）厂城边界强调开放共享。以满足人的交往需求为出发点，打造开放共享的社区和贯通且安全的边界环境。拆除围墙、增加出入口、合并内外场地和道路、提高步行友好性、增加绿化并阻隔外部污染源，最终厂城融为一体化社区。

（2）社区功能旨在实现职住平衡。以满足人的职住需求为出发点，建立混合均衡的社区功能结构，兼顾社会价值和经济价值。植入住宅公寓、餐饮零售、商业办公、文化教育和医疗设施以及公共服务等功能来平衡职住关系。

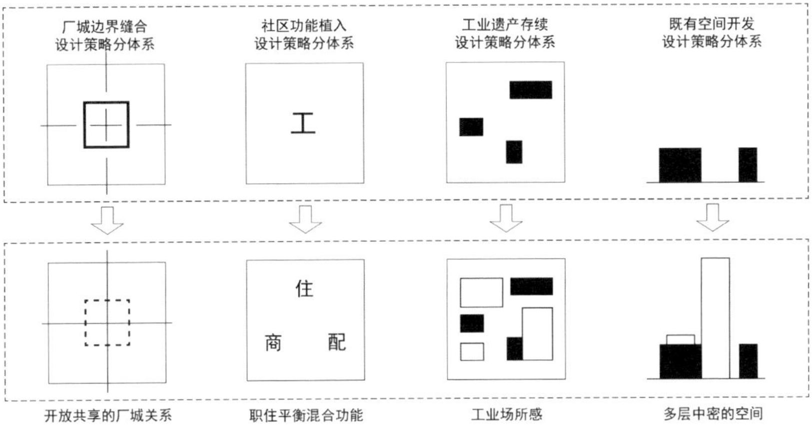

图 7-1
城中厂社区化更新的 4 个技术维度和目标

（3）工业遗产聚焦场所感再现。以满足人的认同需求为出发点，强调工业建筑的适应性再利用、工业场所感的再现，以及工业遗产的系统性保护。通过空间尺度、立面形制、地标构筑物以及工业景观等元素来建构社区身份认同感的载体。

（4）空间开发定位为多层中密度。以满足人的空间使用需求为出发点，提升容积率，调整建筑密度，实现多层中密度的空间控制目标。通过加建、贴建、插建、植建、挖建、围建、跨建、拆建、新建等手法，适当开发既有空间。

7.1.3 策略体系建构框架

根据长三角地区城中厂的工业遗产特征、周边业态特征、建筑空间特征、厂城边界特征，基于更新的 4 个维度，参考国内外相关案例并结合实践探索，提出相应 4 部分更新设计策略分体系：

（1）厂城边界缝合设计策略分体系。将城中厂边界分为临路、临功能地块、滨水、临其他边界 4 大类、27 子类。根据建筑和边界距离、围墙形式、内外场地关系、出入口、路网、步行环境、周边污染源等特征，提出适用范围及相应策略。

（2）社区功能植入设计策略分体系。将城中厂周边街区的主导业态分为居住、商办和其他 3 大类、17 子类，根据主要业态和功能结构、居民收入和年龄层次、社区活力和品质、环境污染等特征，提出适用范围及相应策略。

（3）工业遗产存续设计策略分体系。将遗产分为工业建筑、工业场所、工业景观和工业其他要素 4 大类、48 子类，根据遗产对象的历史文化价值、空间尺度、室内空间、立面风格和周边风貌等特征，提出适用范围及相应策略。

（4）既有空间开发设计策略分体系。将厂房综合分为小型建筑、中型建筑、大型建筑、其他建筑 4 大类、21 子类，综合考虑厂房尺寸、屋顶形式、结构、层高、周边建筑密度、开发容量诉求等特征，提出适用范围及相应策略。

此外对更新前的用地管理和开发策划，以及更新后的环境、使用和结构风险评估提出相应建议。

7.1.4　策略体系应用的前置条件

社区化更新并非长三角地区城中厂转型的唯一路径。因此，可依据以下 5 方面对待转型的城中厂进行评估，明确其是否具备客观的社区化更新条件和更新设计策略体系的应用基础：

（1）物质空间方面，应优先考虑区位条件、基础设施和建筑质量均良好的，位于中心城区内非工业建成环境中或周边正在快速去工业化的城中厂。

（2）经济方面，应优先考虑生产或仓储功能已退出，或已处于明显低效运转中的城中厂，兼顾厂房作为不动产洼地同周边商办空间的级差地租。

（3）社会方面，应优先考虑周边人口稠密、人口持续快速导入、社会结构不稳定，且本地就业、居住和消费需求尚未完全释放的城中厂。

（4）文化遗产方面，应优先考虑有一定数量的、具有历史文化价值和艺术价值，并具备在区域内形成工业文化认同潜力的城中厂。

（5）环境方面，应优先考虑棉纺、食品、小型设备制造加工和货运仓储等低污染且停产时间较长的城中厂，并避免周边有重污染源。

此外，是否采用社区化更新模式还应综合考虑地方性法规、规划管理和财税等政策因素、融资渠道、各利益相关者的诉求，以及其他可能的各项主观性因素。

7.1.5 策略体系的应用

策略体系的应用发生在城中厂社区化更新的全过程中，包括可行性研究、项目策划、城市规划、城市设计、建筑设计、项目施工和后期运营等多个环节，其中又以城市设计阶段最为关键。

应用对象为相关行政管理者、设计师、开发方和市民。管理者包括城市规划、建设、经济、市政、城管、市容绿化等政府部门工作人员。设计师包括规划、城市设计、建筑和结构、市政以及景观等专业从业人员。此外，应促成管理者、设计师、开发方和本地居民建立一个共建共治共享的更新平台，在多方参与下实现更新的利益最大化。

应用是基于上位规划及其他相关文件，依次形成具体方案。首先结合边界现状和内外部环境，依据厂城边界缝合设计策略，明确新边界形式、公共空间分布和人的使用可能性，以及内外路网衔接等；其次分析周边业态结构，依据社区功能植入设计策略，明确新业态类型、功能配比和功能分布；而后评价遗产价值，依据工业遗产存续设计策略，建立遗产价值分级，梳理遗产类型，明确“留改拆”对象和改造方法等；再综合考虑既有建筑和场地的特征、邻里空间形式和用地强度密度，以及内外建筑的空间关系，依据既有空间开发设计策略，提出空间开发强度和空间形态设计方案，协调新旧关系；最终对更新方案进行风险评估，纠正设计中可能存在的问题。

7.2 构建城中厂社区化更新设计策略体系

7.2.1 厂城边界缝合设计策略分体系

厂城边界缝合旨在满足居民交往需求，以贯通、安全、开放、共享为原则，拆除围墙，增加出入口，融合内外场地，强化步行性、公共性和安全性，打造一个开放社区。（图 7–2）

（1）临路边界的缝合设计策略

临路边界的设计重点在于增加厂内空间和城市的接触面。应拆除或提升围墙的通透率，融合边界两侧的场地作为公共空间，增加出入口，同时简化内外道路系统。具体可分为 6 类：

a）建筑直接临路，建筑外墙即是用地边界红线。缝合可在局部架空建筑，

图 7-2
厂城边界缝合的常见类型

将首层空间让渡给城市。拓展人行道宽度，同时在厂城之间形成一段有吸引力的灰空间，增强市民进入城中厂的意愿。

b）闲置场地临路。缝合应结合场地尺度、形式和所临道路级别，选择性将其转化为广场、绿地或步行街，对外开放，服务市民，周边建筑业态亦可据此布局。部分场地亦可作为停车空间使用。

c）可拆围墙。可拆围墙应予以拆除，并将其两侧场地融合成广场、口袋公园等公共空间，结合周边社群的日常活动规律予以功能定义，边界线可通过铺地的变化或种植低矮绿植予以强调。

d）不可拆围墙，尤其以贴近住宅区的围墙最为典型。可采用通透性更强的围墙形式来代替实墙，并增设垂直绿化来丰富界面。同时可以在局部增设出入口，适当打断过长围墙带来的空间封闭感。

e）内外双路边界，即围墙内外各有一条道路。在拆除围墙的同时，可化线为点，在局部改内部道路为公共场地，并增设内部交通连接城市道路的出入口。

f）复杂路网系统，往往呈现出道路占地过多、交通复杂低效的特点。应统一规划城中厂内部和周边街坊的路网系统，整合减少边界两侧的道路面积与内外路网的衔接转折，并解决静态交通的空间需求问题。

（2）临功能用地边界的缝合设计策略

临功能用地边界的设计重点是让渡和共享。在拆除或提升围墙通透率的同时，应将边界两侧的私密空间往后退，各自让出部分场地形成一个过渡性场所。具体可分为 7 类：

a）狭小通道，宽度多在 6 米以内，存在消防隐患。应提升其两侧建筑立面等的防火等级，控制门窗洞数量，并将其作为公共通道使用，适当填充可移动绿植，亦可将两侧建筑连接起来。

b）共有围墙，厂房建筑距围墙 6~20 米。应拆除围墙，将各自逼仄的通道合并为尺度适宜步行的街巷。两侧的建筑界面和功能需要统筹考虑，如植入社区零售业态，塑造活跃且开放的社区商业空间。

c）远离围墙，即厂房建筑距围墙超过 20 米。可在拆除围墙的同时，用乔木、灌木或铺地来明确厂城边界，同时将围墙两侧场地融合成共享功能空间，如广场或停车等。

d）超远围墙，即厂房建筑同围墙有 50 米以上距离。可以根据间距适当新建建筑，提高用地使用效率。

e）不可拆围墙。应在不影响安全防护的前提下，选用更加通透的格栅、绿植等代替实墙。围墙两侧绿化应以绿地和乔木为主，避免有刺灌木，并增设连接两侧的接口。

f）单路系统，即围墙内外仅一侧有道路。应尽可能拆除围墙，共享场地，对接厂城路网。

g）双路系统，应拆除围墙，合并道路，留出公共空间。

（3）滨水边界的缝合设计策略

滨水边界的设计重点是还水于城。开放并贯通滨水岸线，提升步行性，同时增强滨水区和城中厂腹地的空间联系。对滨水空间较宽敞的城中厂，还可以新建建筑和铺设道路，提高用地效率。具体可分为 8 类：

a）直接临水，一般为中小型河流。应丰富临水建筑和场地界面，如修缮建筑立面，将滨水建筑首层外墙打开，形成有覆盖的滨水休憩或消费区域。

b）较小间距（0~20 米）。可将滨水区结合绿化和城市家具等，打造成适宜步行的公共通道或广场，并尽可能同相邻地块的滨水区贯通，建筑的功能和形态也应更为通透活跃。

c）中等间距（20~50 米）。应根据交通需要，在建筑和水岸之间留出步行或混行通道，路幅以 7~10 米为宜，截面可采用“一块板”模式。车行道略近建筑，滨水场地上可设置雕塑、绿化和临时建筑等。

d）较大间距（50 米以上）。可新建混行道路和低矮建筑，提高滨水区的可达性和功能性，同时避免影响整体风貌。

e）间有城市道路，即城市道路紧邻水岸。可将道路内移，让渡出更大的滨水场地。道路宜调整为单行道，可增设人行横道或空中跨街连廊。

f）间有高差，建筑往往低于防洪堤。可以充分利用高差空间的丰富性，改造出商业或文化设施平台，通过坡道连接城市道路，形成高低错落的滨水公共空间；

g）桥下空间。可将桥下场地转为球场、涂鸦或街头艺术空间等富有活力的场所。桥下空间应可穿越，最终同其他地块的滨水区贯通起来。

h）指状码头，即人工改造河道，围合出“U”形水岸线。应开放码头，并开设与建筑相连的通道，形成网状小径。结合步行流线设置零售、休闲和餐饮等业态，将人流吸引到城中厂的“尽端”空间。

（4）其他边界的缝合设计策略

其他边界的设计重点是拒止不利因素，对接有利因素。如采取防污染的设计措施，加强穿越交通干道的步行可行性，增加城中厂同城市绿地和广场之间的空间联系等。具体可分为6类：

a）高架桥是常见的边界形式。高车流量产生的噪声、尾气和尘土是带状污染源，因此可以平行高架桥设置绿化隔离带，为厂房建筑增设双层立面，弱化噪声污染，同时设置穿越高架桥的人行横道。

b）铁路边界。同样应设置绿化隔离带，同时根据边界外的功能需求，增设跨路桥，缝补断裂的城市肌理，如有可能应将铁路两侧厂区统一更新。

c）隧道边界，可采取铺平地面，下埋车行道的做法，地面统一作为广场、绿地或其他公共活动场所；

d）污染地，譬如垃圾堆场、污水处理场等。需要保持围墙和安全距离，设置绿化隔离带，并减少建筑界面开窗等；

e）防辐射防火屏障等特殊要求边界，如变电站、油库、加油站等易燃易爆源的周边。应保留充足间距、建设围墙，减少边界上的可燃物；

f）绿地广场。可拆除围墙，增强城中厂和外部绿地广场的纵向联系，将城市的公共空间纳入更新规划中。

表 7-2　城中厂边界缝合设计策略

边界类型	特征	缝合设计策略	图例
临路边界	1. 围墙高企隔离 2. 内外场地分离 3. 出入口较少 4. 内外路网繁杂冗余	1. 拆除或通透围墙 2. 融合开放场地 3. 优化路网，减少内部道路	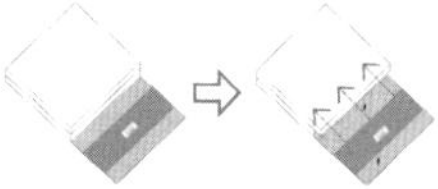 直接临路—首层架空 各类城中厂  闲置场地—转为公共空间 群落、聚落、系统型城中厂 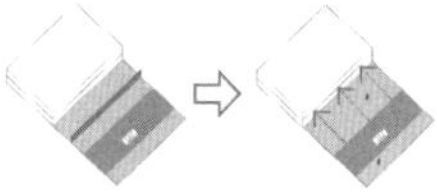 围墙—融合内外场地 群落、聚落、系统型城中厂 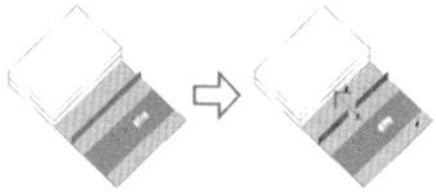 不可拆围墙—通透化 各类城中厂 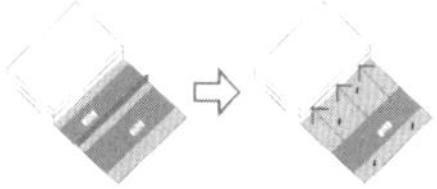 内外双路—拆墙作公共空间 聚落、系统型城中厂  复杂路网—整合留出公共空间 飞地、群落型城中厂
功能用地边界	1. 围墙高企隔离 2. 场地效率低下 3. 道路过多过窄	1. 拆除或通透围墙 2. 融合场地 3. 增加步行通道 4. 整合共享道路	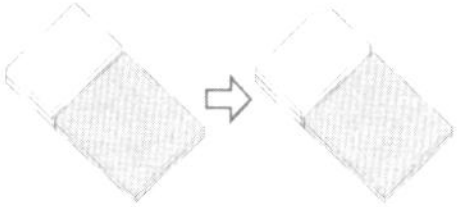 狭小通道—关注消防 飞地型城中厂 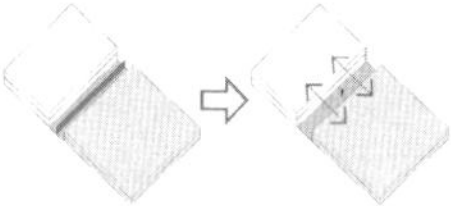 共有围墙—拆围共享通道 各类城中厂 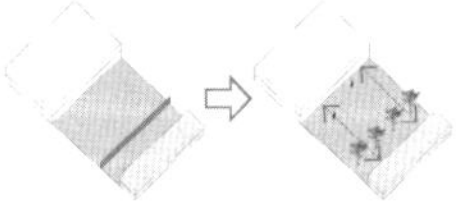 远离围墙—拆围共享公共空间 群落、聚落、系统型城中厂 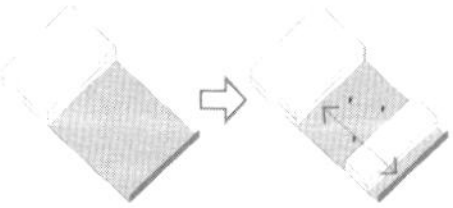 超远围墙—适当新建 聚落、系统型城中厂 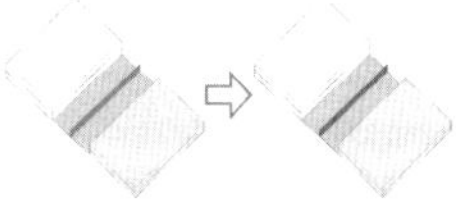 不可拆围墙—通透性 各类城中厂 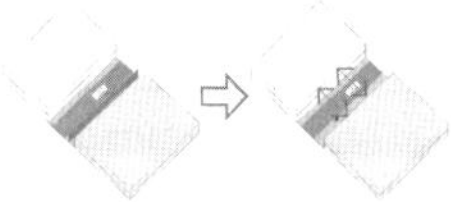 单路系统—共享道路 各类城中厂 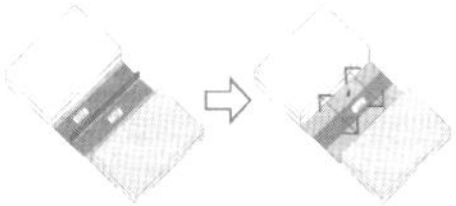 双路系统—合并道路 群落、聚落、系统型城中厂

续表

边界类型	特征	缝合设计策略	图例
滨水边界	1. 边界宽度各异 2. 封闭不可达 3. 空间效率低下	1. 贯通滨水岸线 2. 增加滨水和厂区腹地的垂直联系 3. 提高场地效率	 直接临水—露台和通道 飞地、群落、聚落型城中厂 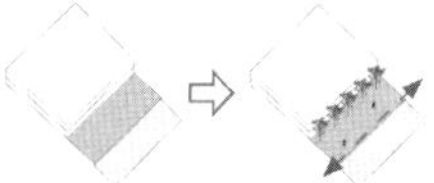 较小间距—亲水步道或广场 各类城中厂 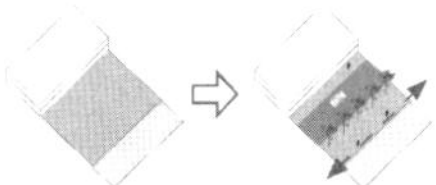 中等间距—慢行系统 群落、聚落、系统型城中厂 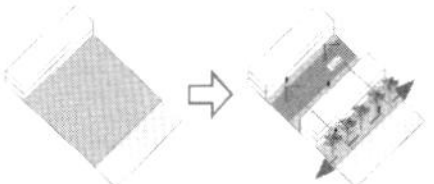 较大间距—适当新建 系统型城中厂  间有道路—道路内移 群落、聚落、系统型城中厂  间有高差—近水平台 飞地、群落型城中厂 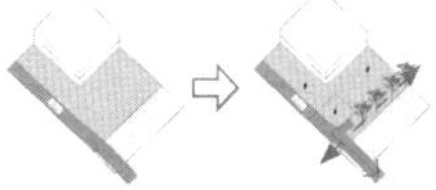 桥下空间—步行联通 系统型城中厂 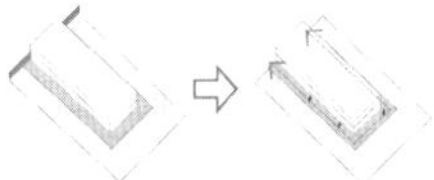 指状码头—环形步道 系统型城中厂
其他边界	1. 厂城隔离明显 2. 外部有污染源 3. 缺乏步行性 4. 和公共资源对接有限	1. 增设防污染措施 2. 跨越交通干线的步行通廊 3. 强化和城市绿地广场的联系	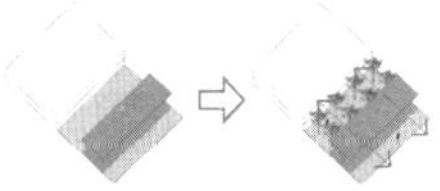 高架桥—防噪和地面通道 群落、聚落、系统型城中厂 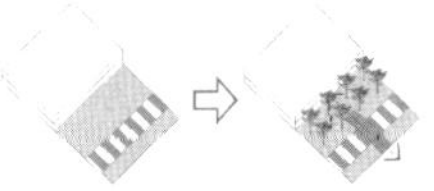 铁路—防噪和跨路桥 聚落、系统型城中厂 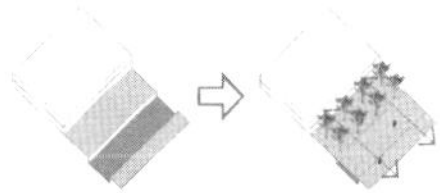 隧道—地面整合 群落、聚落、系统型城中厂 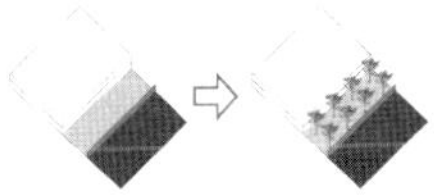 污染地—绿化隔离 系统型城中厂 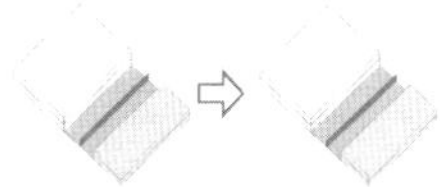 防护边界—安全间距 各类城中厂 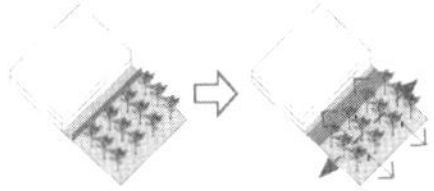 绿地广场—拆围融合＋混行道路 各类城中厂

7.2.2 社区功能植入设计策略分体系

社区功能植入，需契合周边社区的主导业态和功能结构（图 7–3）。以满足居民职住需求为目标，遵循均衡、活力、混合、保障的原则，植入住宅、商办和社区配套 3 种功能。

（1）居住型社区环境下功能植入设计策略

将城中厂周边的居住型社区环境分为两类：老住区和新住区。设计重

图 7-3
城中厂周边常见的功能环境类型

点在于通过更新，满足周边居民需求，具体呈现在3个层面：重点植入社区配套功能，为居民生活提供便利；适当植入社区级商办功能，增强地区吸引力和活跃度；植入混合居住功能，弥补特定住宅类型的需求缺口。

①周边以老旧住区为主的城中厂。其特点在于活力不足、配套设施老旧、老龄化程度严重。应植入食堂、超市、菜场和便利店等社区零售功能，保证社区级文化休闲、卫生健康和公共服务等活动的开展，并提供一定数量的适老公寓和公租房。老旧住区具体可分为3类：

a）棚户区。居民以老年工人和外来务工人员居多，人口流动性高，配套设施陈旧匮乏。应重点在城中厂内植入社区活动中心、诊所、图书馆、画廊、政府机构外派驻点等公共服务设施，打造口袋公园和街角广场，改善社区环境品质。同时将靠外厂房改造成食堂、超市、菜场、便利店等，方便居民生活，提升社区活力。此外亦可提供面向本地居民的养老公寓、公租房和宿舍等。

b）工人新村。其居民以老年人和都市年轻白领居多，配套设施陈旧，居住质量偏低。应重点植入面向老年人的食堂、超市和菜场，以及面向年轻人的便利店、咖啡馆、早餐店和联合办公等功能。同时补充文教卫功能，如社区图书馆、村史馆、老年大学等，并为广场舞等社区活动提供隔离化的公共空间。可适当引入老年公寓、长租公寓、公租房和民宿酒店等多元居住形态。

c）新旧住宅参半区。居民的社会结构复杂多变，配套设施的数量、质量有待进一步提高。应重点植入图书馆、邻里中心、文化场馆、运动健身、幼托教育等配套设施，更具品质的餐饮零售和综合性超市，以及联合办公等功能，亦可以植入少量长租公寓或公租房。

②周边以新住区为主的城中厂，多是正在更新的原工业区，特点是商业和配套不足，社群结构单一。应植入社区活动中心、休闲娱乐和文教卫等配套功能，保证面向城市白领的超市、菜场、便利店、办公楼等较高品质商办功能，并提供一定数量的长租公寓和动迁住宅。新住区具体可分为3类：

a）普通商品房。居民以中高收入城市白领为主，社区商业配套有待完善。应重点植入面向核心家庭的健身、幼托、学校和菜场等“刚需功能”，以及图书馆、画廊、展馆和广场公园等文化休闲功能；提供办公、都市工业和研发等功能空间；亦可少量引入长租公寓或酒店。

b）保障性住房。居民以中低收入城市白领为主，社区商业较少，配套尚未成型。应重点植入可以改善社区环境的文化休闲功能、幼托和学校，并提供快递物流和公共行政服务功能；植入公共食堂、超市、菜场、便利店、餐饮等零售功能，以及少量公寓和酒店。

c）高端商品房。居民以高收入人群为主，建筑密度较低，社区活力不足。应重点植入与消费层次相匹配的零售、便利店、轻餐饮、创意办公和亲子教培等，以及文化和健身功能，鼓励社群交流；保证一定比例的公共租赁住房，倡导社群混合，增加人口密度。

（2）商办型社区环境下功能植入设计策略

将城中厂周边的商办型社区环境分为两类：商业和办公。设计重点在于通过更新提升消费和就业能级，锚固本地社群，具体呈现在 3 个层面：重点植入居住功能，平衡职住关系；适当植入社区配套功能，完善服务；少量植入特色商办功能，营造多元商业环境。

①周边以商业主导的城中厂，人群流动的潮汐现象明显，缺少面向社区的零售空间，社区配套不足。应植入诸如公寓、社会住宅和民宿酒店等多元居住功能，同时提供便利店、手工作坊、文创办公等特色商办功能空间，以及文化休闲、运动健身和公共服务等社区配套功能。周边的商业环境具体可分为 3 类：

a）商业集市。一般业态相对陈旧低端，多是个体零售或工艺品售卖，经营者流动性强。更新可以为其提供公租房、宿舍或艺术家工坊等租住型居住功能；引入匹配住宅规模的幼托、健身、诊所、公共服务，以及食堂、便利店和菜场功能。

b）新商业区。业态层次较高，主要面向消费能力较强的城市白领。更新应植入市场租赁住房、中高端商品住房，以及一定比例的社区商业，譬如超市、菜场、便利店、教培机构和联合办公等，并根据周边社群结构提供幼托、健身和诊所等功能。

c）专业市场。常见的以家居建材、食品批发和物流集散为主，人员结构单一且活动频率较高。应根据从业人员的消费能力，重点植入具有保障性质的租赁住宅和平价酒店，面向上述社群的文化娱乐功能、休闲广场和文教卫设施，以及一定比例的餐饮零售和超市菜场。亦可提供一定数量的手工作坊和仓储空间。

②周边以办公主导的城中厂，人群流动的潮汐现象明显且活力偏低，社区配套严重不足，商业零售比例过低。应根据本地就业群体的消费能力，植入相匹配的各类住宅，保证一定比例的文化休闲、运动健身和公共服务功能，同时适度补充轻餐饮和便利店等社区零售功能。周边的办公环境具体可分为3类：

a）商办综合体。业态以中高端商铺和旗舰店为主，或有少量公寓、酒店和办公，聚集了大量城市白领。更新可以在城中厂里重点补充各类社区级功能，尤其是文化休闲相关的图书馆、画廊和活动中心等配套功能，并辅以普通商品住宅和租赁住房，以提高本地职住人口比例。

b）文化创意园。多数也是改造自周边其他城中厂，业态以中小型文创办公为主，兼有少量便利店、轻餐饮等，居住功能较少。更新可以重点植入面向创意阶层的社会住宅、长租公寓和艺术家工作室，以及民宿酒店和宿舍等功能，并配套少量健身、口袋公园、幼托教培等服务性配套功能。

c）普通办公区。本地人口多、消费能力强，但住宅和社区配套、商业等相对偏少。更新可以根据街区内的社群结构，重点提供各类住宅，并保证相应的社区活动、文化休闲和教育卫生等配套功能；此外亦可植入少量超市、菜场、便利店、早餐等社区零售功能。

（3）其他型社区环境下功能植入设计策略

将城中厂周边的其他型社区环境分为两类：非工业和工业。设计重点在于趋利避害，聚焦城中厂自身的社区品质，具体呈现在3个层面：重点植入居住功能，导入人口；植入相适应的商业零售，提升社区活力；植入基本配套功能，确保社区正常运转。

①城中厂周边的非工业环境。多是一些文化博览或城市绿化集中区。

周边居民较少，街区活力不高，社区配套设施不足。可以通过将城中厂更新为各类住宅以及更具互动性的轻餐饮和便利店等商业功能，结合小型广场实现社区化。这种非工业环境具体可分为3类：

a）休闲艺术区。多是艺术家等创意阶层聚集地，人员密度大，社会关系紧密，同时流动性也较强。更新应重点为上述人群提供社会住房、艺术家工坊或长租公寓等功能，实现其在地居住需求。同时植入一些小型零售、便利店和食堂等商业，以及可供文化策展的口袋公园和公共服务等社区配套功能。

b）文教卫区。如大学周边、博物馆群或医疗设施集中区，其单一功能导致街区活力不足。应为城中厂植入各类住宅，尤其是面向年轻就业人员的公租房和长租公寓，并配套规模相适应的商业办公功能。

c）河流绿地。是城市重要的公共空间和旅游地，但人口密度低，功能业态单薄。应通过城中厂更新重塑均衡的社区功能结构，包括面向不同收入人群的各类住宅，兼具社区价值和城市价值的商业零售功能，以及社区配套菜场、图书馆、运动健身和幼托机构等，并围绕既有公共空间加以组织。

②城中厂周边的工业环境，多是单位制度瓦解后衰败的工业区，生产功能尚未退出，住宿、商业和配套功能退化，环境污染亦较严重。更新应植入灰领公寓和宿舍，保障休闲、教育、运动和公共服务等功能，同时提供便利店、超市、菜场、餐饮和少量办公，但污染严重的区域不应设置住宅。工业环境具体可分为两类：

a）轻工业或仓储。周边工厂尺度小、污染轻、人员数量较少。应重点把城中厂改造成面向职工的灰领公寓、社会住房和宿舍等，同时提供基本的社区配套如幼托、运动健身、广场公园、便利店和超市菜场等。亦可将部分厂房改造成共享办公、手工作坊或停车楼等功能，服务于整个工业区。

b）重工业。工厂尺度大、污染重、从业人员数量较多，工人通过班车往返住宿地和厂区。尽管受环境污染影响，厂区不适合改造成完整社区，但仍可以通过更新增加社区功能，如工人活动中心、食堂、便利店、理发、运动健身、诊所和停车楼等必需功能，以及少量短租公寓和临时宿舍等。

表 7-3　社区功能植入设计策略

社区环境		特征	植入设计策略	图例		
居住型邻里环境	老旧住区	1. 社区活力不足 2. 配套设施老旧 3. 居民老龄化严重，年轻人较少	1. 植入社区零售、大食堂、超市菜场、便利店等 2. 保证社区活动中心、社区文化休闲、卫生健康和公共服务等 3. 提供少量老年公寓和公租房	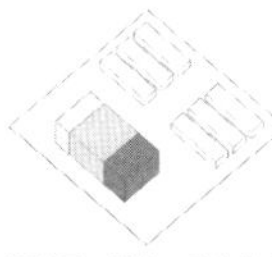 棚户区：配套 + 零售养老 1. 配套为主（40%-60%） 2. 商办为辅（10%-30%） 3. 少量住宅（0-20%） 各类城中厂	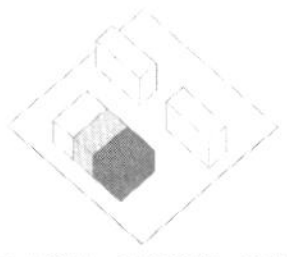 工人新村：零售配套 + 养老 1. 商办为主（30%-50%） 2. 配套为辅（10%-30%） 3. 住宅为辅（10%-30%） 各类城中厂	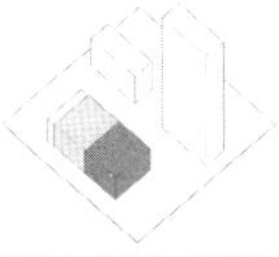 半旧区：文教卫 + 零售办公 1. 配套为主（30%-50%） 2. 商办为辅（30%-50%） 3. 少量住宅（0-20%） 飞地、群落、聚落型城中厂
	新住区	1. 商业类型不够丰富 2. 配套严重不足 3. 居住群体单一	1. 植入社区活动中心、休闲场所、文教卫等 2. 保证零售、超市、菜场、便利店、早餐、联合办公等 3. 提供部分公寓、酒店和动迁房	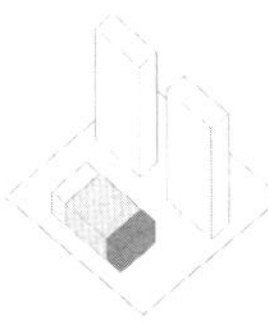 商品住宅：文教卫及菜场 1. 配套为主（40%-60%） 2. 少量商办（10%-30%） 3. 少量住宅（10%-30%） 群落、聚落型城中厂	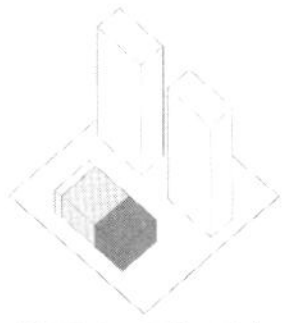 社会住宅：零售 + 配套 1. 配套为主（30%-50%） 2. 商办为辅（20%-40%） 3. 少量住宅（0-20%） 群落、聚落、系统型城中厂	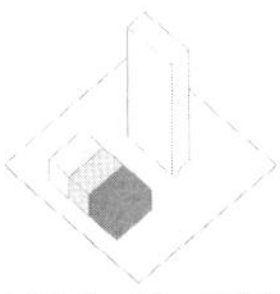 高端住宅：零售 + 保障房 1. 商办为主（30%-50%） 2. 住宅为辅（20%-40%） 3. 配套为辅（20%-40%） 群落、聚落型城中厂
商办型邻里环境	商业	1. 缺少居民，人流潮汐现象明显 2. 社区级商业不足 3. 基本没有社区配套	1. 植入长租公寓、公租房、民宿等 2. 保证便利店、作坊、联合办公、都市工业等 3. 提供休闲场地、幼托、运动、快递、公共服务等	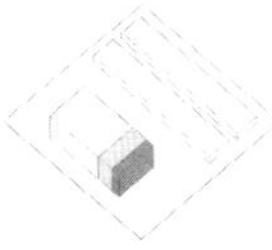 商业集市：公寓 + 保障房 1. 住宅为主（50%-70%） 2. 少量配套（10%-30%） 3. 少量商办（0-20%） 飞地、聚落型城中厂	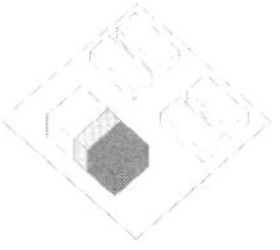 新商业区：公寓 + 小型办公 1. 住宅为主（30%-50%） 2. 商办为辅（20%-40%） 3. 少量配套（10%-30%） 飞地、群落、聚落型城中厂	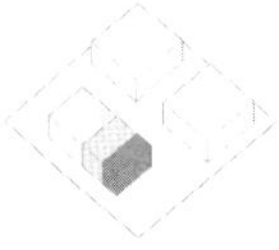 专业市场：公寓 + 休闲餐饮 1. 住宅为主（30%-50%） 2. 配套为辅（20%-40%） 3. 少量商办（10%-30%） 群落、聚落型城中厂
	办公	1. 人气较低，人流潮汐现象明显 2. 社区配套严重不足 3. 零售比例过低	1. 植入面向本地职工的各类居住 2. 保证画廊、图书馆、休闲场地、幼托、学校、运动、公共服务等 3. 提供便利店、轻餐饮、会所等	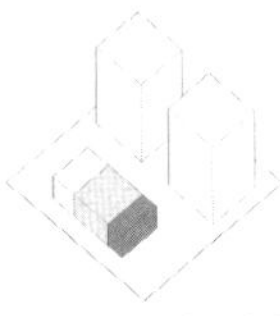 综合体：文教休闲 + 公寓 1. 配套为主（30%-50%） 2. 住宅为辅（20%-40%） 3. 少量商办（0-20%） 各类城中厂	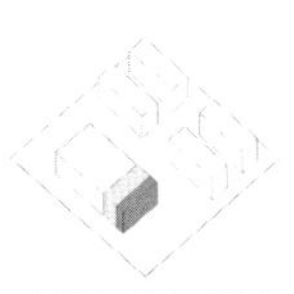 文创园：公寓 + 保障房 1. 住宅为主（50%-70%） 2. 配套为辅（10%-30%） 3. 少量商办（0-20%） 群落、聚落、系统型城中厂	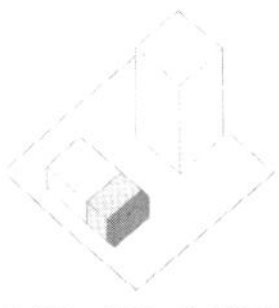 办公区：公寓 + 公共服务 1. 住宅为主（40%-60%） 2. 配套为辅（20%-40%） 3. 少量商办（0-20%） 群落型城中厂

续表

社区环境		特征	植入设计策略	图例
其他型邻里环境	非工业	1. 缺少居民，人流潮汐现象明显 2. 商办数量有限，活力不足 3. 社区配套有待补缺	1. 植入各类住宅 2. 保证差异化的功能如联合办公、轻餐饮、便利店等 3. 针对性的补齐社区所需的基本配套功能	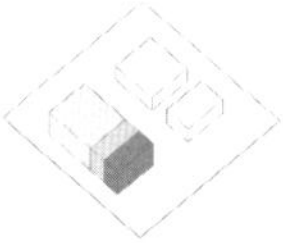 休闲艺术：保障房＋办公 1. 住宅为主（40%-60%） 2. 商办为辅（20%-40%） 3. 少量配套（10%-30%） 飞地、群落、聚落型城中厂 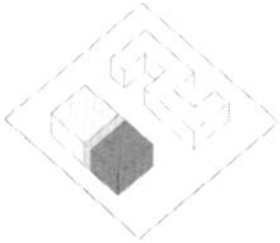 文教卫：住宅＋商办 1. 住宅为主（30%-50%） 2. 商办为辅（30%-50%） 3. 少量配套（0-20%） 飞地、群落型城中厂 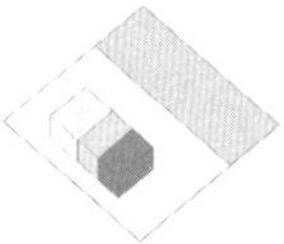 河流绿地：住商配接近 1. 住宅为主（30%-50%） 2. 商办为辅（20%-40%） 3. 配套为辅（20%-40%） 各类城中厂
	工业	1. 缺少工人住宿 2. 基本没有商业 3. 社区配套匮乏 4. 环境污染	1. 植入灰领公寓、社会住宅或宿舍 2. 保证基本的休闲场地、教育、运动、公共服务 3. 提供便利店、餐饮、少量办公等 4. 重污染区不设置居住	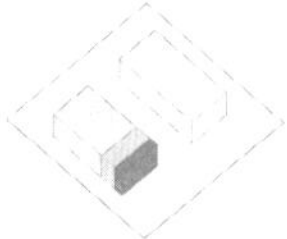 轻工仓储：公寓＋保障房 1. 住宅为主（40%-60%） 2. 少量配套（10%-30%） 3. 少量商办（0-20%） 群落、聚落型城中厂 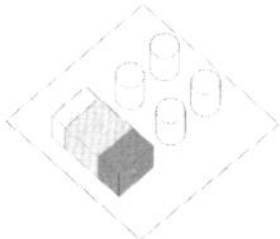 重工业：休闲＋都市工业 1. 配套为主（30%-50%） 2. 商办为辅（20%-40%） 3. 少量住宅（0-20%） 聚落、系统型城中厂

7.2.3 工业遗产存续设计策略分体系

工业遗产存续以满足居民归属需求为目标，以活化、再现场所和系统性保护为原则，针对需要保留和改造的工业建筑、工业场地、工业景观和其他工业要素4类物质空间对象展开存续设计。

（1）工业建筑存续设计策略

将工业建筑分为4类：小型低层厂房；中型多层厂房；大型单层厂房；其他工业建筑。设计重点聚焦体量、轮廓、立面和屋顶，具体包括4种方法：修缮保护，即空间立面均不变；内翻新，即内部空间重新分层；外翻新，即立面和屋顶改造；改建，加建或局部拆除新建。

①小型低层厂房。历史久，空间小，以砖木结构为主，周边建成环境密度较高。应重点保护建筑外轮廓、立面肌理和材质感，内部可加层。具体可分为两类：

a）民居型厂房，多是1~2层砖木结构，建于清末到民国时期，以手工作坊和仓库为主。这些建筑数量较少，工业遗产价值较高，应以修缮保护为主，室内适当改造，维持完整性和真实性。

b）简易砖混结构或框架结构厂房，建设于历史上各个时期，多是仓库或小型车间。这些建筑数量较多，多位于城中厂的边缘区。立面基本没有装饰，空间特征不鲜明，工业遗产价值有限，应评估价值后采取内翻新、改造或拆除重建等不同策略。

②中型多层厂房。历史跨度长，多为钢筋混凝土框架结构，周边建成环境密度适中。应重点保护建筑外轮廓和立面肌理，局部可改建或翻新。具体可分为 3 类：

a）多层平顶厂房，多为民国时期建设的多层框架结构仓库，数量较少。风格上中西合璧居多，工业遗产价值较高，可采取内翻新或顶部少量加建的设计策略。

b）多层坡顶厂房，框架结构多层车间，数量不多。其建筑风格多元，工业遗产价值差异较大，应采取内外翻新相结合的策略。

c）高层平顶厂房，出现于计划经济晚期到改革开放前期，通常为框架结构多层车间，层高在 4~6 米不等。数量较多，尤其常见于上海中心城区。建筑风格简洁，工业遗产价值有限，但空间再利用潜力大，应采取内外翻新和改建等策略。

③大型单层厂房。历史较近，通常为空间高且通透的排架结构。应重点保护建筑外轮廓和屋顶形制，内部空间可采用加层翻新或植入“楼中楼”，建筑立面可做调整，局部可拆除新建。具体可分为 6 类：

a）连续多跨厂房，是计划经济时期的钢筋混凝土框架结构车间。数量适中，建筑风格简洁，工业遗产价值一般，可采取外翻新或改建策略。

b）多跨坡顶厂房，多建设于计划经济时期，排架结构居多，数量较多，建筑屋顶特色鲜明，工业遗产价值一般，可采取内外翻新和改建策略。

c）锯齿状厂房，建设于民国中晚期到计划经济后期，采用三角架或天窗架承重双梁体系，窗面朝北，是典型的棉纺织厂主车间。数量不多，工业遗产价值较高，应以内外翻新策略为主。

d）缓坡顶厂房，建设于计划经济时期的排架结构车间。数量适中，特征和工业遗产价值一般，应采取翻新和改建策略。

e）巨型缓坡顶厂房，于中华人民共和国成立后开始建设并持续至今，多为拥有大型设备的生产车间。建筑风格简洁，工业遗产价值略高，可以改建为主。

f）钢架缓坡顶厂房，改革开放后大量出现，常见于中心城边缘的系统型城中厂。年份较短，遗产价值不高，应以改建为主。

④其他工业建筑。建于各个历史时期的厂区配套建筑，空间特征鲜明，框架结构为主，周边建成环境密度较低。应重点保护建筑的标志性特征，内外空间可翻新改造。具体可分为 3 类：

a）大型配套公建，多建于计划经济时期，数量较少，呈现典型苏联式建筑风格，工业遗产价值较高，应以内翻新为主。

b）小型配套公建和宿舍，见于各个历史时期的各类城中厂，砖混或框架结构，数量众多，建筑风格特色不鲜明，遗产价值较低，可采取外翻新或拆除重建策略。

c）基础设施建筑如发电站等，多建于民国或计划经济初期，数量不多。其建筑地标性强，工业遗产价值较高，但空间尺度过大，需深度改造方可再利用。

（2）工业场地存续设计策略

将工业场地分为 3 类：厂区路网；室外场地；其他室外空间。设计重点是厂区肌理、空间节点、场地边界和主要通道，可归纳 4 种设计手法：保留修缮路网和场地；对接城市道路，加密步行系统；功能填充，于空地内增加绿地、广场、停车设施和新建筑；景观修复，提高通透性、亲水性和绿地率等。

①厂区路网。小密路网窄马路，同城市道路对接的出入口少。应在既有路网结构基础上增设出入口，并适当增加步行通道。根据路网特征可分为 5 类：

a）集中式环路网。常见于群落型和聚落型城中厂，一般围绕主车间形成环路，周边布置各类其他工业建筑。这种路网密度大，路段长度较短，可以保留沿用路网，并增设穿越主车间的步道。

b）棋盘式路网。常见于聚落型和系统型城中厂，没有明显的空间中心，道路四通八达。路网密度适中，路段长短不一，可在现有路网基础上适当增加支路。

c）内院式路网。常见于飞地型和群落型城中厂，建筑和围墙围合出内院，仅设置几处入口。其路网密度较低，空间较封闭，更新中应局部架空建筑底层，或是打破围墙，增设通道。

d）鱼骨式路网。常见于一些中小型城中厂，一条主干道贯穿厂区，两侧鱼骨状的支路串联所有厂房。路网密度高，工业场所的秩序感较强，但缺少车行环路，应在厂区边缘增加平行主干道的支路。

e）全新路网。常见于飞地型城中厂，内外均是新修的城市路网，厂房位于孤立的地块内，更新聚焦于调整出入口以适应外部环境。

②室外场地。场地尺度不一，分布零散，缺少绿化。更新应注重场地边界和四周建筑轮廓的保留，选择重要场地作为公共空间，次要场地转为绿地或停车场，亦可在局部填充新建筑。根据场地特征，可将其分为5类：

a）广场。大型城中厂内多见，是厂区重要的公共空间，尺度较大，工业场所感较强，主要的工业建筑和构筑物等环绕其周边。主干道自侧向穿行，有支路发散而出。应将其公共空间属性延续下去，并增加绿化和街道家具等配套设施。

b）次要场地。多是分布在城中厂的边缘地区，尺度小，被建筑和围墙等围合，空间特征不鲜明，日常多作为停车场或卸货场等使用。应根据其周边功能需要，转型为绿地、小型广场或停车场等。

c）内院。由建筑和围墙围合而成，多是货物的临时堆放区，应结合四周建筑改造成景观性院落。

d）宽通道。宽度在6米以上，兼具通过和停留功能，可改为步行或混行通道，局部放大形成口袋公园。

e）窄通道。宽度在 6 米以下，应保留其步行通道属性，抑或是填充建筑以贯通两侧厂房。

③其他室外空间。此类空间多封闭，景观性和公共性不强，且存在噪声和空气污染等。更新应控制场地和外部环境的关系，提升景观性、公共性、通透性和亲水性，并注意同污染源的隔离。常见的这类空间可分为 3 类：

a）建—墙之间。建筑和围墙之间的道路或堆货场，尺度较大，基本没有绿化景观。可将围墙改为通透性更高的形式，适当增加点状和线状绿化景观，并结合周边建筑赋予场地功能性。

b）建—水之间。多是码头、防汛墙和临时货场，场所特征鲜明。这些城中厂的“尽端空间”往往缺少公共性和景观性，应将其和其他滨水区贯通，形成带状亲水步行通道。

c）建—桥之间。即厂房建筑直面铁路、高架桥或城市快速路，是城中厂内最闭塞的场所，受到明显的噪声和空气污染。应运用防噪植被来隔断场地同污染源的关联。（图 7–4）

（3）工业景观存续设计策略

将工业景观分为两类：场所景观和要素景观。设计重点是延续整体工业风貌，在局部打造亮点景观。具体设计策略可分为 4 种：延续场地形制，保留场地边界、建筑轮廓和立面；景观修复，修缮再利用广场、花园和其他既有景观要素；增强景观节点的设计创新性；难以保留的景观要素进行数字化转型。

①场所景观是由工业建筑和场地的尺度感、沧桑感和空间逻辑性组成的景观形制。更新应将主要场所景观的尺度感和工业美学要素保留延续下去，修缮重点建筑立面，并增加绿化植被和街道家具等景观要素。具体可将其分为 3 类：

a）景观大道，多是计划经济时代的产物，由主入口延伸至厂区腹地，常见于大型城中厂内。其景观性强，两侧立有高大乔木，沿路建筑界面完整，更新中应延续这一特殊的空间仪式感。

图 7-4
工业建筑和工业场地的常见类型

b）滨水岸线，是城中厂特殊的景观特征，更新可以控制水岸同建筑的空间关系，并增加滨水空间的可达性、功能性和景观性。

c）花园广场等，是过去城中厂内公共活动的发生地，可以重新利用为点状公共空间。

②要素景观类型多样，是承载工业遗产的历史文化、艺术、社会和科技等价值的系统性载体。更新可以有选择地保留再现工业景观，或结合工业博物馆等展览形式予以留存，难以保留的应当做数字化转型。具体可分为 6 类：

a）厂房骨架，钢筋混凝土或钢排架 / 框架结构居多，呈现出“落寞工业美”，具有景观的特殊性，但在更新中应仅针对那些无法再利用的厂房。

b）雕塑装置，主要在城中厂的非工业区内，是工业精神堡垒和象征物。数量有限，景观在地性价值一般，可移置于公共空间内。

c）人工景观，如喷泉、假山等，自身景观性较强，可修缮后直接利用。

d）机械设备，如车辆、船只等，可根据场景更新策划方案，选择性地结合既有功能场所（如卸货场、河道）予以再现。

e）古树植被，应在原址基础上尽可能保护，并统一于景观设计中。

f）其他景观，包括标语、宣传画、海报等，形态各异，保存难度大。可结合文字、图片或艺术涂鸦等策展方式加以再现。值得强调的是，应在更新前对景观要素做系统性数字化转型。

（4）工业其他要素存续设计策略

其他工业要素大致可分为两类：构筑物和其他元素。设计重点是突出其高度、体量和轮廓等真实性特征，具体设计手法包括 3 种：景观化保留，即将地标物转型为工业景观；文字说明，对遗产相关元素的历史和价值加以阐述；植入空间，在超大工业构筑物内部植入功能体块。

①构筑物在高度和形态上具有鲜明特征，同常见建筑形式差异较大。应选择保留标志性对象，适当改造立面和内部空间，重要构筑物结合场景再现。具体分为 6 类：

a）烟囱，通常是厂区制高点，是最典型的工业记忆载体，兼具良好的景观性。其遗产价值一般，但标志性强，可保留并加以景观化。

b）水塔，也是一类厂区制高点，遗产价值一般，但功能可以沿用，可根据遗产价值和功能需要选择保留和景观化处理，亦可结合放大的顶部平台改作观景空间。

c）筒仓，是特殊的工业仓储空间，工业印记鲜明。这一类构筑物数量不多，遗产价值适中，可改造设计立面来强化景观性，亦可通过内部改造植入社区功能空间。

d）冷却塔等，尺度巨大，是特殊的基础设施构筑物，地标性强，但主要存在于系统型城中厂内。由于结构和空间利用困难，一般建议仅作立面景观化处理。

e）厂区大门，是城中厂内最重要的历史人文景观之一。由于数量不多，遗产价值较高，应保留并延续其作为主入口的功能。

f）桁架、塔吊、管网等，具有一定的景观性，遗产价值较难评估，应有选择地结合景观规划进行局部保留修复。

②其他元素以线状工业设施和点状建筑构件为主，亦包括图片、文字或档案等历史文化载体。更新需系统性评价其价值，选择性保留并将其融入景观规划方案中，同时注意工业遗产的价值阐述路径。这些元素至少可分为6类：

a）铁路栈道等，是线状工业基础设施，反映了生产的结构脉络，是重要的工业记忆载体，景观性较高，但数量较少，常见于大型城中厂。其遗产价值在于系统性而非物质性，因此应重点保留轨道组织的印记。

b）厂房大门，尤其是主要车间的大门多采用木质、铸铁等材质，高大厚重，视觉冲击力较强。这些遗产价值适中的要素，在仍可使用的前提下应尽可能保留。

c）楼梯阳台，多悬挑出厂房外墙，高大粗砺，和工业立面融为一体。可在确保结构安全的前提下进行适应性再利用。

d）机器设备和产品装备等，是工业生产最直接的印记，数量众多，遗产价值参差不齐，需要作价值评估后，有选择地保留其中的代表性对象。

e）残垣断壁，是城中厂历史悠久的印证，遗产价值不高，可结合景观设计局部保留。

f）文献档案等非物质要素，记载了城中厂生产生活的历史，不易被重视，但遗产价值较高，可结合景观设计予以保留，亦可在博物馆中展示。（图 7–5）

图 7-5
工业景观和工业其他要素的常见类型

表 7-4　工业遗产存续设计策略

遗产对象		特征	存续设计策略	图例
工业建筑类型	小型低层工业厂房	1. 历史久 2. 空间小 3. 砖木结构为主 4. 周边密度较高	1. 保护建筑外轮廓和立面肌理 2. 超高厂房内部可加层翻新	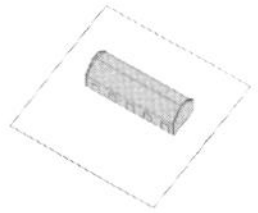 低层厂房：保护和内翻新 飞地、群落、聚落型城中厂 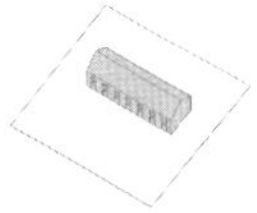 简易厂房：改造 各类城中厂
	中型多层工业厂房	1. 历史长短两极分化 2. 空间高 3. 框架结构为主 4. 周边密度适中	1. 保护建筑外轮廓和立面肌理 2. 不影响风貌前提下可局部改建 3. 非遗产建筑立面可适当调整	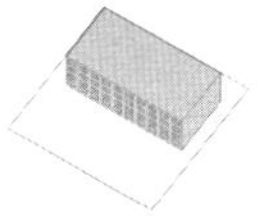 多层平顶厂房：内翻新和改建 飞地、群落、聚落型城中厂 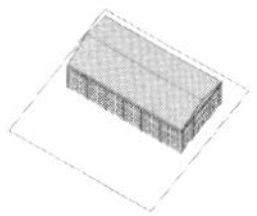 多层坡顶厂房：内外翻新 飞地、群落型城中厂 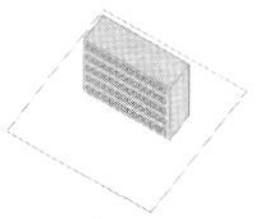 高层平顶厂房：内外翻新和改建 各类城中厂
	大型单层工业厂房	1. 历史较近 2. 空间高且通透 3. 桁架结构为主 4. 周边密度较低	1. 保护建筑外轮廓和屋顶形制 2. 内部可加层翻新 3. 立面可适当调整 4. 非遗产建筑可局部拆除新建	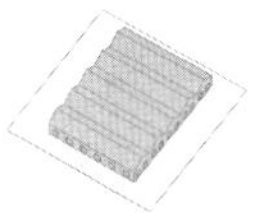 连续多跨厂房：外翻新和改建 群落、聚落、系统型城中厂 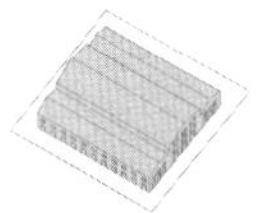 多跨坡顶厂房：翻新和改建 群落、聚落、系统型城中厂 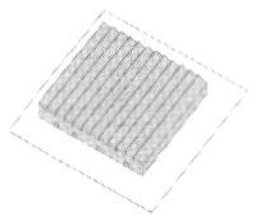 锯齿状厂房：内外翻新 聚落、系统型城中厂 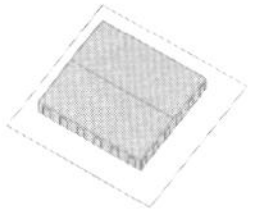 缓坡顶厂房：翻新和改建 聚落、系统型城中厂 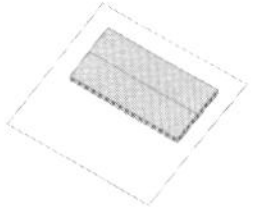 巨型缓坡顶厂房：改建 聚落、系统型城中厂 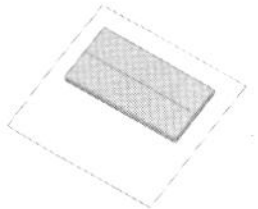 钢结构缓坡顶厂房：改建 系统型城中厂
	其他工业建筑	1. 各个历史时期 2. 空间特色鲜明 3. 框架结构为主 4. 周边密度较低	1. 保护建筑外轮廓和标志特征 2. 内部可重新分隔 3. 立面可适当调整 4. 非遗产建筑可拆除新建	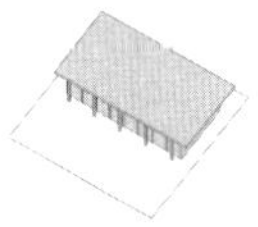 大型公建：内外翻新 聚落、系统型城中厂 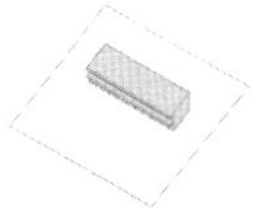 小型公建和宿舍：外翻新 各类城中厂 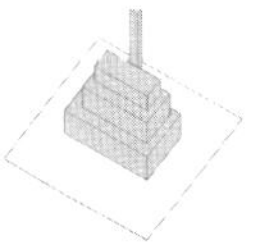 基础设施建筑：改建为地标 系统型城中厂
工业景观类型	场所景观	1. 工业尺度 2. 工业建筑风貌 3. 工业管理逻辑 4. 景观性不足	1. 延续重要场所形制和周边建筑立面 2. 修缮再利用绿地、广场、花园等景观 3. 增加绿化、街道家具并优化步行性	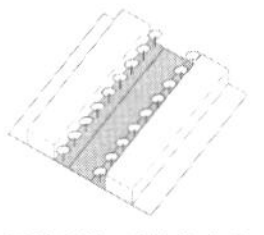 景观大道：延续仪式感 聚落、系统型城中厂 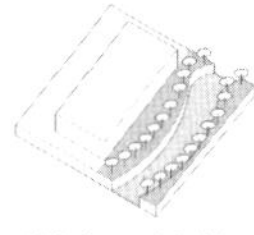 滨水岸线：公共休闲 各类城中厂 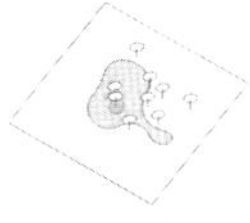 花园广场：重新利用 各类城中厂

续表

遗产对象		特征	存续设计策略	图例
工业景观类型	要素景观	1. 工业特殊性 2. 工业历史性 3. 工业文化性 4. 工业科研性 5. 工业系统性	1. 选择代表性工业景观要素予以保留 2. 结合原功能或原场地塑造景观焦点 3. 难以保留的可数字化重现	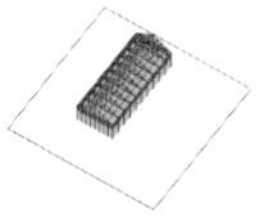 厂房骨架：公共活动中心 群落、聚落、系统型城中厂 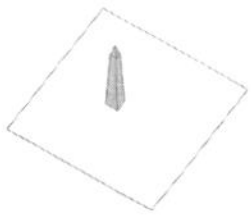 雕塑装置：空间焦点 聚落、系统型城中厂  人工景观：原址保留 各类城中厂 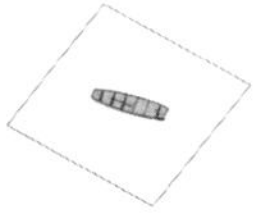 机械：结合功能布置 各类城中厂  古树：统一于景观设计 各类城中厂 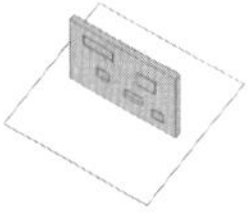 其他景观：文字或数字化 各类城中厂
工业场地类型	路网	1. 密度偏高 2. 道路窄 3. 道路错位对接 4. 和城市路网接口少	1. 保留厂区路网结构 2. 对接城市路网 3. 适当增加步行或混行通道	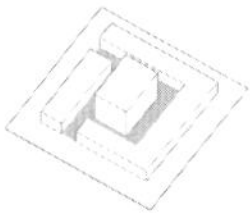 集中式环路网：路网不变 群落、聚落型城中厂 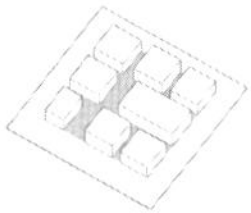 棋盘式路网：增加支路 聚落、系统型城中厂 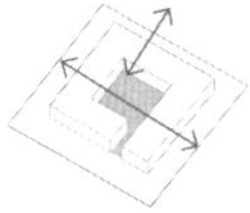 内院式路网：底层架空 飞地、群落型城中厂 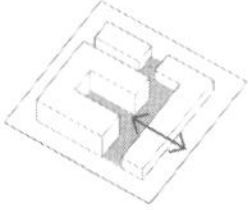 鱼骨式路网：架空步道 飞地、群落型城中厂 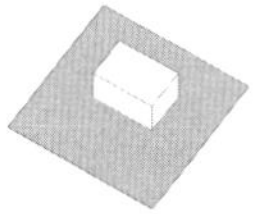 全新路网：适应外部环境 飞地型城中厂
	场地	1. 空间尺度较大 2. 分布不均 3. 缺少景观性 4. 部分廊道过窄	1. 保留主要场地边界和建筑轮廓线 2. 次要场地用作绿地或停车等功能 3. 廊道宽度不变，过窄可填充新建筑	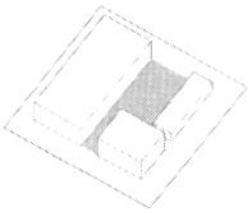 厂区广场：重生 群落、聚落、系统型城中厂 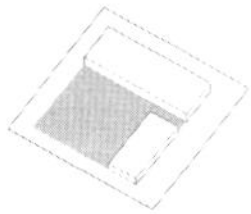 次要场地：功能化 各类城中厂 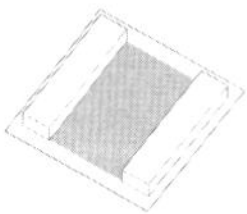 内院场地：景观院落 飞地、聚落、系统型城中厂 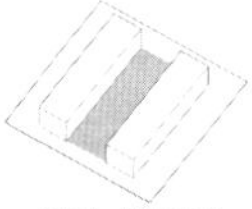 宽通道：混行通道 各类城中厂 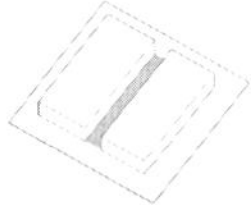 窄通道：步道或填充 飞地、群落型城中厂
	其他室外空间	1. 围墙封闭 2. 滨水缺少景观和公共性 3. 噪声和空气污染	1. 保护场地和外部要素之间空间关系 2. 强化景观和步行性 3. 通透感和亲水性，注意和污染源隔离	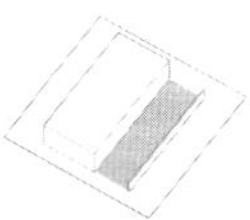 建一墙之间：通透性 各类城中厂 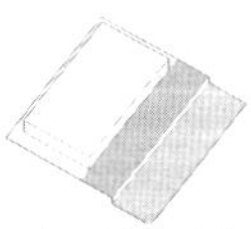 建一水之间：亲水 各类城中厂 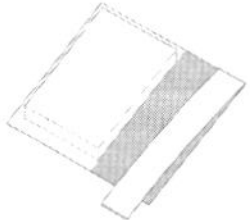 建一桥之间：防污染 聚落、系统型城中厂

续表

遗产对象		特征	存续设计策略	图例
其他工业要素类型	构筑物	1. 高度和体量 2. 特殊形式 3. 生产印记 4. 景观性	1. 选择标志性(高度和体量)构筑物予以保留 2. 适当改造立面和内部空间; 3. 场景性再现	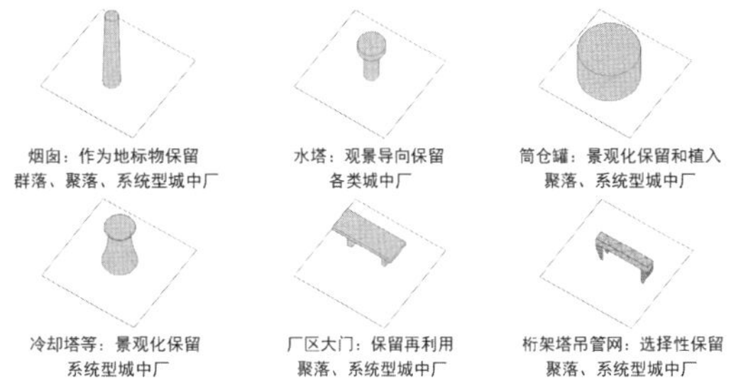
	其他要素	1. 线状和点状 2. 反映厂区空间结构 3. 历史图文表达	1. 选择代表性线状和点状要素予以保留 2. 融入整体景观设计 3. 提供历史性说明文字	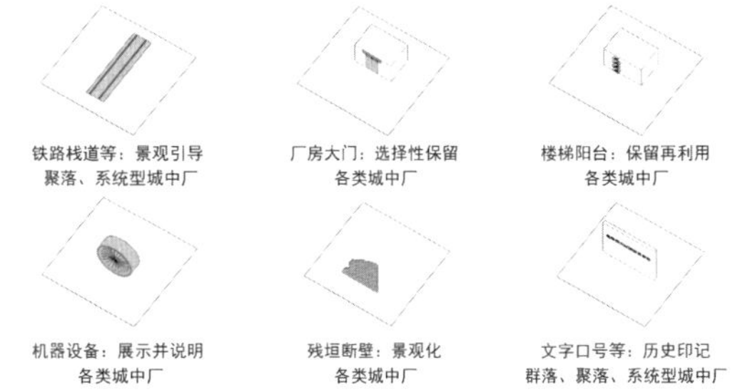

7.2.4 既有空间开发设计策略分体系

既有空间开发是以提高空间使用效率为目标的。对内平衡风貌保护、土地利用和建筑结构承载力，对外兼顾对周边环境的影响。以改建、新建、多层、中密度为原则，提高容积率，调整建筑密度，针对“留”“改”“拆”分别设计。

（1）小型工业建筑的空间开发设计策略

小型工业建筑改造重点是延续整体性。这些小尺度的坡顶厂房，往往结构承载力有限、立面也多为砖砌筑。更新应强调单体建筑的特殊性，对立面材质一般不做调整，仅更换门窗、略微增加通透性，并对结构作加固处理。可根据场地现状决定新建筑形式，采用植入、贴建、跨建等设计手段。这类厂房可分为5类：

a）普通建筑，根据价值决定保留或拆除。对净高超过 4.5 米的厂房，可植入轻钢结构分层植建，过长时可局部开洞，形成纵向通道，但应保留和周边建筑的场所关系。

b）较短的建筑，可在现状保留修缮基础上，酌情于山墙面贴建。新建部分轮廓线应同既有部分接近，但无需立面装饰和线脚。

c）周边有较大空地，可用新建筑组合贴建，形成院落，新建筑高度接近老建筑檐口，新院落平面尺度应和周边街坊相似。

d）超长建筑，可予以局部打断，或新建 U 形塔楼跨过老建筑，跨越部分采用框架结构，柱子插入老建筑，新老结构和立面材质均应分离。

e）在高强度开发要求下，新建高层应以点式为主，并同老建筑保持一定距离。需注意地下空间边界同老建筑地基保持距离，避免过度沉降，这一思路亦适用于中型建筑。

（2）中型工业建筑的空间开发设计策略

中型工业建筑重点设计建筑群界面。这些厂房高度大、进深小、层数多，层高多在 4~6 米，平屋面，结构承载力较强，但立面风格单调。更新应聚焦建筑群，通过视线控制和边界围合来决定新建筑形式，适当利用老建筑。设计手法以加建和植入为主，插建、拆建和围建等为辅。具体可将此类厂房分为 6 类：

a）超高建筑，应在垂直方向上重新划分厂房，增设楼板，将层高缩小到 3~4 米之间。

b）大进深建筑，可在屋顶上加建 1~2 层，加载在既有结构上。新建部分的平面轮廓宜与老建筑相同，或向后略退数米留出露台。进深过大时可挖出内庭院以获取更多采光。

c）中间空间，是相似的厂房建筑之间的用地，可插建新建筑，新建部分宜采用玻璃或其他轻质通透结构，高度上等同或略低于老建筑，同时首层可架空留作廊道。

d）高密度环境且有再开发要求，可在局部拆除部分建筑，并原轮廓新建高楼，新旧建筑的立面材质不同但肌理接近。老建筑的结构需重点加固，可采用遁地技术贯通新老部分地下空间。

e）风貌保护要求，即新建筑需在轮廓、立面肌理和屋顶形式上同老建筑保持一致，入口等细节保持呼应，但立面材质需区分开，同时新老建筑保持一定间距。

f）独栋建筑，多是历史保护建筑。应以历史建筑为背景做新建，平面和高度接近老建筑，立面则有区分。

（3）大型工业建筑的空间开发设计策略

大型工业建筑的设计重点是延续轮廓和体量。这些排架厂房，原结构体系无法承受较大弯矩，直接加设楼板较困难。应重点突出体量感，保留排架结构，可增加柱子转为框架结构。设计以拆建、挖建和植入为主。具体可根据开发需要分为 4 类：

a）降密要求，往往因为周边建筑密度过高，因此可拆除厂房局部或少数几榀空间的外围护，形成暗喻集聚和活动的公共空间，如跳蚤市场等。

b）大进深建筑，可在其中植入一系列 2~3 层新建筑，新旧结构脱开或仅横向支撑。拆除建筑屋面板，内挖中庭，改善采光和通风，中庭布局依据植入功能需求而定。

c）高密度开发，可新建一套结构体系，如新增横向支撑，转厂房为框架结构，增设一套结构转换层，或新旧结构脱开等，并于老建筑顶部加建一定体量的新建筑。新老建筑在空间和立面形式上均脱开，老建筑结构可用来做横向支撑基础。

d）低密度开发，可拆除非主要界面的建筑体量，紧贴或略微后退新建多层或高层建筑，新旧建筑的界面宜等宽。新老结构需脱开，建筑风格应有反差。

（4）其他工业建 / 构筑物的空间开发设计策略

其他建 / 构筑物的改造设计，重点在于突出其地标性。如保持构筑物的高度或体量感，适当利用内部空间，新的空间体块可作为老建筑的点缀，且同老建筑结构脱开。设计上以贴建和拆建为主，围建和加建为辅。具体形式可分为 6 类：

a）单筒仓，通高的圆形内部空间，外壁坚固厚重，可于其中植入垂直交通和小尺度功能空间，如住房等。可将外壁作为支点，外挂、围建一些功能空间，如 MVRDV 设计的中国台北双子星住宅，最终所有荷载通过结构转换层落在外壁下端的支柱上。

b）大型水塔，其外壁坚固，可改造内部空间并外挂少量功能体块，修饰水塔的同时增加建筑面积。

c）大型罐体，常见于一些储气罐或储水罐，内部空间宽敞巨大，可在其中植入新建筑，新旧建筑可紧贴或脱离，但应加固罐体外壁，罐体屋顶可根据需要拆除。

d）不可改设施，如冷却塔、塔吊等设施，可贴建或新建，且新建筑尺度不宜大于老建筑，新旧建筑在形式和材质上应予以区分。

e）烟囱，应将其作为场所焦点予以独立保留，新老建筑环绕在其周边，并保持和改造前相似的高度。

f）筒仓群，可在其顶部少量加建，或拆除部分筒仓外壁，形成通透的功能空间和垂直交通核。表 7-5 展示了各类建筑空间再开发策略。

表 7-5　既有空间开发设计策略

厂房类型	特征	开发设计策略	图例
小型建筑	1. 建筑尺度较小 2. 双破屋顶为主 3. 结构承载有限 4. 立面风格多元	1. 强调单体建筑的特殊性 2. 保留纵墙立面和屋顶 3. 根据场地各类参考线决定新建筑形式 4. 新老结构脱开	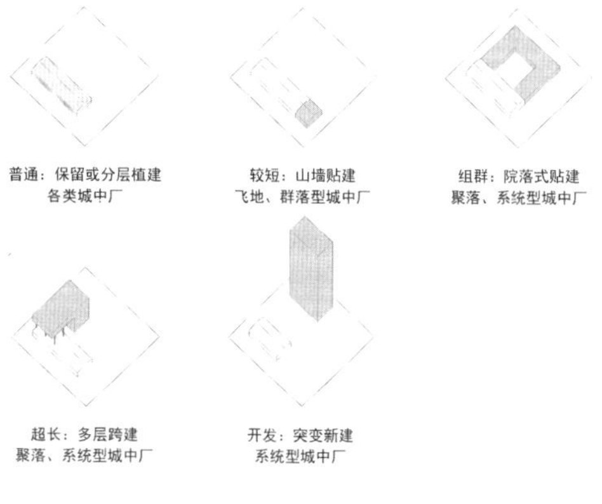

续表

厂房类型	特征	开发设计策略	图例
中型建筑	1. 建筑平面小、高度大、层数多 2. 平屋顶居多 3. 层高 4.5~6.0 米居多 4. 结构承载较强 5. 立面风格单一	1. 强调工业场所感 2. 控制线决定新建 3. 适当利用老建筑结构	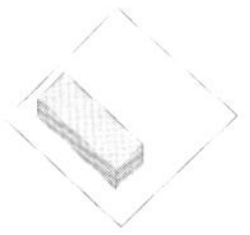 超高：分层植建 飞地、群落型城中厂 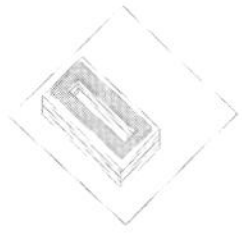 大进深：加建 + 挖建 飞地、群落、聚落型城中厂 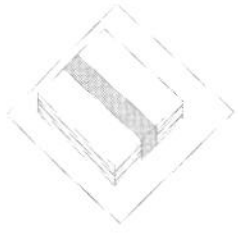 间或：填充插建 各类城中厂 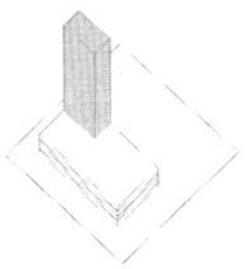 高密：角落拆建 群落、聚落型城中厂 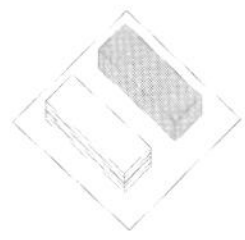 风貌：等量新建 聚落、系统型城中厂 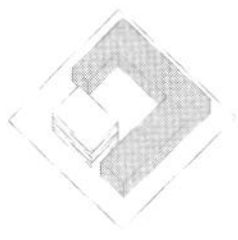 独栋：略低围建 飞地、群落型城中厂
大型建筑	1. 建筑平面大、层高高、层数少 2. 缓坡或多坡顶 3. 层高多在 6 米以上 4. 结构无法承受弯矩 5. 立面风格不鲜明	1. 强调体量感 2. 保留结构网架 3. 新老建筑轮廓有呼应 4. 新老结构脱开	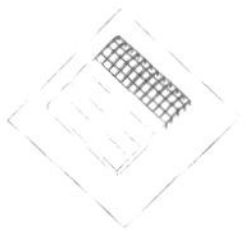 降密：局部拆建 群落、聚落、系统型城中厂 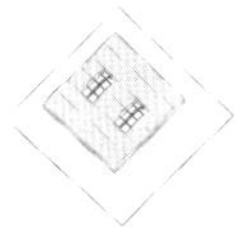 大进深：内院式挖建 + 植建 群落、聚落型城中厂  高密开发：脱离加建 聚落、系统型城中厂 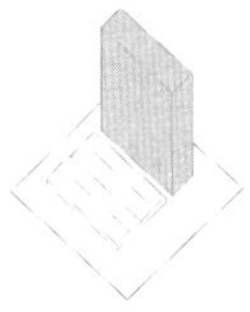 低密开发：拆除新建 系统型城中厂
其他建 / 构筑	1. 建筑形式特异 2. 具有地标性 3. 结构承载力有限 4. 立面风格单一	1. 维持高度和体量 2. 充分利用空腔空间 3. 新建筑作为点缀 4. 新老建筑结构脱开	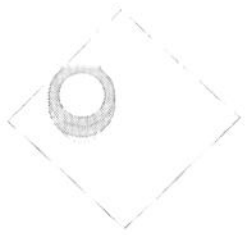 单筒仓：环形围建 聚落、系统型城中厂  大型水塔：体块插建 群落、聚落、系统型城中厂 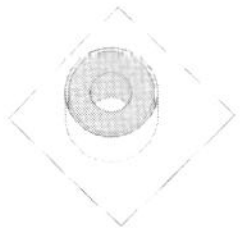 大型罐体：挖建 系统型城中厂 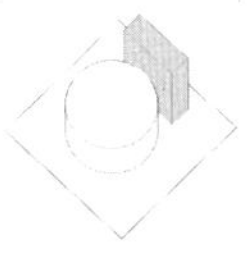 不可改设施：全新贴建 聚落、系统型城中厂  烟囱：局部拆建 各类城中厂 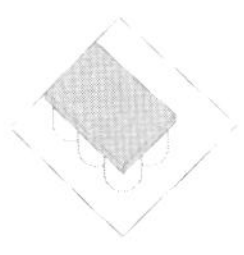 筒仓群：顶部加建 聚落、系统型城中厂

7.3 更新的制度调整和风险评估

7.3.1 更新制度调整

当前长三角地区的城中厂，其社区化更新机制仍主要是基于“非正式更新”模式和“三个不变”等制度原则，导致更新往往偏离市场发展规律，大量城中厂被“遗留”在非工业的城市建成环境中。这种制约条件一方面是由于工业用地性质和指标调整的交易成本过高（冯立等，2013，邹兵，2015，赵民等，2018），抵消了其具备的经济环境和区位优势；另一方面则是未能将工业遗产看成“半公共物品”，未从厂城共生的角度出发，为更新工作提供激励机制，从而导致市场参与的积极性降低。具体可归纳为3个方面：

首先是土地利用的障碍。长三角地区的城中厂多为国有划拨用地，在房地产市场大规模兴起伊始，各方利益诉求基本一致：作为产权方的地方政府有意愿收储并重新出让土地以增加财政收入，开发方获取用地性质和容量转变中产生的巨大经济利益，本地居民也将改善居住环境的希望寄托于开发，而拥有使用权的国有企业亦没有明显的抵触态度。然而随着土地价值和房价持续上涨，更新的交易成本迅速上升：土地持有成本极低的国有企业更倾向保留使用权以在未来争取更大的利益，开发方的投资意愿则随着动迁补偿、污染治理和工业遗产保护等成本激增而不断下降。同时，基于控制城市人口规模和房价，以及发展高端制造业的考虑，地方政府也开始对规模庞大的城中厂用地转型持犹豫态度。

其次是更新协同机制的障碍。更新需要在政府、权属企业和开发方之间寻找一个利益平衡点。在快速城镇化阶段，各方都有意愿重新开发城中厂。然而随着更新目标的多元化，更新路径上的阻碍日渐增多。中心城区财政收入下降、人口流失和老龄化、工业遗产改造成本巨大以及对城市产业空心化的忧虑，让作为产权方的政府开始反思大规模功能转型的必要性；以国有企业为主的使用权方，其自身的生产功能多数已外迁，即便赋予城中厂更高的用地强度和更复合的功能结构，也无法满足其发展产业的诉求；

开发方则呼吁更高的容积率，但在当前规划管理模式下，难以同工业遗产保护相协调。对嘉兴冶金机械厂更新的可行性研究显示，该项目需将容积率从不到 0.8 提升至 2.04，才可实现成本和利润持平。在产权方态度模糊、使用权方缺乏动力、开发方没有能力、法规和规划管理没有调整的背景下，难以建构城中厂社区化更新的协同机制和可持续路径。

最后是更新未能兑现在地性价值。更新需要明晰当下和长远、经济和社会、私有和公共等不同利益的边界关系。在快速城镇化阶段，更新多是政府推动，开发方主导，提供面向中产阶级的居住或商办功能，本地工人群体的利益往往被推迟兑现。然而在长三角地区，城中厂多和工人社区相混杂，更新牵涉广大工人群体的利益。地方政府和开发方追求效率，倾向在更新后依然维持封闭的管理现状：于政府而言可以减少道路、桥梁、公共空间和绿地等公共性投入，于开发方而言可以将新的中产阶级社区和衰败的工人社区分隔开，降低管理运营成本。因此，封闭边界在工业街区内形成一条隔离社会空间的“围墙”，而城中厂即是两者之间封闭的“阴影”。随着区域内二元对立结构的固化，更新的边际成本上升，边际效益下降，在没有可兑现在地性价值的新措施的情况下，打破这种封闭结构的动力会变得愈加微弱。

因此从更新机制调整的角度出发，建议至少从以下 3 个方面进行调整：

（1）推进多元混合的用地权属制度。根据各城市上位规划，制定明确的城中厂减量（或调整）更新规划，用“正式更新”逐步取代“非正式更新”，渐进地将中心城区工业用地比例下调到一个合理水平。重点推进国有划拨工业用地的混合所有制改革，通过政策和立法向开发企业和本地居民让渡部分产权（或长期使用权），重构用地产权结构，进而搭建一个共同开发平台，鼓励更多市场资金、技术和理念参与更新，鼓励公众参与，最终达成更新方案的共识，以此降低交易成本，增强城中厂作为存量资产的吸引力。

（2）制定弹性的更新开发管理制度。制定更精细化的用地管理制度，编制符合城中厂更新状况的控制性详细规划（如分别建立不同区位和规模的城中厂更新规划控制标准）。通过对容积率、建筑密度、绿地率、退界、限高、功能配比，以及遗产保护模式的要求做出更精细、更弹性、更具可实施性的规定（如设定复合功能用地类型、小地块的容积率突破、弹性的紫线退界要求、降低绿地率标准等），产生全新的、能激活相邻区域活力的城市触媒，让城中厂从城市发展中的“阴影区”变成存量更新中的“阳光区”。

（3）倡导“在地公共性”和灵活适应的更新实施机制。改变传统经济导向的土地开发制度，转而寻求更均衡的更新目标，将城中厂看成应体现公共利益的“半公共物品”，制定其所在街区的整体更新规划和城市设计方案，投入更多公共资源，强调功能和社群的混合联动，突出场所的公共性和共享性，体现本地利益相关者的诉求，避免用纯商业模式去应对城中厂更新。同时采取更具弹性的工业遗产活化措施，一方面平衡保护和利用，形成方案，并作为土地的出让条件；另一方面逐步推进如开发权的转移允许机制、工业历史特区机制、小微用地的合并开发机制以及相关的税收和财政奖励机制等，建立弹性适应的更新实施机制。

7.3.2 更新风险评估

城中厂社区化更新有助于存续工业遗产以避免城市文脉断裂的风险，提高功能混合度以抵御经济风险，加大既有空间开发以降低再开发的市场风险，缝合开放边界以控制社会隔离风险。同时，更新制度调整亦能减少政策导致的制度风险。此外，城中厂社区化更新过程中还需评估一些其他风险，主要包括以下 3 个方面：

（1）环境风险评估。城中厂及其邻里环境多有工厂，在土壤、水、空气和绿化景观中常有污染残留，即便在重工业较少的长三角城市，这也是更新中不可忽略的因素。环境风险评估一方面需要明确污染残留，分析化学物质、放射性物质和重金属等主要污染物质的残存浓度，进而分析城中厂是否可转型为社区功能，转型需要采取何种措施清理污染，厘清实施主体，评估实施成本，避免二次污染并保护古树植被等生物性要素等一系列问题；另一方面需评估更新后的运营对环境的影响，在确保社区功能所需的热、光、湿度等舒适性达标的前提下，评估更新全生命周期的能源消耗及二氧化碳和垃圾排放量等，明确更新是否可持续，提出相应改进建议。

（2）使用风险评估。城中厂拥有大量工业遗产，应评估利用的需要，同工业遗产保护、工业风貌存续之间的平衡关系。包括工业建筑立面改造对场地界面肌理的影响，新旧建筑的空间结合对场所真实性的影响，更换的门窗，增设的雨棚、空调机位、设备管井等设施对遗产建筑保护的影响，以及由于缺乏对工业遗产的科技、艺术和历史价值的认识，导致非建筑要素的大量消亡等。这不仅需要我们建立工业遗产保护和再利用评估的长效机制，也应普及对工业遗产价值的认知，拓展遗产价值的阐述路径，建立工业遗产特殊的保护意识和模式。

（3）结构风险评估。长三角地区的城中厂历史悠久，建筑结构存在不同程度的老化和破坏。部分建筑长期处于腐蚀和高温环境中，加之老旧工业建筑的安全标准较低，缺少日常维护，这为再利用埋下了安全隐患。因此更新需重点加固或重建结构体系，并模拟测验其在地震、台风、火灾和洪水等突发性灾害中的结构抗风险程度，评估新旧建筑结构和基础衔接节点等敏感区域的安全性，钢和混凝土等承重结构的耐久度和疲劳度，屋顶、外墙和结构的振动和弯曲控制等，延续工业建筑和构筑物的寿命。

7.4 城中厂社区化更新设计策略体系的应用探索

7.4.1 案例选择

基于城中厂的 4 种类型，本节选择了 4 个典型案例：飞地型城中厂——上海某羊毛衫针织厂；群落型城中厂——上海冷拉型钢厂—雨衣厂；聚落型城中厂——常州第五毛纺厂；系统型城中厂——嘉兴冶金机械厂。其中后三者为作者主持 / 参与的更新实践项目。为了更好诠释更新设计策略体系的普适性，避免行政管理、利益冲突或特殊空间形式等因素的影响，将上述案例的空间形制予以简化（如把用地和建筑平面整合为矩形、选取厂区内的典型地段、适当增减用地范围等），形成理想化的城中厂模型。

（1）飞地型城中厂

羊毛衫针织厂位于上海市徐汇区陕西南路550弄25—37号，是20世纪80年代建设的街道工厂。其占地0.51公顷，由4栋1~5层不等的厂房构成，现为涉外长租公寓，配有轻餐饮等零售和小型办公功能，周边邻里包括各类新旧住宅区。

简化该城中厂，略扩大用地至70米×100米，将厂区理想化成一个矩形空间。沿用两类工业建筑：两栋单层排架厂房和两栋多层框架厂房，以及入口和内院处的空地及乔木。沿用厂城关系，即厂区位于高密度的内城核心区，仅能通过一条弄堂连接城市道路，厂区三边环绕围墙，西南两侧为高层住宅区，东侧是2~3层的里弄住宅，北侧则混有5~6层的公房和低矮的里弄住宅，周边生活配套和基础设施相对完善，是成熟社区中的飞地型城中厂。

（2）群落型城中厂

冷拉型钢厂和雨衣厂，位于上海市徐汇区文定路258—212号，二者分别始建于20世纪50年代和80年代。总占地2.48公顷，共计1栋单层厂房和两栋6层厂房，现为家具建材卖场、家具和室内设计工作室、联合办公和酒店等。周边邻里包括其他新建或改造过的家具建材城、商业零售以及少量中高端住宅区。

将城中厂用地简化成200米×140米的矩形空间。沿用单层多跨排架厂房和多层框架厂房，以及厂区南侧和西侧的狭长空地，遵循现状，未留下任何工业景观或其他元素。沿用厂城关系，即东临文定路，另外三侧紧邻其他功能用地，包括拆除重建的两处商业综合体形制的家居建材城和一个高层住宅区，同厂区之间以围墙分隔。作为内城边缘的城中厂，其周边功能较单一，生活配套略显不足。

（3）聚落型城中厂

常州第五毛纺厂位于常州市三堡街141号，现存最早的厂房始建于20世纪30年代。原名恒源畅厂，后更名为第五毛纺厂，总占地3.64公顷，包括22栋大小不一的工业建筑和构筑物。现为文化旅游街区，配有办公、画廊、餐饮和民宿酒店等功能，周边邻里则以工人新村和棚户区为主。

将城中厂用地略微扩大至 160 米 ×260 米，简化外轮廓为矩形。沿用 3 类既有建筑，包括 1~2 层的砖混厂房、单 / 多层框架厂房和单层多跨排架厂房，厂区内的水塔、烟囱、机器设备、景观廊道、公园古树等要素基本沿用或保留。将厂区北侧的三堡街和京杭大运河视为重要边界形式，西侧类似棚户区内部道路，其他两侧同各类 2~6 层住宅以围墙相隔。作为老城外边缘的工业街区内的城中厂，周边公共和基础设施老旧，生活配套设施不足，治安和卫生环境较差。

（4）系统型城中厂

嘉兴冶金机械厂位于嘉兴市角里街 112 号，始建于 20 世纪 40 年代，主要生产减速器。总占地 26 公顷，分为南、中、北 3 个片区，拥有近百栋工业建筑和构筑物。除去南侧少量厂房被改造成体育中心和办公外，多数厂房闲置或仍在生产中。

选择中、南两个历史相对悠久的工业片区的局部，设定一个规模为 300 米 ×300 米、占地 9 公顷的矩形城中厂。将建筑分为 1~2 层的砖混厂房、单 / 多层框架厂房和单层多跨排架车间等多种类型，以及众多烟囱、水塔、塔吊和系统性的绿化景观要素。厂城关系方面，厂区北邻长板塘，南隔角里街靠平湖塘，东侧跨高架桥是高层住宅区，西侧则是 5~6 层的工人新村围墙。作为中心城区边缘的城中厂，公共和基础设施以及生活配套等均较为短缺，环境品质较差。

7.4.2 共通：飞地型城中厂社区化更新

将位于成熟社区中的飞地型城中厂看成联通、激活周边空间和居民公共活动的枢纽。打开边界便于居民穿行，并通过植入社区级零售和文化创意空间、存续工业遗存建筑和场地，增强本地居民进入城中厂的意愿，以此提升社区活力（图 7–6）。

（1）厂城边界缝合

应尽可能打破厂城边界隔离。拆除厂区西侧和北侧围墙，在北部形成

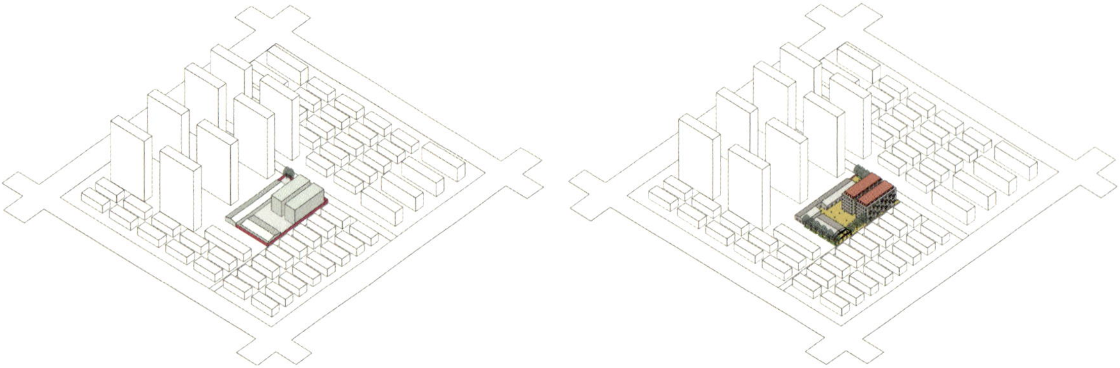

图 7-6
飞地型城中厂社区化更新前后比较

社区广场，通过带状绿化和铺地变化明确厂城边界。厂房首层略微后退，从而扩大相对逼仄的线状公共空间。开放紧邻里弄住宅区的界面，一方面共享一条社区级道路，增加临街界面，作为社区睦邻中心或厂区后勤出入口；另一方面开放厂区内部广场，为本地居民提供日常活动的口袋公园。在面向中高端门禁式高层住宅区的界面，调整围墙形式为低矮、通透的格栅或绿篱，并增设出入口 1~2 处，从而扮演社区活动网络枢纽的角色。避免在厂区内停车，可同社区协商错峰停车方案。

（2）社区功能植入

居住、商业、社区配套功能的比例约为 1∶1∶1。对于处在较纯粹的居住环境中的城中厂，功能植入的目的主要是提供社区服务。更新以社区文化休闲功能为主，主要分布在厂房首层：在两处入口附近设置社区广场和村史馆，结合街道家具、绿化景观以及社区画廊和咖啡、茶馆等文化商业功能，将本地居民活动延伸到内院。内院作为公共空间，节假日可作为集市等商业外摆场所使用，平时则可成为儿童嬉戏场地。亦可提供社区养老服务相关功能，如送餐和诊所等。此外，物业管理和邻里中心等功能可设置在多层厂房二层。内院四周、厂区东侧和多层厂房的 1~2 层，植入咖啡、幼托、洗衣、健身、理发、银行以及艺术家工作室等服务型商业，亦可作为小型文创公司的办公地。居住功能以租赁住房为主，设置在多层厂房的三层及以上，采用中廊两分式布局，套内为 15~40 平方米、一居室到一室

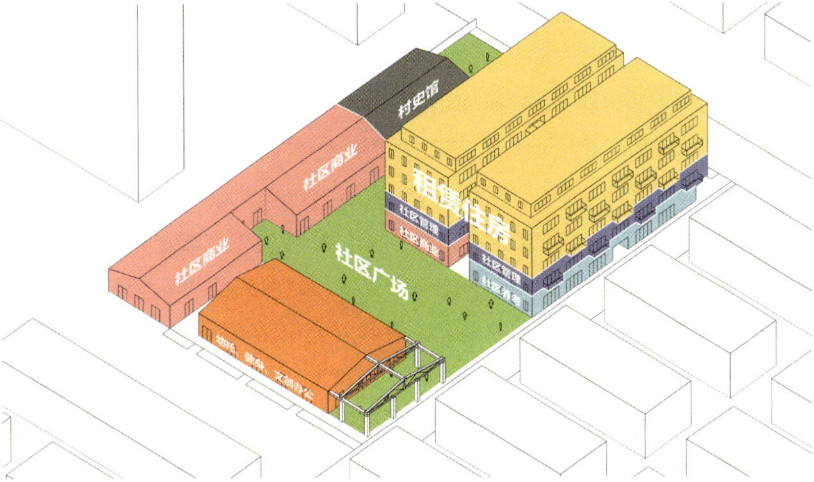

图 7-7
飞地型城中厂社区化更新的功能植入模式

一厅不等的房型，主要服务流动性较高的年轻白领人群，亦可打通 2~3 层的局部空间，改造成亦住亦办的工作室公寓（图 7–7）。

（3）工业遗产存续

针织衫厂的遗产价值，主要呈现为工业空间的尺度感。更新保留所有 4 栋厂房，延续了街道截面尺度、立面肌理和材质感以及天际线，尤其是多层厂房正立面的竖向长窗和侧立面的水平长窗。建筑首层略微后退，并开设落地玻璃和架空通道。单层厂房的屋顶形式、檐口以及排架结构被保留下来，朝向社区的山墙面被替换成玻璃幕墙，但轮廓仍同过去保持一致。工业场地方面，保留并加密了既有路网，并沿此设置零售、休闲和社区活动等功能。重点保存入口广场和内院两处公共空间，避免空间内的视域发生空间尺度突变，同时又以绿化、咖啡外摆、碎石铺地等彰显生活性，吸引人流聚集，塑造活跃的社区场景。另一些特殊的工业空间，如两栋多层厂房之间不到 5 米宽的巷道，以及多层和单层厂房之间约 10 米宽的通道，被转换成联通内外场所的“桥梁”。此外，在入口广场两侧增加一些与羊毛衫、针织相关的雕塑、机器设备以及讲解栏等。一些非物质工业要素，如口述史、工厂档案和生产流程、图纸等资料，需重新建立同原厂方、街道和老员工等的沟通渠道，通过查阅大量资料后整理出一个阐述性的城中厂全貌。相关工业历史背景，可结合西侧排架厂房的山墙面，抑或是在大跨室内空间中予以展示。社区博物馆或村史馆等功能因而必不可少。

（4）既有空间开发

飞地型城中厂的空间局促，因此采用以翻新为主、加建和插建为辅的设计手段，将容积率从 1.26 略微提升至 1.40，建筑密度则基本维持 48.11% 不变。考虑到厂房历史较短，地基强度较好，钢筋混凝土结构体系完整安全，更新在增加抗震墙和加固既有结构基础上，可于多层厂房顶层退台加建 1~2 层新建筑。同时，在多层厂房之间设置连廊，增加消防疏散方向并有利于共享功能空间的管理。此外，可将较大的厂房层高作二次划分，如 4.5 米层高划分为 2.3 米和 2.2 米、5 米划分为 2.8 米和 2.2 米等；增加轻钢结构，改造为 Loft 空间，并在外立面增挂阳台和空调机位。在单层排架厂房靠近里弄住区的界面上，用玻璃盒子替换厚实的山墙面，结合村史馆、社区活动中心等公共功能，塑造开放融合的姿态。在内部广场西端，拆除 1~2 栋厂房的外围护结构，避免超长建筑体量导致的无趣空间体验。拆除部分可以重塑为小庭院，建构工业和非工业强烈对比的空间趣味感。

（5）评估

飞地型城中厂社区化更新的重点在于打造一个社区活动发生器。其优势在于周边成熟的社区环境，优良的基础设施、能源供给和公共服务配套，以及优良区位所催生的更新的理性经济逻辑；劣势则是空间密度过高、内部空间尺度局促、交通可达性较差、四周围墙高企，以及更新在消防、日照、通风等规范方面所受的制约，这将导致高昂的更新协商成本。因此，飞地型城中厂的更新应结合街区整体更新规划，由社区规划师牵头推进。建立一个街道政府、本地居民 / 企业代表和社区规划师的三方平台，通过大量公众参与协商，从为本地居民提供公共空间、服务功能、社区活力和地方认同的角度出发，提出设计方案，推进快速实施，评价运营绩效，持续改进方案。

7.4.3 共融：群落型城中厂社区化更新

位于复杂环境中的群落型城中厂，可以被看作城市有机体内一个功能、空间和身份认同的“异类”。更新应使其融入所在街区内，开放边界、对接路网、提高用地效率、植入功能、与既有产业结构融合，并将工业遗产塑造成地区身份的载体。（图 7–8）

（1）厂城边界缝合

应强调城中厂同城市道路和周边相邻功能用地的深度融合。拆除沿街围墙，将建筑首层略微后退，留出多处通往厂内的通道，并将围墙内外场地合并成较宽的步行道，提高整个场地的通透性。同时，拆除绝大多数的其他界面围墙，去除西侧的内部道路，转为服务整个街区的公共空间，结合底层商业外摆提升活力。雨衣厂和型钢厂之间的围墙亦应去除，合并场地，从而将最为负面的“中间空间”转为人车混行的“共享街巷”，并通过与之垂直的步道串联 3 栋厂房。此外，西侧既有道路扮演厂区后勤通道和内部车行通道的角色，避免各类运输流线随意穿越厂区内的公共空间。

（2）社区功能植入

居住、商业、社区配套功能的建筑面积比例约为 3∶1∶1。引入居住和面向本地居民的餐饮零售和文化休闲功能，改善家居建材市场活力不足的局面。居住功能设置在北侧私密区域，改造厂房 3 层及以上空间为公寓，并拆除局部厂房，新建高层住房。居住入口在西、北两侧，同商业街分离。

图 7-8
群落型城中厂社区化更新的前后比较

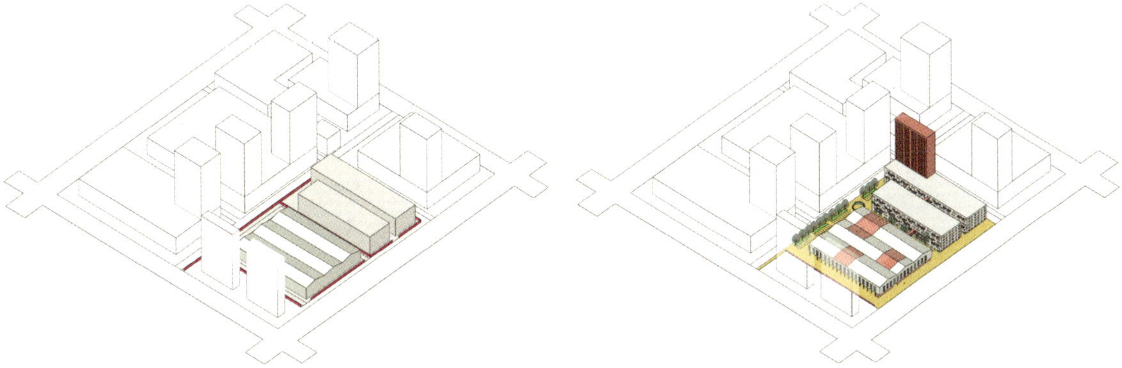

以 30~60 平方米的一房或二房套型为主。采用中廊两分式、越廊式和单元式户型，主要服务本地的设计师或小商贩家庭。

零售功能包括咖啡店、面包房、银行、花店、便利店和超市等，沿城市道路和厂区内的共享廊道分布，带动街区内核的活力。文化休闲功能结合工业场所景观，在型钢厂首层植入社区活动中心和工业历史展览区，形成社区文化枢纽。在雨衣厂，基于“画家街”的历史背景，将露天画室、半室外艺术长廊等展示功能，以及社区图书馆、儿童乐园等功能设置在首层。此外，在多层厂房的 2~3 层空间以及单层厂房下的“盒子”中，引入家居建材产业链上下游的文创办公和销售展示，如室内和家具设计、艺术品设计、智能设施一体化设计和研发等，以及家居产品和艺术装饰品的销售功能。（图 7–9）

（3）工业遗产存续

更新重点在于保留单层厂房的纵山墙面、天际线和排架结构。局部钢筋混凝土结构被暴露出来，和轻盈的空中连廊形成对比。建筑首层做退让处理，将玻璃幕墙嵌入厚重外墙中。典型的工业场地，即 3 栋厂房之间的狭长廊道，被保留作为步行轴线，串联起东侧文定路和厂区腹地，并以宽度更小的垂直通道形成步行网络，同时在型钢厂和雨衣厂之间的尽端，结

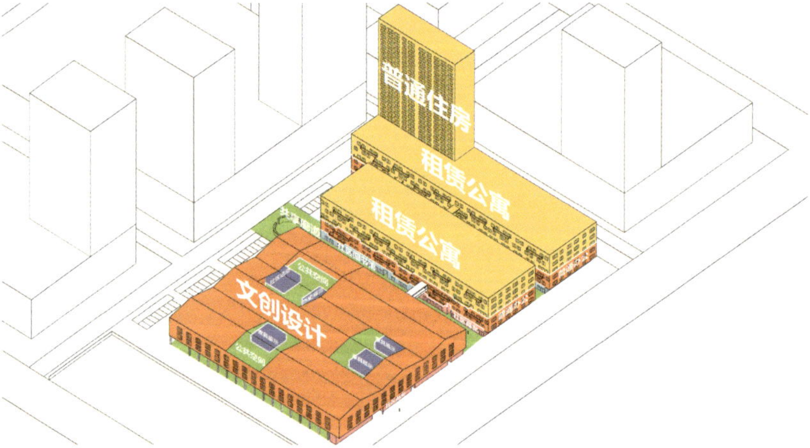

图 7-9
群落型城中厂社区化更新的功能植入模式

合钢雕塑、街道家具和互动装置打造口袋公园，并加增乔木、垂直绿化等景观元素，让秩序化和生产化的工业场所变得更多元、更有层次、更富活力。此外，雨衣厂南楼首层设置工业文化展馆，阐述文定路—宜山路地区作为上海内城重要老工业基地的历史底蕴。运用触摸式展示墙、VR 影像室、感应灯光秀等技术手段，加强社群同工业遗产的互动。亦考虑到钢铁生产同红色相联系，以及雨衣厂同水和光滑面材的关系，并将它们融入更新设计中。

（4）既有空间开发

群落型城中厂的空间密度分布不均匀，因此综合运用加建、拆建、植建和挖建等设计手法，将容积率从 1.24 提升至 1.95，建筑密度则从 48.75% 略微下降至 44.33%。兼顾结构承载力、场地空间局限性和改造成本 3 方面因素，拆除雨衣厂局部厂房，集中所有增量面积于风貌可控的西北角，并在保留厂房空间里做夹层设计。于单层厂房，利用其超高的内部空间，植入多组 2~3 层的独立结构的功能“盒子”。新植入的“盒子”部分紧贴外墙直接对外开窗，部分独立于桁架之下以天井采光。同时拆除局部屋面板，厂房首层后退让出“骑楼”，从而消解了原厂房过大的面宽进深，让尺度变成“人的尺度”。此外，将 3 栋厂房的 2~5 层以空中连廊相连，结合垂直方向上的公共功能节点，适当增强居民、游客和职员的互动。

（5）评估

群落型城中厂社区化更新的重点，是在有机的城区里重塑一个社会性联通体。其优势在于工业遗产建筑历史和艺术价值较高、厂城边界相对开放、可达性较高、周边有可协同更新的其他城中厂，以及较成熟的商业和基础设施环境等；劣势则是空间密度过高且分布不均、部分厂房尺度偏大、缺少地下室和停车设施、施工难度大、难以精准定位功能组合、不同利益相关者之间的协调工作成本巨大等。因此，群落型城中厂的更新首先需要基于一个地方政府、本地企业和居民组织等多方参与的决策平台，并由其中一方牵头推进。更新过程聚焦在城中厂与所在社区资源的重新分配，包括改善既有功能结构，处理诸如空间隔离、停车规划不当、人车和后勤流线互相干扰、公共空间不足等挑战，并通过增加服务功能和身份认同等方式，使城中厂和社区之间、不同城中厂之间形成社会性联通。

7.4.4 共兴：聚落型城中厂社区化更新

位于原工业区内的聚落型城中厂，可以看成能激发社区可持续更新的触媒。新产业的植入和建成环境的持续改善，可以创造大量本地就业机会，并为周边闲置用地的开发和其他城中厂的更新提供示范意义和溢出效应，最终催生一个寓新于旧的产业社区。（图 7–10）

（1）厂城边界缝合

更新中的边界缝合设计，旨在为城中厂的触媒效应外溢提供空间渠道。由于航海仪器厂等可更新的场地同毛纺厂并不相连，因此利用临大运河的三堡街作为触媒路径具有必要性。留出原厂区的两处入口，并通过合并内外道路，向城市开放厂区西侧边界，局部底层架空增加步行通道，形成“多段线”的边界形式。沿西侧边界，留出地面停车和绿化隔离带，明确厂区边界。厂区南侧和东侧临住宅区的围墙，可替换成绿化或格栅，并增设步行出入口，强化和社区的关联。

（2）社区功能植入

居住、商业、社区配套功能的建筑面积比例约为 1∶3∶2。重点引入在地的成长性产业，如纺织类文创产业、绘画教育产业等，并提供面向本

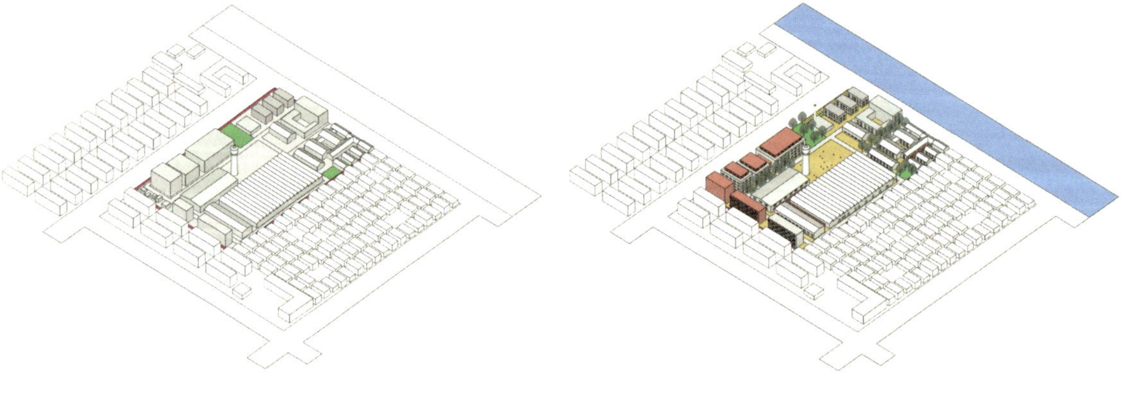

图 7-10
聚落型城中厂社区化更新的前后比较

地的居住和面向更大社区范围的配套功能。商业以办公为主，包括在西侧厂房中植入某一产业相关的研发、媒体和设计等，空间采用联合办公（co-working）的形式，通过降低成本、灵活开放、鼓励交往等措施，生成产业社区的共享平台。结合办公空间，配套民宿酒店、茶点、咖啡、银行等社区商业功能。文化休闲亦不可或缺。结合大型公共文化活动和小型个性文化展示，打造同产业紧密相联的文化设施。利用高大宽敞的车间，引入公共博物馆、文化艺术中心、艺术画廊和私人博物馆；将沿三堡街的独栋建筑改造为艺术家工作室和社区图书馆等，营造从内到外的艺术氛围。居住功能包括南侧新建和改建的两栋租赁公寓，以30~60平方米的小户型为主，面向本地工作的艺术家和企业主，配套理发、洗衣、健身、便利店等功能，并于厂区西南角新建停车楼一栋，上述功能亦可与周边社区共享。（图7-11）

（3）工业遗产存续

更新设计保留了除西南角的小型临时厂房外的所有建筑，进行成组保护。一类是临路的砖木结构、粉墙黛瓦的民国院落，结合立面开窗和木质隔断、月亮门等江南传统建筑符号，构成一个民族工业的缩影。另一类是由锯齿状单层主车间、排架单层车间以及多层加工车间集聚形成的大型厂房建筑群，开窗肌理、斑驳材质和特殊的屋顶形式被突出。拆除少量小厂房并予以原址新建，贴合既有建筑外轮廓，立面形式和简洁的工业风貌相协调。

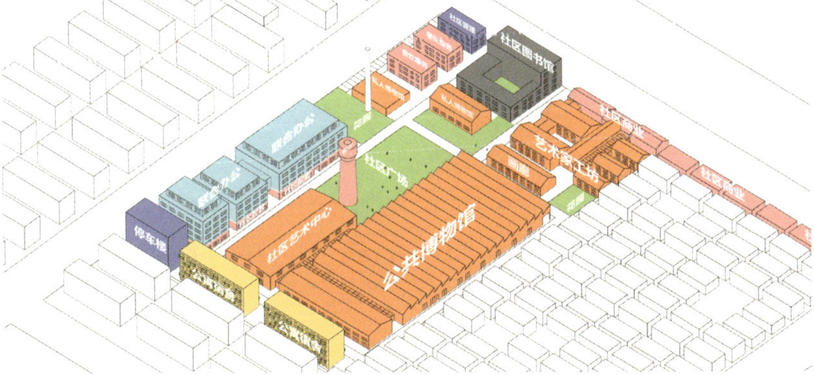

图 7-11
聚落型城中厂社区化更新的功能植入模式

对工业场地，保留厂区环路及其放射出的支路系统，结合两侧的建筑立面、围墙、绿化和空地，尽可能保持原场景感和空间尺度。主入口、礼宾大道和中央广场构成的公共区得到强调，转为仪式感较强的步行空间，并通过保留的水塔和烟囱予以强调。后者扮演了地标物的角色，可改造成观光塔和空中餐厅。工业景观则是一方面延续现状的生态沧桑感，如茂密的植被、斑驳的垂直绿化、东西花园等；另一方面把部分设备机器放置在场地内，作为工业景点使用；过去的凉亭、古树、水泥凳椅等功能景观设施也得到再利用，配以少量现代雕塑和街道家具，展现工业历史和现代时尚交错的社区场景。其他和工业相关的流水线、产品、工艺等可进行数字化转型，结合增强现实技术（augmented reality），将虚拟的遗产要素融合到工业遗产现实环境中去，并支持与用户进行互动，如在主车间内体验流水线生产的宏大场景。此外，涂鸦、标示、门匾等也应系统性保留。

（4）既有空间开发

聚落型城中厂的更新重点在于激活街区，对空间增量需求可控。因此采用加建、插建、翻新和新建等设计手法，将容积率从 0.88 上调至 1.20，建筑密度从约 35% 提高至约 39%。新建集中在历史建筑较少的西南角，拆除几栋临时厂房和仓库，复建 1 栋停车楼和 1 栋 6 层公寓，后者与其东侧改造的 6 层公寓轮廓一致。西侧多层厂房上退台加建 1~2 层新建筑，留出可俯瞰整个社区的屋顶露台，并在其中插入空中连廊。在东北角的小型建筑群以及中部主车间建筑群内插建公共廊道将其串联起来，可采用玻璃幕墙或玻璃砖等通透性较高的结构形式。此外，主车间内可垂直划分为 2~3 层，并根据需求，水平分隔成大小不一的功能空间。

（5）评估

聚落型城中厂社区化更新，是用厂房创建一个街区可持续更新的触媒。其优势在于工业遗产和工业风貌具有稀缺性，空间可再开发余地大，滨水景观优美，可达性较高，且是城市中的不动产洼地。劣势则是厂区大，厂房质量堪忧，保护改造成本高；周边建成环境质量不高，基础和公共配套设施紧缺，居民消费能级有限，治安环境偏差等。因此，聚落型城中厂的更新需要平衡产业价值、社会价值，以及历史文化和艺术价值至少 3 方面的诉求。可采取由地方政府推动，企业和社区组织参与的公私合作的模式，强调城中厂更新的产业带动价值，创造本地就业机会，提升身份认同和投资信心，催化周边其他城中厂的更新连锁反应，其中交通、景观和公共空间等改造亦应在渐进式转型中逐步解决。

7.4.5　共享：系统型城中厂社区化更新

将位于城市边缘工业区内的系统型城中厂看作城市社区的未来范式。通过植入均衡的居住、商办和社区配套功能，实现居民的本地动迁和在地就业；分区制定“留改拆”策略，在厂区全域范围内平衡保护和再利用的诉求；对接路网、开放边界、混合功能、适当新建、灵活改造，将城中厂转型为城市的活力单元。（图 7–12）

（1）更新设计策略体系的应用路径

嘉兴冶金机械厂的社区化更新设计主要面临以下 3 方面的挑战：更新需同时解决 2000 余户本地居民的动迁问题；项目基地三面隔离，南侧甪里街是唯一同其他城区衔接的交通干道；待保护的工业遗产建筑数量庞大，分布范围较广。此外还需兼顾西侧紧邻的民丰造纸厂在可预见的未来的更

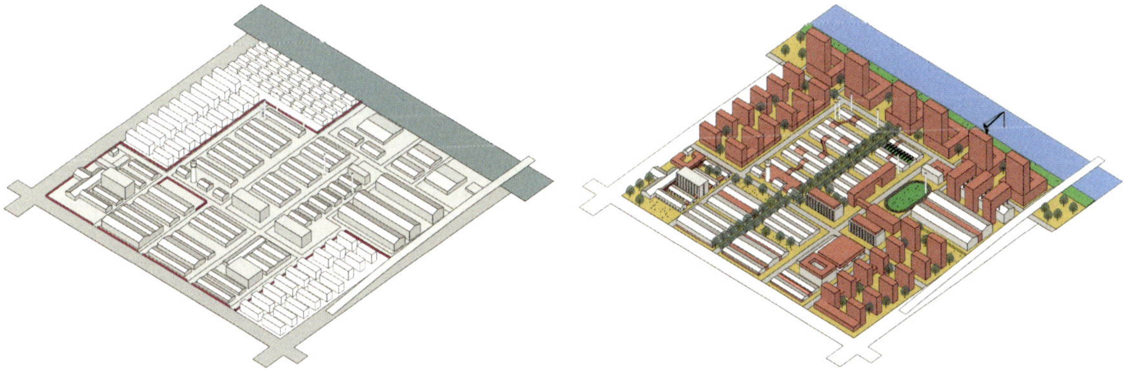

图 7-12
系统型城中厂社区化更新的前后比较

新。笔者在 2014—2017 年间全程参与了冶金—民丰地块的城市更新设计工作，对更新设计策略和更新机制展开过相应研究，并探讨了设计策略体系的应用路径，大致将其分为 4 个阶段：

首先是解决社会问题。明确本地社会构成，如居民的年龄、收入、家庭结构和住房质量等。周边住有超过 2000 户原两厂员工及其家属，年龄偏大，属于中低收入群体，有大量空巢家庭，多数住在计划经济时期建设的质量较差的住宅中。需通过冶金和民丰两厂的更新，采用房屋补偿和货币补偿相结合的方案，对其予以动迁，其中部分需在本地平衡解决。

其次是厘清经济逻辑。嘉兴的服务业，尤其是文化创意产业规模较小，从业人员不多，并不适合做大型创意园区。基地距离寸土寸金的老城仅数百米，可为在其中工作的城市白领提供住宿。应建设一定数量的各类住宅、相配套的商业零售和教育医疗，以及能激发活力的文化娱乐设施，实现职住平衡，这也符合本地动迁的经济思路。

再次是评价遗产和风貌价值。冶金机械厂内有 30 多处有保留价值的工业建筑和构筑物，入口广场、礼宾大道、路网系统以及滨水岸线都具有明显的工业场所感。这些工业建筑建设于 1940—2000 年之间，分布在近 30 公顷的厂区内。因此，不仅需要甄别单栋建筑和构筑物的遗产价值，还需评判各片区、轴线和节点的风貌价值，作为提出更新设计策略的依据。

最后是物质空间改造。以社会和经济层面的可行性研究为基础，为更新设计拟定大致的建设规模、容积率和建筑密度。空间改造一是要遵循规划管理条例和上位规划要求，二是需要保留工业遗产、延续工业风貌，三是需符合各类植入功能的适应性需求，四是要能组织高效的动静交通系统。这一过程中，多元化的改造设计策略尤为重要，如新建、插建、加建、贴建、植入、围建等。

本书将冶金机械厂理想化为一个矩形空间，同时考虑了更新中面临的内外挑战。在原规划基础上提出一套略作调整的城市设计方案，以展示更新设计策略体系的应用路径。

（2）厂城边界缝合

改善城中厂自身边界的封闭隔离现状，同时整合城中厂同相邻工人住区的空间，将西侧和东南角的用地合并至更新范围统筹规划。开放整个街区，从而增强城中厂同城市在经济、物资和人员流动方面的效率及频率。在南侧沿角里街，拆除围墙，拓展原人行道至建筑外墙处，临街建筑首层略微后退，形成"骑楼"作为可走可停的商业步行街；在北侧滨水岸线，略微抬高地面，形成兼具景观步行和防洪功能的带状公共空间，并通过垂直的指状通道连接厂区腹地。滨水步道可进一步延伸至东西相邻地块；在西侧，拆除所有围墙，并将城中厂边界拓展至西侧城市道路，同民丰厂隔路相望，为契合后者更新提供一系列道路接口。同时西侧住宅的1~2层作为沿街商铺，延续道路作为社区生活集市的历史地位；在东侧，利用高架桥下辅路作为街区的后勤辅助流线出入口和地下车库主入口。

（3）社区功能植入

居住、商业、社区配套功能的比例约为3∶1∶1。重点是保证充足的居住功能和相匹配的商办及文化休闲配套功能。居住功能包括3类：商品房住宅、回迁安置住宅、租赁住宅。前两者均为新建，面向在老城区工作的中产人群和本地工人家庭，并在底层提供商业零售功能；后者则是改造自多层厂房，主要服务年轻人群的公寓，首层设有健身房、洗衣房、便利店、理发店等配套，屋顶作为共享空间。3类住宅相对混合，在厂区西北和东南片区形成两个主要居住集聚带。

商办以购物消费和联合办公为主，分布在沿角里街、水塔以北的排架厂房、西南角的小型工业建筑群以及滨水街坊的裙房中。沿角里街留出骑楼，营造可进入、可驻足、可通过的商业氛围。在水塔以北，厂房室内被分层并挖出中庭，以连廊串联，灵活划分空间，形成在工业历史环境中徜徉的办公体验。同时结合创意展示和幼教培训等功能，植入一些独立体块。西南角的建筑群北改造为酒店和休闲娱乐功能，并同其东侧的大型商业空间遥相呼应。滨水街坊的裙房植入办公功能，且面水一侧留有轻餐饮等功能，结合外摆提升公共空间活力。

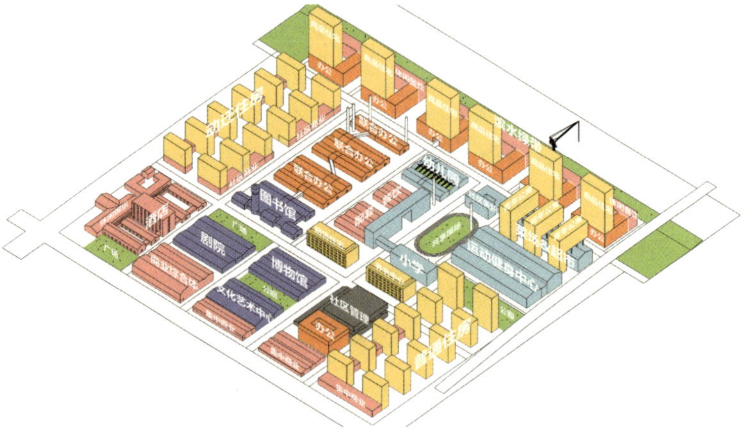

图 7-13
系统型城中厂社区化更新的功能植入模式

文化休闲和社区配套功能分布在西北角和社区中央轴线附近。其中西北角两栋 120 余米长的巨型厂房被改造成菜场和体育活动中心，结合西侧“回”字形社区活动中心，形成社区活力核，操场以南和以西则为小学和幼儿园，学校的操场可供社区分时共享。厂区南部分布有剧院、博物馆和图书馆，结合广场、原厂区礼宾大道等形成社区文化核。此外，新建场地地下均设置停车库。（图 7–13）

（4）工业遗产存续

更新首先基于工业遗产建筑的大致分布，将厂区分为西南和中部的保护区、东侧的改造区，以及其他地块的新建区。在保护区内，保留厂区入口处的文物建筑（民国时期的砖木结构厂房），存续其立面肌理和空间形式，并采用玻璃连廊这一低程度的设计介入方法。改造区内，面对排架厂房，保留主要界面的天际线、建筑结构和山墙面，局部拆除新建；将成组厂房连接贯通，形成可用的大空间。在新建区内，控制建筑高度，天际线形成自南部中点向四周的“扇形”提升，新的建筑立面尽量简洁，同红砖、青砖和混凝土为主的厚重厂房立面形成对比。

厂区的路网系统被完整保留并向西部延伸至城市道路，延续了小街坊、窄马路、密路网的厂区空间肌理，并在局部增加步行通道。同时，西南角入口广场和正南礼宾大道的空间形制、植被景观以及喷泉小品等被保留下来，作为呈现计划经济时代工业空间秩序的重要载体，如礼宾大道两侧的高大乔木、斑驳的红砖和混凝土厂房的山墙面、厂房之间狭长的通道、涂鸦在外墙上的口号，以及素混凝土铺地等。古树斑影印在陈旧的外墙上，流露出可感知的工业场所感和历史感。在厂区中部，以水塔为制高点，排架厂房和 3 栋厂区办公楼围合而成社区图书馆和社区广场。一个通高的玻璃盒子将多栋建筑串联起来，联合成一个完整的广场界面。厂区中部的一条南北向通道被改作人行步道，两侧排架厂房的山墙完整保留，在局部通过空中连廊或拆除外围护结构来强调设计介入，这种改造后的场所感被保留的景观化烟囱予以加强。在滨水区放置一些塔吊和设备作为景观，改造厂房为社区博物馆，留存、再现冶金机械厂过去的工业生产和生活记忆。

（5）既有空间开发

系统型城中厂需要符合城市再开发规律以提高更新可行性，对空间增量需求较大，尤其是在冶金机械厂。采用加建、新建、贴建、跨建等多样化设计手法，将容积率从约 0.7 上调至约 2.0，建筑密度从约 55.54% 下调至 38.84%。新建部分集中在厂区西侧、北侧和东南角，即待动迁的棚户区、工人住宅区和滨水临时仓库区等没有保护要求的片区，尽可能采用中层中密小街坊和围合式裙房的设计手法。

建筑改造方面，采用对中小型厂房“化零为整”、对大型厂房“化整为零”的策略，形成 0.6~1.5 公顷不等的多组小街坊。低层砖木排架厂房以翻新为主，并用连廊串联成一组建筑群；多层钢筋混凝土框架厂房则是在顶部加建 1~2 层并做退台；单层钢筋混凝土排架厂房，一种是将超高室内空间作分层处理，抑或是内植入新建筑体量，另一种是局部拆除并新建多层建筑、在厂房顶部跨建新建筑、拆除中跨屋面板形成中央庭院，以及把多栋排架厂房用玻璃体块连成大空间等，新旧结构完全脱离或仅保留横向联系。

在主要轴线和节点周边，保留厂房完整外墙或结构轮廓线以限定场所空间；利用不易再开发的场地以及多跨排架厂房“挖出”的中庭，打造成多个“口袋公园”；利用防汛墙留出滨水步行公共空间。此外在改造区和新建区内开挖两层地下空间以布置停车库等功能。

（6）评估

系统型城中厂社区化更新的目的是为城市建设一个活力单元。其用地规整，占地规模大，建筑和基础设施完好，具有较好的更新基础。工业遗产价值参差不齐，需要分级保留改造，这为有拆有留、新旧结合、适当开发提供了条件。这些系统性城中厂多滨水而居，近年来长三角城市重点打造城市滨水地带，以及社会各界对滨水工业遗产价值认知的提升，为系统性城中厂的更新创造了机遇。

但同时，系统型城中厂的更新也面临着污染残留和周边污染源尚存等环境层面的挑战，这意味着需要更大的环境治理投入和更高层级的行政力量介入。工业遗产建筑的改造亦是技术性难题。由于建筑类型极为多元，单层排架厂房数量众多，需要投入更复杂的系统改造策略，更谨慎地在保护和再利用之间寻求平衡。鉴于当前的城市开发模式和工业遗产保护模式之间的机制衔接还不完善，一套有机的“留改拆”技术体系有待进一步探索。此外，更新不可避免地受到周边居民利益诉求的约束，其中又以动迁为主，从而导致成本的大幅攀升。如再加上对社区公共和基础设施的投入，更新成本往往会超出常规城市开发项目的经济承受范围。

因此，系统型城中厂的更新需统筹三个方面的关系：一是区域统筹，这包括城中厂同其相邻地块的统一规划开发，以及更新成本的异地平衡；二是新旧统筹，一方面有拆有留，在保护和再利用之间寻求平衡，另一方面混合居民，在中产人群、原住民和高流动的年轻社群之间塑造社会网络；三是公私统筹，将城中厂视为“半公共物品”，既要开放共享，成为重塑地方身份的空间载体，也要保障隐私，为居住功能为主的城中厂社区提供安全舒适的生活环境。

值得强调的是，冶金机械厂的更新也存在一些遗憾。在开发和动迁收支必须在本地平衡的背景下，更新方案拆除了棚户区和工人新村这些当时被认为遗产价值偏低的片区，以保证较高的容积率和数千辆地下停车。这同当下倡导老旧小区改造的思路有所出入。此外对工业遗产的梳理，主要还是集中在工业建筑和构筑物上，缺少对历史价值、技术价值、社会价值和艺术价值的系统性认知，因此在更新设计中难以体现。在本研究中，基于冶金机械厂的理想模型的设计应用，在遵循原方案的路径和框架的基础上进行了局部调整。

7.5 本章小结

基于厂城共生的理念，本章尝试构建了面向长三角城市的城中厂社区化更新设计策略体系，包括更新原则、更新目标、设计策略体系主体、制度调整和风险评估建议5部分内容，并针对飞地型、群落型、聚落型和系统型4类城中厂提出差异化定位和更新模式建议（表7–6）。

表7-6　长三角地区城中厂社区化更新设计策略体系

体系框架	细则
更新原则	1. 厂城共生；2. 内外联动；3. 边界消弭；4. 经济活力；5. 职住平衡；6. 活化遗产；7. 文化资源；8. 空间开发；9. 个性设计；10. 定制路径；11. 污染治理；12. 在地契合
更新目标	1. 开放共享的厂城关系；2. 职住平衡混合功能；3. 存续工业场所感；4. 多层中密的空间
设计策略	1. 厂城边界缝合：旨在满足居民交往需求，以贯通、安全、开放、共享为原则，拆除围墙，增加出入口、融合内外场地，强化步行性、公共性和安全性，打造开放社区。 2. 社区功能植入：以平衡居民职住需求为目标，遵循均衡、活力、混合、保障的原则，针对周边街区的功能缺口，植入住宅、商办和社区配套3类混合功能。 3. 工业遗产存续：以满足居民认同和归属需求为目标，以活化、再现场所感和系统性保护为原则，针对需要保留和改造的工业建筑、工业场地、工业景观和其他工业要素等物质空间对象展开存续设计。 4. 既有空间开发：以提升空间使用效率为目标，兼顾风貌保护、建筑结构承载力和对周边环境的影响。以改建、新建、多层、中密度为原则，提高容积率、调整建筑密度，针对“留改拆”建筑分别作再开发设计
制度调整	1. 推进多元混合的用地权属制度； 2. 制定弹性的更新开发管理制度； 3. 倡导“在地公共性”和灵活适应的更新实施机制
风险评估	1. 环境风险评估； 2. 使用风险评估； 3. 结构风险评估

续表

体系框架	细则			
定位模式	飞地型城中厂 共通模式 社区活动发生器	群落型城中厂 共融模式 社区机体联通器	聚落型城中厂 共兴模式 社区发展催化剂	系统型城中厂 共享模式 城市活力社区单元
	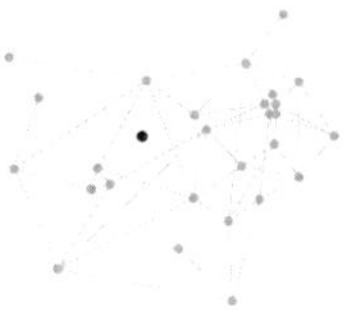 	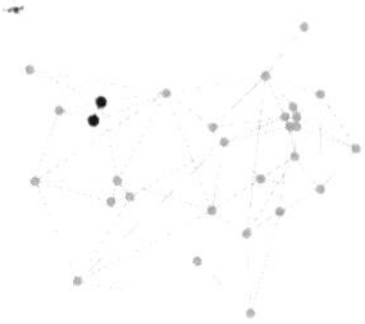 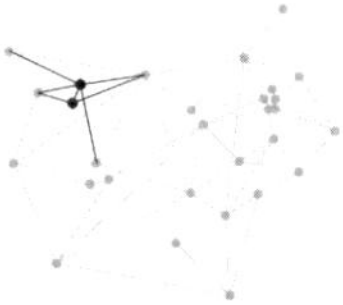	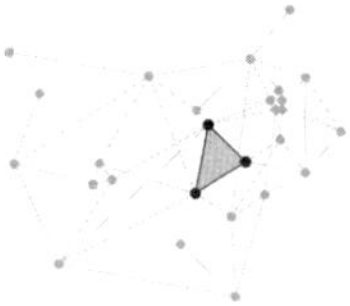 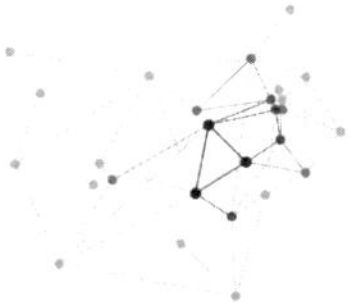	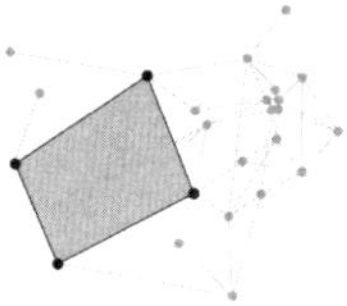 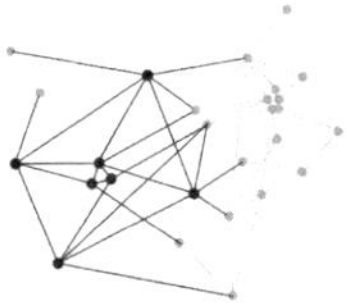

长三角地区的城中厂社区化更新工作，当前还处于探索阶段。本章提出的更新设计策略体系具有实验意义，在一些问题上尚且难以形成完美的解决方案，譬如空间开发和遗产保护的矛盾、中高端居住消费功能同本地工人群体需求的矛盾、边界开放共享同管理模式转化的矛盾、倡导制度调整和现行规划管理机制的矛盾等，以及事实上更加复杂的外部和内部环境所面临的系统性挑战。因此，我们需要的不仅是一套设计策略体系，完整的行政管理制度、融资渠道、环境治理技术甚至配套法律法规等亦是不可或缺的。这也是长三角城市更新未来的工作重点。

纵观城市更新起步较早的国家，城中厂的社区化更新不仅是城市发展的通用模式，更是刺激衰败的工业街区再次振兴的重要手段。本章提出 12 条更新原则，4 点更新目标，厂城边界缝合、社区功能植入、工业遗产存续、既有空间开发 4 方面设计策略，以及制度调整和风险评估等可行性建议，初步构建了一套聚焦城市设计、兼顾规划和建筑设计的城中厂社区化更新设计策略体系。有理由相信，随着长三角城市全面迈入存量发展阶段，定能探索出一条适合城中厂社区化更新的系统化路径，而本体系亦可为这一探索过程提供建设性参考。

8 结语与展望

8.1 研究结论

本书针对长三角 7 座城市中分布广泛的“城中厂”，提出社区化的更新模式，以解决当前城中厂更新中出现的单调、封闭、低效和工业遗产保护不力等问题。以“厂城共生”为目标，更新设计为切入点，一是梳理城中厂的形成动因、现状“厂－城”的空间特征和类型，形成基础资料；二是剖析了当前城中厂社区化更新的长三角实践，探讨其更新设计的策略、手法和深层次机制，厘清优势和局限；三是提出城中厂社区化更新的设计策略体系，为长三角城市在高质量发展和可持续更新中平衡“开放共享的场所”“混合多元的功能”“历史记忆的遗产”“高效紧凑的空间”四者的关系，提供城市设计层面的设计依据。主要结论有以下 4 方面。

8.1.1 历史脉络：城中厂的形成机制

通过梳理长三角地区城中厂的形成历史，本书将其分为 4 个阶段：①以内城工坊为特征的雏形，②不断聚集的近郊工业聚落，③城市工业化下的生产单位，④快速城镇化和去工业化进程中被闲置废弃的城中厂。深入剖析城中厂的形成机制，归纳其动因在于城市转型中的时空要素错位。比如产业“退二”未能全面“进三”，“单位”制度瓦解加大更新成本，存量对象和增量规划不匹配，以及受到愈加严格的环境治理和工业遗产保护等制度的要求。

8.1.2 现状特征：城中厂的特征和类型

（1）长三角地区城中厂的六点特征

依据“厂一城”空间关系，本书选择了长三角 7 座城市中 316 处城中厂作为样本，总结出具有地域性城镇化发展特色的 6 点特征：

a）城市用地结构特征：城中厂量大面广，在中心城区的城市建设用地中平均占比接近 20%。未来 30 年间，有数百平方千米的城中厂亟待更新。

b）厂区外部环境特征：城中厂拥有良好的区位且多滨水分布，但同时其邻里空间多元且封闭。

c）厂区功能业态特征：城中厂在历史上以轻工业居多，如今多半已调整功能或正在调整中，转型与生产、临时与常态并存。

d）工业遗产和风貌特征：城中厂形成的历史久远，时代特征鲜明，工业遗产资源丰富，保留建筑的类型多元，历史场所的可识别性强。

e）厂区内部空间特征：城中厂的用地规模差别迥异，容积率多低于 1.0，建筑密度高于 25%，小密路网窄马路。

f）厂城社会环境特征：城中厂及其周边城区的社会结构繁杂，人口流动性大、社会经济状况两极分化，用地权属关系错综复杂。

（2）长三角地区城中厂的 4 种形式类型

在“厂城共生”的研究主线基础上，以城中厂同其周边地区的空间结构关系为分类标准，将长三角地区城中厂分为 4 种形式类型：

飞地型城中厂：位于内城中的非工业环境中，周边以工人新村、新建住宅区或商办空间为主。厂区由若干中小型工业建筑组成，占地规模一般在 1 公顷以下，多层高密度，建筑质量较好，遗产价值较高，再利用条件成熟。多曾是服装和食品等相关制作基地，现已失去生产功能，多数已然转型。

群落型城中厂：位于内城边缘的非工业环境中，周边以新建住宅区或商办空间为主。是多组相互关联的中小型工业建筑群，占地规模在 1~5 公顷不等，常见中层或低层建筑，建筑密度偏高，建筑质量一般，遗产价值较高，具备再利用条件。多曾是棉纺和仓储基地，现大部已失去生产功能并转型。

聚落型城中厂：位于内城以外的半工业环境中，周边以工人新村、城中村或其他城中厂居多。是成片工业建筑集聚区，占地规模 3~10 公顷不等，容积率和建筑密度偏低，建筑质量参差不齐，遗产价值适中，更新面临众多挑战。作为棉纺、机械和电器设备等生产基地，现仅有部分仍在生产。

系统型城中厂：位于中心城区边缘的工业环境中，周边主要是工厂和工人住宅区。作为完整的大型生产区，占地规模一般在 10 公顷以上，容积率和建筑密度均较低，建筑质量部分堪忧，遗产价值仅在局部体现。常常是冶金、钢铁、机车等重型装备生产场所，多数现仍在生产中或处于闲置状态。

8.1.3 演化趋势：城中厂社区化更新的现状

（1）长三角地区城中厂社区化更新的价值

从“厂城共生”视角出发，本书解析了长三角 30 处城中厂社区化更新样本，同“园区化更新”作比较并总结出 4 点更新意义：

a）缝合城市断裂带：在空间、功能和文化认同上同周边社区统一融合。

b）锚固地方性要素：强化场所精神，吸引本地居民、产业和文化扎根发展。

c）资源循环性利用：充分利用既有厂房，减少能源消耗、建筑垃圾和碳排放。

d）激活区域发展动能：为城市振兴提供触媒效应，产生稳定人流、塑造发展范式、强化投资信心、突出建筑遗产的价值。

（2）长三角地区城中厂社区化更新的特征

本书归纳了现状更新样本呈现出的 4 点有待改进的共性特征：

a）边界门禁化：厂城融合程度偏低，边界封闭程度较高。

b）功能单一性：功能的复合度不高，同周边城区功能的兼蓄程度有限。

c）单体式保护：聚焦重点工业历史建筑，遗产保护的系统性不足。

d）空间分化性：在高层低密和低层高密之间，缺少多层中密度的空间形制。

由此，本书提出城中厂社区化更新的 4 方面改进建议：

a）满足人的交往需求，消弭厂城边界隔离。在确保安全的前提下，开放社区，让公共空间和公共服务更易达，厂城空间和功能更融合，消弭边界隔离。

b）满足人的职住需求，强调功能混合均衡。不仅服务转型的城中厂，更应植入多元混合且能弥补社区需求缺口的功能，优化平衡整个社区的功能结构。

c）满足人的认同需求，延续工业场所识别性。不仅保护工业建筑，更应关注工业场所感、空间尺度和风貌、工业景观及其他要素，凸显可识别的本地性特征。

d）满足人的使用需求，提升空间利用效率。平衡风貌保护和空间利用之间的关系，适当调整容积率和建筑密度，倡导多元化的空间形制路线。

8.1.4 设计应对：构建城中厂社区化更新的设计策略体系

综合实证和历史研究中梳理出的结论，本书以“厂城共生”理念为导向，在城市设计层面提出“长三角地区城中厂社区化更新的设计策略体系”，并明确了策略体系的应用场景和应用方法，具体包括：

（1）更新的 12 条原则：厂城共生、内外联动、边界消弭、经济活力、职住平衡、活化遗产、文化资源、空间开发、个性设计、定制路径、污染治理、在地契合。

（2）更新的 4 点目标：开放共享的厂城关系、职住平衡混合功能、存续工业场所感、多层中密的社区空间。

（3）更新设计策略体系 4 个技术维度：

a）厂城边界缝合：旨在满足居民交往需求，以贯通、安全、开放、共享为原则，拆除围墙，增加出入口、融合内外场地，强化步行性、公共性和安全性，打造开放社区。

b）社区功能植入：以平衡居民职住需求为目标，遵循均衡、活力、混合、保障的原则，针对周边街区的功能缺口，植入住宅、商办和社区配套 3 类混合功能。

c）工业遗产存续：以满足居民认同和归属需求为目标，以活化、再现、场所感和系统性保护为原则，针对需要保留和改造的工业建筑、工业场地、工业景观和其他工业要素等物质空间对象展开存续设计。

d）既有空间开发：以提升空间使用效率为目标。兼顾风貌保护、建筑结构承载力和对周边环境的影响。以改建、新建、多层、中密度为原则，提高容积率、调整建筑密度，针对原有建筑的“留改拆”分别作再开发设计。

（4）更新制度调整建议：①多元混合的用地权属制度，用“正式更新”逐步取代“非正式更新”；②弹性的用地开发管理制度，制定更精细化的用地和规划管理制度；③“在地公共性”和灵活适应的更新实施机制，寻求更均衡的更新目标。

（5）更新风险评估建议：①环境风险评估，包括内部的污染残留、外部的潜在污染源，以及更新引发的二次污染等；②使用风险评估，即评估再利用的需要，同工业遗产保护和工业风貌存续之间的平衡关系；③结构风险评估，即评估既有工业建筑结构的安全性、稳定性、材料寿命以及抵御突发性灾害的能力。

（6）社区化更新的模式和定位：依据 4 种城中厂类型，提出①飞地型城中厂采用共通模式，定位城中厂为社区活动发生器；②群落型城中厂采用共融模式，定位城中厂为社区机体联通器；③聚落型城中厂采用共兴模式，定位城中厂为社区发展催化剂；④系统型城中厂采用共享模式，定位城中厂为城市活力社区单元。

8.2 未来展望

城市是一个有机体，城中厂则是城市发展过程中的有机组成部分。无论在过去、现在还是未来，城中厂的命运都与城市的兴衰息息相关。随着长三角城市纷纷步入存量发展阶段，可持续更新和高质量发展成为时代的主题，这对城中厂的更新也提出了新的要求，传统的“园区化”模式将不再是更新的“唯一解”。

本书因而从城市设计的专业视角出发，提出“厂城共生”的更新理念，构建由更新原则、更新目标、技术维度和评估建议构成的社区化更新设计策略体系，力求尽可能地探索城中厂再次融入长三角城市的技术路径。在此基础上，未来或可在以下 4 个方面深入开展工作：

（1）从经济发达地区到长三角全域——不同城市发展阶段对城中厂社区化更新策略选择的影响研究

鉴于科研条件和时间精力有限，本书选择了长三角东部地区的 7 座城市作为调研目的地和样本来源地。然而，所选的城市均为经济发达地区，城镇化程度高，中心城区已迈入后工业化阶段，因而也在特征和策略上呈现出一定的相似性。未来可以更深入地剖析长三角其他城市的城中厂及其社区化更新，厘清不同发展阶段的城市所呈现出的差异化特征，例如工矿城市铜陵、马鞍山，小三线工业城市宣城、池州，新兴大都市宁波、合肥，老工业基地南京、安庆和南通，以及温州模式下的浙南城市等。因此，开展面向整个长三角地区的城中厂社区化更新研究，对推动区域性城市可持续更新和工业遗产保护具有重大意义。

（2）从设计策略到机制路径——城中厂社区化更新中的产业、社会文化和环境的协同转型机制研究

本书聚焦城中厂社区化更新中的城市设计方法研究，并尝试构建了一个更新的系统性工具。然而，更新的机制建设亦不可或缺，这在长三角城市更新中甚为关键。考虑到篇幅限制，这一部分内容在本书中仅作常识性解释。未来可以从产业结构转型、社会网络重构、文化身份塑造以及环境治理等议题出发，重新审视城中厂社区化更新的案例样本，并探讨如何在更新中形成协同效应。新的研究可以借助社会学、文化地理学和产业经济学等研究方法，以跨学科思路评估长三角地区城中厂社区化更新的机制路

径，参考比较不同国家的相关经验，并提出符合可持续更新的机制路径建议。

（3）从社区大类到细分小类——城中厂社区化更新中的细分功能同工业空间的适应性改造研究

本书提出的社区化更新，其实是一个相对宽泛的定义，其宗旨在于转型或融入社区。然而社区是一个动态的社会学概念，并非如住宅般物化可见，人口结构的变化、就业规模的变迁、人的生活习惯和信仰的转变等，均会造就不同主导功能的社区。可以将社区功能进一步细分，面向城市发展中的趋势性特征，如居住空间异化、老龄化、绅士化、韧性诉求、绿色健康城市等，开辟出一些研究细分小类，如“工改居”“适老性改造”“防灾化改造”“低碳化改造”“数字化改造”等方向，为城中厂社区化更新研究建立一系列二级研究课题。

（4）从“厂城共生”到“厂城共兴”——城中厂社区化更新在其周边城区催生的触媒效应研究

本书提出的“厂城共生”，强调的是城中厂融入其周边区域，形成一个没有隔阂、功能完备、空间利用高效并以工业遗产为地方身份认同感载体的社区。然而，城中厂还应在城市可持续更新中发挥更大的外部效应。可以在未来重点研究城中厂更新对于周边城区的触媒效应。基于城市地理学和人文地理学的交叉研究路径，量化评价触媒影响范围，识别触媒类型，测度触媒绩效，比较解析正触媒和负触媒的形成机制差异，建立城中厂更新中触媒效应模型等，为长三角乃至全国其他地区的城中厂更新寻找到一条可持续的技术路径。

参考文献

[1] Alexander, C. The Oregon experiment [M]. Oxford: Oxford University Press, 1975.

[2] Allison, E., Peters, L. Historic preservation and the livable city [M]. Hoboken, New Jersey: John Wiley & Sons, Inc., 2011.

[3] Barnett, J. An introduction to urban design [M]. New York City: HarperCollins Publishers, 1982.

[4] Berens, C. Redeveloping industrial sites; a guide for architects, planner and developers [M]. Hoboken, New Jersey: John Wiley & Sons Inc., 2011.

[5] Berger, A. Drosscape: wasting land in urban America [M]. New York, Princeton Architectural Press, 2006.

[6] Bergeron, L. Industry, architecture, and engineering [M]. New York: Harry N. Abrams, 2000.

[7] Braae, E. Beauty redeemed: recycling post-industrial landscapes [M]. Basel: Birkhäuser, 2015.

[8] Bradley, B. The works: the industrial architecture of the United States [M]. New York: Oxford University Press, 1999.

[9] Cathcart, K. Old downtown San Francisco CA: historic sites & buildings [M]. San Francisco, Calif, 1949.

[10] Connolly, J. After the factory: reinventing America' s industrial small cities [M]. Lanham: Lexington Books, 2010.

[11] Corner, J., Mostafavi, M, Najle, C. (ED.) Landscape urbanism: a manual for the machinic landscape [M]. London: Architectural Association, 2003.

[12] Couch, C., Fraser, C., Percy, S. (ED.) Urban regeneration in Europe [M]. Oxford: Blackwell Science, 2003.

[13] Curulli, I. The making and remaking of dismissed industrial sites [M]. Florence: Alinea international, 2014.

[14] Department of City Planning NYC. Manufacturing Districts [R/OL]. [2012-02-01]. [2017-07-21]. https:// www1.nyc.gov/site/ planning/zoning/districts-tools/mfg-districts-2002-2012.page.

[15] Edwards, B. London Docklands: Urban design in an age of deregulation [M]. Oxford: Butterworth

Heinemann Ltd., 1992.

[16] Eley, P., Worthington, J. Industrial rehabilitation: the use of redundant buildings for small enterprises [M]. London: the architectural press, 1984.

[17] Environmental Protection Agency. Comprehensive environmental response, compensation, and liability act of 1980 [R]. Washington D.C., EPA:1980.

[18] Evans, G. Measure for measure: evaluating the evidence of culture's contribution to regeneration [J]. Urban Studies, 2005, 42(5/6): 959–983.

[19] Florida, R. The rise of the creative class: and how it' s transforming work, leisure, community and everyday life [M]. New York: Perseus Book Group, 2004.

[20] Foster, J. Hiding in plain view: vacancy and prospect in Paris' Petite Ceinture [J]. Cities, 2014, 40 (09): 124–132.

[21] Georgakellos, A., Marcis, M. Application of the semantic learning approach in the feasibility studies preparation training process [J]. Information Systems Management 2009:26 (3) 231–240.

[22] Gibson–G., K. Rethinking the economy with thick description and weak theory [J]. Current Anthropology. 2014: 55 (09): 147–153.

[23] Glass, R. London: aspects of change in Centre for Urban Studies (ED.) [M]. London: MacGibbon & Kee, 1964.

[24] Gu, X. The art of re–industrialization in Shanghai. [J]. Culture Unbound, 2012, 04: 193–211.

[25] Greenberg, S. Neighborhood change, racial transition, and work location: a case study of an industrial city, Philadelphia 1880–1930 [J]. Journal of Urban History, 1981: 267–314.

[26] Greer, N. Architecture transformed: new life for old buildings [M]. Rockport: Rockport Publishers, 1998.

[27] Halprin, L. The RSVP Cycles: creative processes in the human environment [M]. New York City: George Braziller, 1970.

[28] Hall, P. 明日之城——一部关于 20 世纪城市规划与设计的思想史 [M]. 童明，译 . 上海：同济大学出版社，2009.

[29] Hartog, F. Time and heritage [J]. Museum International, 2005, 227: 7 – 18.

[30] Harvey, D. From managerialism to entrepreneurialism: the transformation in urban governance in late capitalism [J]. Geografiska Annaler, 1989(1):3–17.

[31] Hess, R., Marquis, J.P., Schank, J.F., Mackinnon, M. The closing and reuse of the Philadelphia Naval Shipyard [M]. Santa Monica, Rand Corporation, 2001.

[32] Hämer, H.W. Step by step: careful urban renewal in Kreuzberg, Berlin: Internationale Bauausstelung Berlin 1987 [M]. Berlin: S.T.E.R.N., Gesellschaft der behutsamen Stadternauerung Berlin, 1987.

[33] Hillery, G. Definitions of community: areas of agreement [J]. Rural Sociology, 1955,20:111–123.

[34] Hollander, J. B., Kirkwood, N. G., Gold, J. L. Principles of brownfield regeneration [M]. Washington D. C.: Island Press, 2010.

[35] Hospers, G. Industrial heritage tourism and regional restructuring in the European Union [J]. Eu–

ropean Planning Studies, 2002,10(3): 397–404.

[36] Howard, E. To–morrow: a peaceful path to real reform [M]. Cambridge: Cambridge University Press, 2010.

[37] Jones, E. Industrial architecture in Britain 1750–1939 [M]. London: Batsford Ltd, 1985.

[38] Judd, D., Parkinson, M. Leadership and urban regeneration: cities in North America and Europe [M]. Newbury Park: SAGE Publications, Inc. 1990.

[39] Justis, T., Kreigsmann, B. The feasibility study as a tool for venture analysis [J]. Business Journal of Small Business Management， 1979,17(1):35–42.

[40] Kee, T. Sustainable adaptive reuse: economic impact of cultural heritage [J]. Journal of Cultural Heritage Management and Sustainable Development, 2019,9(2):165–183.

[41] Kidney, W. C. Working places: the adaptive use of industrial buildings [J]. Pittsburgh: Ober Park Associates, 1976.

[42] Kirkwood, N. Manufactured sites: rethinking the post–industrial landscape [M]. Milton Park: Taylor & Francis, 2001.

[43] Kokai Studios. 华侨城苏河湾 42 号 [EB/OL]. (2013–01–01)[2018–01–01]. http://www.kokaistudios.com/zh/ portfolio/architecture/ oct–block–42.

[44] Kotkin, J. The city: a global history [M]. New York City: Modern Library, 2005.

[45] Landmarks Preservation Commission. SoHo – Cast iron historic district designation report [R]. NYC: City of New York, 1973:1–5.

[46] Leigh, N., Hoelzel, N. Smart growth’ s blind side: sustainable cities need productive urban industrial land [J]. Journal of the American Planning Association. 2012(01):87–103.

[47] Lin, Hsiao–Wei. Conservation and community consciousness. In Douet, J. (ED.). Industrial heritage re–tooled: the TICCIH guide to industrial heritage conservation [M]. Lancaster: Carnegie Publishing Limited, 2012.

[48] Loures, L. Post–industrial landscapes as drivers for urban redevelopment: public versus expert perspectives towards the benefits and barriers of the reuse of post–industrial sites in urban areas [J]. Habitat International, 2015,45:72–81.

[49] Lydon, M., Gracia, A. Tactical urbanism short–term action long–term change [M]. Washington D.C.: Island Press, 2012.

[50] Lynch, K. What time is this place？ [M]. Cambridge, MA: MIT Press, 1972.

[51] Maloney, M. Commercial land use in Boston [R]. Boston Redevelopment Authority, 2003(10):1–2.

[52] Markusen, A. Sticky places in slippery space: a typology of industrial districts [J]. Economic Geography, 1996:293–313.

[53] Martinovic, A., Ifko, S. Industrial heritage as a catalyst for urban regeneration in post–conflict cities case study: Mostar, Bosnia and Herzegovina Cities [J]. 2018,74:259–268.

[54] McHarg, I. L. Design with nature [M]. Garden City, NY.: Natural History Press, 1969.

[55] Sanders, I. T. The community: an introduction to a social system [M]. New York: Ronald Press, 1966.

[56] Molnar, F. Lofts: new designs for urban living [M]. Rockport: Rockport Publishers, 1999.

[57] Moscovici, S. Social representations: explorations in social psychology [M] .Cambridge: Polity Press, 2000.

[58] Murtagh, W. J. Keeping time: the history and theory of preservation in America [M]. Pittstown, NJ: Main Street Press, 1997.

[59] National Planning Association, Committee on depressed areas. Depressed industrial areas: a national problem [M]. Washington D.C.: NPA, 1957: 1–4.

[60] Nienke van, B., Hans, M. Comeback cities: transformation strategies for former industrial cities [M]. Rotterdam: NAi Publishers, 2009.

[61] Philadelphia Authority for Industrial Development. The Navy Yard Master Plan 2013 Update [Z/OL]. (2014–01–01) [2018–10–01]. https://www.pidcphila.com/images/uploads/resource_library/The_Navy_Yard_Master_Plan_2013_Update_lo.pdf.

[62] Randal, B. American factory architecture: the concrete frame, 1890–1920 [M]. New Haven: Yale University, 1972.

[63] Riegl A. The modern cult of monuments: its character and its origin[J]. Oppositions, 1982.

[64] Rix, M. Industrial archaeology [M]. London: The historical association, 1967.

[65] Roberts, P., Sykes, H. Urban regeneration: a handbook [M]. London: Thousand Oaks, Calif: 2000.

[66] Rogers, R. Introduction. In Urban Task Force (Ed.) Towards an urban renaissance [M]. London: Routledge, 1999.

[67] Rogers, R. Design excellence. In Urban Task Force (Ed.) Towards a strong urban renaissance [M]. London: Routledge, 2005.

[68] Rossi, A. The architecture of the city [M]. Cambridge, MA: MIT Press, 1982.

[69] Royal College of Art. After Butler' s wharf: essays on a working building [M]. London: Royal College of Art, 2013.

[70] Ruskin College. Some problem of urban and rural industry [M]. Birmingham: Birmingham Printers, 1917.

[71] Rypkema, D. Economics of historic preservation [M]. Washington D.C.: National Trust for Historic Preservation,1994.

[72] Sanders, I. T. The community: an introduction to a social system [M]. New York: Ronald Press, 1966.

[73] Schumacher, E. F. Small is beautiful: a study of economics as if people mattered [M]. New York City: HarperCollins Publishers, 1973.

[74] Sharp, T. Exeter phoenix: a plan for rebuilding [M]. Exeter: Exeter City Council by the Architectural Press, 1946.

[75] Sigman, H. Environmental liability and redevelopment of old industrial land [J]. The Journal of Law & Economics, 2010(2):289–306.

[76] Sola–Morales, Ignasi de. Terrain vague. In Davidson, C. (Ed.). Anyplace [M]. Cambridge, MA: MIT Press, 1995.

[77] Sternberg, E. What makes buildings catalytic ? How cultural facilities can be designed to spur surrounding development [J]. Journal of Architectural and Planning Research. 2002(1):30–43.

[78] Stratton, M. Industrial buildings: conservation and regeneration [M]. London: E & FN Spon, 2000.

[79] Taylor, N. Urban planning theory since 1945 [M]. Thousand Oaks: SAGE Publications Ltd, 2012.

[80] Telgmann, J. The Kingston Pump House Steam Museum and the frontenac society of model engineers: a case study in the role of the local enthusiast [J]. The Journal of the Society for Industrial Archeology. 1980(1):55–59.

[81] The International Committee for the Conservation of the Industrial Heritage. The nizhny tagil chapter [S]. Nizhny Tagil: TICCIH, 2003.

[82] Douet, J. (ED.). Industrial heritage re-tooled: the TICCIH guide to industrial heritage conservation [M]. Lancaster: Carnegie Publishing Limited, 2012.

[83] The International Committee for the Conservation of the Industrial Heritage. Dublin principles [S]. Dublin: TICCIH, 2011.

[84] Tiesdell, S., Oc, T., Heath, T. Revitalizing historic urban quarters [M]. Oxford; Boston: Architectural Press, 1996.

[85] UK Government. Planning policy statements: planning for the historic environment (PPS 5). [R/OL]. 2010.

[86] United States Geological Survey. Iron and steel statistics and information [R/OL]. (2017-02-03) [2017-07-07]. https://minerals.usgs.gov/minerals/pubs/ commodity/iron_&_steel/.

[87] Xie, Y., Lai, Q., Wu, X. Danwei and social inequality in contemporary urban China [J]. Research in the sociology of work. 2009(19): 283–306.

[88] Xie, Y. A life cycle model of industrial heritage development [J]. Annals of Tourism Research, 2015,55:141–154.

[89] Zielke P., Waibel M. comparative urban governance of developing ceative spaces in China [J]. Habitat International, 2014,41:99–107.

[90] Zukin, S. Loft living: culture and capital in urban change [M]. Baltimore: Johns Hopkins University Press, 1982.

[91] 白友涛，陈赟畅．城市更新社会成本研究 [M]. 南京：东南大学出版社，2008.

[92] 彼得·霍尔．城市和区域规划 [M]. 邹德慈，李浩，陈熳莎，译．北京：中国建筑工业出版社，2008.

[93] 蔡君馥．关於工业建筑的决议——1950 年 4 月苏联建筑师联盟召开有关工业建筑方面会议的决议 [J]. 建筑学报，1954(1): 29–31.

[94] 常青．历史环境的再生之道：历史意识与设计探索 [M]. 北京：中国建筑工业出版社，2009.

[95] 常州市地方志办公室．常州年鉴（2016）[M]. 常州：常州年鉴社，2016.

[96] 陈鹏，胡莉莉，扎博文．“全球城市”视野下上海历史文化保护的顶层设计——基于英国《遗产 2020》影响启示的初探 [J]. 上海城市规划，2017(2):60–64.

[97] 陈泳．近代工业街区的进化——从“苏纶厂”到“苏纶场”[J]. 建筑学报，2015(7):98–103.

[98] 丁新军，阙维民，孙怡 .“地方性”与城市工业遗产适应性再利用研究——以英国曼彻斯特凯瑟菲尔德城市遗产公园为例 [J]. 城市发展研究，2014(11):67–72.
[99] 董卫 . 城市制度、城市更新与单位社会——市场经济以及当代中国城市制度的变迁 [J]. 建筑学报，1996(12):39–43.
[100] 范婉莹 . 利益还原视角下上海中心城区工业用地更新研究——兼论工业用地更新的规划博弈 [J]. 规划师，2018(1):42–47.
[101] 范文兵 . 城市更新五问 [J]. 时代建筑，2016(4): 5+4.
[102] 费孝通 . 社会调查自白 [M]. 上海 : 知识出版社 , 1985.
[103] 冯立，唐子来 . 产权制度视角下的划拨工业用地更新 : 以上海市虹口区为例 [J]. 城市规划学刊，2013(5):23–29.
[104] 顾春平，张文珺 . 运河文化长廊百年工业遗韵——试探常州工业遗产保护利用 [J]. 江苏城市规划，2010 (9):4–11.
[105] 管健 . 社会表征理论的起源与发展：对莫斯科维奇《社会表征 : 社会心理学探索》的解读 [J]. 社会学研究，2009(4):228–242.
[106] 国家统计局 . 新中国六十年统计资料汇编 [M]. 北京：中国统计出版社，2010.
[107] 哈静，盛欢，徐浩铭 . 基于钢铁产业链的鞍山工业遗产类型与保护措施探究 [J]. 沈阳建筑大学学报（社会科学版），2017(02):12–18
[108] 哈静，潘瑞 . 循环经济理念下工业建筑遗存的经济价值 [M]. 沈阳：辽宁科学技术出版社 , 2014.
[109] 杭州市地方志编纂委员会 . 总述 . [M/OL]. (2003–02–04)[2018–12–01]. 杭州市志 . http://www.hangzhou.gov.cn/art/2003/2/4/art_ 805828_79235.html.
[110] 何依 . 四维城市：城市历史环境研究的理论、方法与实践 [M]. 北京：中国建筑工业出版社，2016.
[111] 胡昕宇，杨俊宴 . 特大城市中心区阴影区的边界界定及空间特征 [J]. 东南大学学报（自然科学版），2014(5):1093–1098.
[112] 胡咏嘉，于涛，罗小龙 . 转型期公共空间重置背景下的中国城市碎片化研究 [J]. 现代城市研究，2011(3):10–13.
[113] 黄鹤 . 文化政策主导下的城市更新——西方城市运用文化资源促进城市发展的相关经验和启示 [J]. 国外城市规划，2006(1):34–39.
[114] 黄琪 . 上海近代工业建筑保护和再利用 [D]. 上海：同济大学，2007.
[115] 黄苇 . 上海开埠初期对外贸易研究 [M]. 上海：上海人民出版社，1979.
[116] 黄兴文 . 住房体制市场化改革：成就、问题、展望 [M]. 北京：中国财政经济出版社，2009.
[117] 黄怡 . 城市社会分层与居住隔离 [M]. 上海：同济大学出版社，2006.
[118] 简・雅各布斯 . 美国大城市的死与生 [M]. 金衡山，译 . 南京：译林出版社，2006.
[119] 蒋楠 . 基于适应性再利用的工业遗产价值评价技术与方法 [J]. 新建筑，2016(3):4–9.
[120] 蒋楠，王建国 . 近现代建筑遗产保护与再利用综合评价 [M]. 东南大学出版社，2020.
[121] 蒋文，李和平 . 文化诉求推动下的历史街区绅士化更新 [J]. 城市发展研究，2013(20–9):1–7.

[122] 金广君，陈旸．论“触媒效应”下城市设计项目对周边环境的影响 [J]. 规划师，2006(11):8–12.

[123] 柯林·罗，弗瑞德·科特．拼贴城市 [M]. 童明，译．北京：中国建筑工业出版社，2003.

[124] 克里斯蒂安·诺伯格－舒尔茨．西方建筑的意义 [M]. 李路珂，欧阳恬之，译．王贵祥，校．北京：中国建筑工业出版社，2005.

[125] 肯尼思·鲍威尔．旧建筑改建与重建 [M]. 于馨，杨智敏，司洋 译．大连：大连理工大学出版社，2001.

[126] 寇婧，孙澄．基于工业遗产再生的城市综合体复合模式研究 [J]. 新建筑，2015(5)122–126.

[127] 寇志荣，杨灿，张莹冰．走进苏州河畔 3.0 时代：苏州河沿河公共空间贯通关键要素设计优化模式研究 [J]. 华建筑，2019，22:30–37.

[128] 勒·柯布西耶．人类三大聚居地规划 [M]. 刘佳燕 译．北京：中国建筑工业出版社，2009.

[129] 乐景彭 编．创意产业 [M]. 上海：上海科学技术文献出版社，2005.

[130] 李冬生．杨浦老工业区工业用地更新与调整 [J]. 规划师，2006(10):43–47.

[131] 李冬生，陈秉钊．上海市杨浦老工业区工业用地更新对策——从“工业杨浦”到“知识杨浦”[J]. 城市规划学刊，2005(1):44–50.

[132] 李和平，郑圣峰，张毅．重庆工业遗产的价值评价与保护利用梯度研 [J]. 建筑学报，2012(1):24–29.

[133] 李蕾蕾．逆工业化与工业遗产旅游开发：德国鲁尔区的实践过程与开发模式 [J]. 世界地理研究，2002(3):57–65.

[134] 李振宇，孙淼．长三角地区“城中厂”的社区化更新技术体系研究导论 [J]. 建筑学报，2017(8):82–88.

[135] 刘伯英．中国工业建筑遗产研究综述 [J]. 新建筑，2012(2):4–9.

[136] 刘伯英．工业建筑遗产保护发展综述 [J]. 建筑学报，2012(1):12–17.

[137] 刘伯英，冯钟平．城市工业用地更新与工业遗产保护 [M]. 北京：中国建筑工业出版社，2009.

[138] 刘伯英，胡戎睿，李荣，等．既有工业建筑非工业化改造技术研究 [J]. 工业建筑，2018(48–11):1–8.

[139] 刘伯英．美国国家公园保护体系中的工业遗产保护 [J]. 工业建筑，2019,49 (7):1–8.

[140] 刘易斯·芒福德．城市发展史：起源、演变与前景 [M]. 宋俊岭，倪文彦，译．北京：中国建筑工业出版社，2005.

[141] 刘易斯·芒福德．城市文化 [M]. 宋俊岭，李翔宁，周鸣浩 译．北京：中国建筑工业出版社，2008.

[142] 陆军．城市老工业区转型与再开发理论、经验与实践 [M]. 北京：社会科学文献出版社，2011.

[143] 卢颖宏．建筑改造中屋顶菜园的实施策略 [J]. 海峡科技与产业，2018(3):69–72.

[144] 罗超．我国城市老工业用地更新的推动机制研究 [J]. 城市发展研究，2015(2):20–24.

[145] 吕东烨．创业厂家：无锡工业的前世今生 [R/OL]. 无锡市史志办公室 .(2015–10–22)[2018–12–01]. http://szw.wuxi. gov.cn/doc/2015/10/22/594565.shtml.

[146] 吕建昌．当代工业遗产保护与利用研究：聚焦三线建设工业遗产 [M]. 上海：复旦大学出版社，2020.

[147] （美）城市土地研究学会 . 都市滨水区规划 [M]. 马青，马雪梅，李殿生，译 . 沈阳：辽宁科学技术出版社 , 2005.
[148] 聂兰生 . 21 世纪中国大城市居住形态解析 [M]. 天津：天津大学出版社，2004:27
[149] 彭再德，邬万里 . 城市更新与城市持续发展——兼论 21 世纪上海城市建设中的几个问题 [J]. 城市规划汇刊，1995(5):56-61.
[150] 彭泽益 . 中国近代工业史资料第一辑（上册）[M]. 北京：中华书局，1957.
[151] 戚墅堰机车车辆厂厂志编撰委员会 . 戚墅堰机车车辆厂志 [M]. 上海：三联书店上海分店，1994.
[152] 钱川，赵霞 . 嘉兴工业遗产评价体系及保护方法初探 [J]. 现代城市研究，2016(4):40-47.
[153] 青木信夫，徐苏斌，张蕾，等 . 英国工业遗产的评价认定标准 [J]. 工业建筑，2014,44(9):33-36.
[154] 阙维民 . 国际工业遗产的保护与管理 [J]. 北京大学学报（自然科学版），2007(43-4):523-534.
[155] 阮仪三 . 历史文化名城的特点、类型及其风貌的保护 [J]. 同济大学学报（人文・社会科学版），1990,1(1):55-65.
[156] 沙颂 . 社会学概论 [M]. 北京，中国经济出版社，1999:185-186.
[157] 上海市经济与信息化委员会 . 上海工业园区转型升级十三五规划 [S/OL]. (2016-12-15)[2019-12-01] https://www.shanghai.gov.cn/shsswzxgh/20200820/0001-22403_50557.html
[158] 上海市人民政府 . 上海市城市总体规划（2017-2035）[S/OL]. (2018-01-04)[2019-12-01] https://www.shanghai.gov.cn/nw42806/
[159] 沈冠辰，朱显平 . 日本社区经济发展探析 [J]. 现代日本经济，2017(3):14-23.
[160] 史方，朱健安，顾忠国 . 论湖州工业产业结构的演变 [J]. 湖州师专学报，1991(1):39-49.
[161] 石忆邵，范胤翡，范华，等 . 产业用地的国内外比较分析 [M]. 北京：中国建筑工业出版社，2010.
[162] 宿新宝 . 城市历史空间的有机更新：上生・新所的实践 [J]. 时代建筑，2018(6):121-125.
[163] 苏州市人民政府 . 苏州市城市总体规划（2011-2020）[S/OL]. (2016-08-02)[2019-12-01]. http://zrzy.jiangsu.gov.cn/sz/ghcgy /201904/t20190402_769047.htm.
[164] 孙峰 . 从技术理性到政策属性——规划管理中容积率控制对策研究 [J]. 城市规划，2009(11):32-38.
[165] 孙立平 . 断裂——20 世纪 90 年代以来的中国社会 [M]. 北京：社会科学文献出版社，2003.
[166] 孙淼，李振宇 . 西方“城中厂”更新理论与实践综述研究 [J]. 建筑师，2019(1):81-87.
[167] 孙淼，李振宇 . 中心城区工业遗存地用地特征与更新设计策略研究——以长三角 7 个城市为例 [J]. 城市规划学刊，2019(5):92-101.
[168] 唐玉恩，邹勛 . 四行仓库保护与复原，上海，中国 [J]. 世界建筑，2016(5):90-91.
[169] 田君 . 桃花始盛开——苏州工业园创意泵站与桃花坞文化创意产业园走访札记 [J]. 装饰，2009(6):56-63.
[170] 涂慧君，屈张，李宛蓉 . 多主体参与的建筑策划在城市更新中的应用 [J]. 住区，2019(3):61-67.

[171] 王凤春 . 杭州市区工业遗产保护规划研究 [D]. 浙江大学，2011:22
[172] 王建国 . 后工业时代产业建筑遗产保护更新 [M]. 北京 : 中国建筑工业出版社，2008.
[173] 王俊松 . 长三角制造业空间格局演化及影响因素 [J]. 地理研究，2014(12):2312-2324.
[174] 王林，薛鸣华，莫超宇 . 工业遗产保护的发展趋势与体系构建 [J]. 上海城市规划，2017(06):15-22.
[175] 王西西 . 城市纹理断裂区的缝合——城市更新策略研究 [D]. 天津：天津大学，2012.
[176] 韦恩・奥图，唐・洛干 . 美国都市建筑——城市设计的触媒 [M]. 王劭方，译 . 台北：创兴出版社，1992.
[177] 魏立华，闫小培 . 大城市郊区化中社会空间的“非均衡破碎化”——以广州市为例 [J]. 城市规划，2006(05): 55-60.
[178] 吴炳怀 . 区域、城市整体发展与旧城功能、用地结构的调整——以常州为例 [J]. 城市规划，1998(01): 25-29.
[179] 吴炳怀，王慧莹 . 多重因素影响下的都市型产业园区转型升级规划 [J]. 规划师，2016(06): 72-78.
[180] 伍江 . 上海百年建筑史 [M]. 上海：同济大学出版社，2008.
[181] 吴良镛 . 北京旧城与菊儿胡同 [M]. 北京 : 中国建筑工业出版社，1994.
[182] 吴志强 . 都市缝合——20 年柏林和上海规划设计分析的都市发展空间意义透视 [J]. 时代建筑，2004(3):48-53.
[183] 谢爱弟 . 中国大运河（拱墅段）文化遗产保护与利用 [J]. 赤子，2014,13:55-56.
[184] 谢花林，王伟，姚冠荣，等 . 中国主要经济区城市工业用地效率的时空差异和收敛性分析 [J]. 地理学报，2015 (8):1327-1338.
[185] 解旭东，武艺萌 . 有机更新理论下的城中厂再生利用初探——以青岛市四方区重庆南路厂房为例 [J]. 重庆建筑，2018,17 (8):12-14.
[186] 邢和明 . 新中国初期反对建筑浪费和批判“形式主义、复古主义”问题 [J/OL]. 中共党史研究 . (2016-12-12)[2019-01-05]. http://www.zgdsw.org.cn/n1/2016/1212/c219022-28942676-3.html.
[187] 熊鹏，宋小冬 . 道路网络密度与公交线网的关系分析——以上海 9 个典型地区为例 [J]. 上海城市规划，2016(5):101-108.
[188] 徐苏斌，青木信夫 . 存量规划时代的工业遗产保护 [J]. 南方建筑 ,2016(2):20-25.
[189] 徐新吾，黄汉民 . 上海近代工业史 [M]. 上海：上海社会科学院出版社，1998.
[190] 徐有威，周升起 . 近五年来三线建设研究述评 [J]. 开放时代，2018(2):69-79+6.
[191] 薛德升 . 西方绅士化研究对我国城市社会空间研究的启示 [J]. 规划师，1999(3):109-112.
[192] 严陆根 . 社区经济学 [M]. 北京：中国发展出版社，2013.
[193] 杨帆 . 大城市地区工业用地存在问题的初步分析及思考——以上海市为例 [J]. 城市发展研究，2016(4):80-86.
[194] 杨帆 . 上海市工业用地容积率管控指标探讨 [C]. 东莞：中国城市规划学会会议论文集，2017: 91-101.
[195] 杨帆 . 制度演进背景下城市工业用地更新理论与方法 [M]. 上海：同济大学出版社，2020.
[196] 杨俊宴，胡昕宇 . 中心区圈核结构的阴影区现象研究 [J]. 城市规划，2012(10):26-33.

[197] 杨万钟 . 上海工业结构与布局研究 [M]. 上海 : 华东师范大学出版社，1991.
[198] 阳建强 . 西欧城市更新 [M]. 南京 : 东南大学出版社，2012.
[199] 阳建强，吴明伟 . 现代城市更新 [M]. 南京 : 东南大学出版社，1999.
[200] 叶彭姚，陈小鸿 . 基于交通效率的城市最佳路网密度研究 [J]. 中国公路学报，2008(4):94–98.
[201] 叶耀先 . 城市更新的理论与方法 [J]. 建筑学报，1986(10):5–11.
[202] 于峰，张小星 . “大都市连绵区”与“城乡互动区”——关于戈特曼与麦吉城市理论的比较分析 [J]. 城市发展研究，2010(01):46–53.
[203] 于海 . 上海城市更新人空间生产：从土地价值到城市文化叙事转变 [M]// 苏秉公 . 城市的复活：全球范围内旧城区的更新与再生 . 上海 : 文汇出版社，2011.
[204] 于今 . 城市更新 : 城市发展的新里程 [M]. 北京 : 国家行政学院出版社，2011.
[205] 俞孔坚，方婉丽 . 中国工业遗产初探 [J]. 建筑学报，2006(8): 12–15.
[206] 约翰·彭特 . 城市设计及英国城市复兴 [M]. 孙璐，李晨光，徐苗，杨震，译 . 武汉：华中科技大学出版社，2016.
[207] 虞孝感，陈雯 . 城市更新与区域经济发展——以苏锡常为例 [J]. 城市问题，1995(1):25–30.
[208] 展二鹏 . 对城市化快速发展阶段工业遗产问题的认识——机遇、问题与对策 : 以青岛市旧城区老工业改造为例 [J]. 城市规划，2010(7):48–52.
[209] 张环宙，沈旭炜，吴茂英 . 滨水区工业遗产保护与城市记忆延续研究——以杭州运河拱宸桥西工业遗产为例 [J]. 地理科学，2015(2):183–189.
[210] 张健，姜阳，隋倩婧 . 城市工业遗产社区化转型模式初探 [J]. 工业建筑，2010,40(10):140–143.
[211] 张杰，刘岩，霍晓卫 . “织补城市”思想引导下的株洲旧城更新 [J]. 城市规划，2009(1):51–56.
[212] 张京成，刘利永，刘光宇 . 工业遗产的保护与利用——“创意经济时代”的视角 [M]. 北京：北京大学出版社，2013.
[213] 章明，高小宇 . 建筑的日常性介入——以原作设计工作室的作品为例 [J]. 新建筑，2014(6):20–25.
[214] 章明，孙嘉龙 . 显性的日常：上海黄浦江水岸码头与都市滨水空间 [J]. 时代建筑，2017(4):44–47.
[215] 章明，张姿，秦曙 . 锚固与游离——上海杨浦滨江公共空间一期 [J]. 时代建筑，2017(1):108–115.
[216] 张琪 . 断裂性、双时态与遗产泛化——城市遗产的时间悖论与实践突围 [J]. 城市发展研究，2015(4):86–90.
[217] 张松 . 历史城市保护学导 [M]. 上海：同济大学出版社，2008.
[218] 张松 . 上海产业遗产的保护与适当再利用 [J]. 建筑学报，2006(8):16–20.
[219] 张庭伟，冯晖，彭治权 . 城市滨水区设计与开发 [M]. 上海：同济大学出版社，2002.
[220] 张文珺，邵俊英 . 浅谈常州市工业遗产保护与利用 [J]. 江苏城市规划 .2008(9):17–21.
[221] 张文卓，韩峰 . 工业遗产保护的博物馆模式——以德国鲁尔区为例 [J]. 上海城市规划，

2018(1):102–108.
[222] 张永斌 . 上海的小三线建设 [J]. 上海党史研究，1998(4): 34–36.
[223] 张忠民 . 近代上海经济中心地位的形成和确立 [J]. 上海经济研究，1996(10):61–64.
[224] 赵冠谦 . 论工业建筑中的几个发展趋向 [J]. 建筑学报，1960(5):39–41.
[225] 赵民 . 城市规划概论 [M]. 上海：上海科学技术文献出版社，2005.
[226] 赵民，王理 . 城市存量工业用地转型的理论分析与制度变革研究 [J]. 城市规划学刊，2018(5):29–36.
[227] 赵民，钟睿，吴志城 . 以“产城融合”为导向，促进新时期的产业社区发展——以西宁市为例 [J]. 西部人居环境学刊，2014(5):1–6.
[228] 赵霞 . 基于历史性城市景观的浙北运河聚落整体性保护方法——以嘉兴名城保护规划为例 [J]. 城市发展研究，2014(8):37–43.
[229] 曾堃，刘松龄，俞敏 . 广州零散工业用地调整策略研究——基于创新型产业发展视角 [J]. 城市规划，2017(10):60–67.
[230] 郑德高 . 长三角地区转型发展新观察——以安徽省工业化与城镇化发展为例 [J]. 城市规划 . 2011(S1):127–131.
[231] 郑德高，卢弘旻 . 上海工业用地更新的制度变迁与经济学逻辑 [J]. 上海城市规划，2015 (3): 25–32.
[232] 钟冠球 . 重塑边界——南沙玻璃厂改造中的环境策略 [J]. 新建筑，2017(5):24–29.
[233] 周荣先 . 嘉兴记忆 [M/OL]. 嘉兴档案史志 . (2012)[2018–10–30]. http://www.jxdasz.com/jx–daweb/platformData/ infoplat/pub/jxdaweb_0/docs/201802/d_4360857025.html
[234] 周薇 . 融入历史文化名城保护格局的苏州工业遗产保护与再生 [D]. 苏州：苏州科技学院，2009.
[235] 祝慈寿 . 中国近代工业史 [M]. 重庆：重庆出版社，1989.
[236] 朱健安，王善夫 . 辛亥革命前后的湖州工业 [J]. 湖州师专学报，1991(3):45–50.
[237] 朱强 . 京杭大运河江南段工业遗产廊道构建 [D]. 北京：北京大学，2007.
[238] 朱蓉，张鸣 . 无锡工业遗产保护与再利用的现状与思考 [J]. 创意与设计，2015(2):66–69.
[239] 朱晓明 . 当代英国建筑遗产保护 [M]. 上海：同济大学出版社，2007.
[240] 朱晓明 . 上海曹杨一村规划设计与历史 [J]. 住宅科技 ,2011,31(11):47–52.
[241] 朱晓明，祝东海 . 建国初期苏联建筑规范的转移 : 以同济大学原电工馆双曲砖拱建造为例 [J]. 建筑遗产，2017(1):94–105.
[242] 邹兵 . 增量规划向存量规划转型：理论解析与实践应对 [J]. 城市规划学刊，2015(5):12–19.
[243] 左琰 . 德国柏林工业建筑遗产的保护与再生 [M]. 南京：东南大学出版社，2007.
[244] 左琰，安延清 . 上海弄堂工厂的死与生 [M]. 上海 : 上海科学技术出版社，2012.

附　录

附录 1　316 处城中厂案例信息清单表

序号	所在城市	工业遗产名	地址	建设年份	类型	现功能	周边环境
1	上海	杨树浦水厂	杨树浦路 830 号	1883	聚落型	原功能	新老商住 / 工业
2		上海邮电管理局	北苏州路 276 号	1924	飞地型	博物馆	里弄 / 酒店 / 办公 / 商业
3		江南造船厂（部分）	高雄路 2 号	1867	群落型	办公	待建，工业区
4		杨树浦电厂	杨树浦路 2800 号	1912	系统型	待开发	里弄 / 工业
5		四行仓库	光复路 21 号	1933	飞地型	博物馆	老小区 / 创意园
6		中国造币厂	光复西路 17 号	1933	群落型	原功能	新小区 / 工业区
7		南洋兄弟烟草公司	东大名路 817 号	1915	飞地型	办公	新商住 / 零售
8		虹口救火会	吴淞路 560 号	1917	飞地型	办公	酒店 / 老小区 / 医院 / 办公
9		上海远洋运输公司	东大名路 378 号	1850s	飞地型	办公	办公 / 绿地
10		提篮桥监狱	长阳路 147 号	1903	飞地型	待开发	新老住 / 博物馆
11		7315 厂	龙华路 2577 号	1876	聚落型	创意园	龙华寺 / 老小区
12		西区污水处理厂水	天山路 30 号	1926	飞地型	学校	新小区 / 医院
13		求新造船厂	半淞园路 132 号	1920	聚落型	待开发	工业 / 办公
14		上海电话局南市总局	中华路 734 号	1920	飞地型	商业	里弄 / 新小区
15		宜昌路救火会	宜昌路 216 号	1932	飞地型	原功能	新小区 / 学校
16		天利淡气制品厂	云岭东路 345 号	1934	群落型	办公	商业 / 工业
17		福新面粉厂	莫干山路 120 号	1898	聚落型	创意园	新小区 / 工业

序号	所在城市	工业遗产名	地址	建设年份	类型	现功能	周边环境
18	上海	上海啤酒厂	宜昌路 130 号	1933	群落型	休闲会所	新小区 / 商业
19		中华书局上海印刷厂	澳门路 477 号	1935	群落型	创意园	商业 / 新老小区
20		东区污水处理厂	河间路 1283 号	1923	飞地型	原功能	学校 / 工业
21		杨树浦煤气厂	杨树浦路 2524 号	1933	群落型	原功能	工业 / 里弄
22		上海第 17 棉纺织厂	杨树浦路 2866 号	1922	系统型	创意园	工业 / 里弄
23		正广和汽水有限公司	通北路 400 号	1935	聚落型	原功能	新小区 / 老小区
24		上海第五毛纺厂	杨树浦路 670 号	1909	系统型	旅游办公	办公 / 工业
25		上海 17 毛纺厂	波阳路 400 号	1934	飞地型	原功能	新小区 / 老小区
26		东海船厂	逸仙路 3901 号	1873	系统型	原功能	工业 / 老小区
27		纺原公司新闸桥仓库	南苏州路 1295 号	1902	飞地型	待开发	老小区 / 公园
28		上海电筒厂职工宿舍	北京西路 1094 弄	1910s	飞地型	住宅	老小区 / 学校
29		工部局宰牲场	沙泾路 10 号 29 号	1933	飞地型	商业	里弄 / 商业
30		日本同兴纱厂	平凉路 1777 弄 55 号	1924	飞地型	住宅	老小区 / 零售
31		同济大学电工馆	同济大学	1955	飞地型	商业	学校
32		华联新泰仓库	山西北路 19 号	1920	飞地型	原功能	新小区
33		中国银行仓库	北苏州路 1040 号	不详	飞地型	原功能	零售 / 新小区
34		福新面粉一厂	光复路 423—433 号	1912	群落型	闲置	老小区
35		704 所家属楼及水塔	衡山路 10 号	1923	群落型	办公	办公 / 酒店
36		上海五金交电仓库	万航渡路 1384 号	1874	群落型	创意园	老小区
37		沪东造船厂	浦东大道 2789 号	1937	群落型	闲置	商办 / 新小区
38		上海飞机制造厂房	龙腾大道 2555 号	1950s	聚落型	博物馆	文化 / 休闲
39		龙华机场大机库	丰谷路 35 号	1930s	飞地型	博物馆	工业 / 新小区
40		电话局汾阳路分局	汾阳路 63 号	1931	飞地型	原功能	老小区 / 办公
41		杨树浦救火会旧址	杨树浦路 1307 号	1920	飞地型	原功能	工业 / 老小区
42		日商纺织株式会社	杨树浦路 2086 号	1895	聚落型	会所	工业 / 里弄
43		瑞瑢船厂旧址	杨树浦路 640 号	1897	系统型	原功能	工业 / 里弄
44		华一印刷公司	国顺路 650 弄	1950s	飞地型	办公	学校
45		原海宁洋行	香烟桥路 13 号	1913	飞地型	博物馆	新小区 / 零售
46		上海长征制药厂	愚园路 1107 号	1920s	群落型	办公	老小区 / 新小区
47		电信公司北泰电话站	泰兴路 230 号	1931	飞地型	原功能	办公 / 老小区

序号	所在城市	工业遗产名	地址	建设年份	类型	现功能	周边环境
48	上海	上海电影制片厂	万航渡路 618 号	1950	群落型	原功能	新老小区 / 学校
49		华东邮电器材厂	胶州路 320 号	1920s	群落型	原功能	老小区 / 零售
50		上海长途电话局	永兴路 546 号	1931	飞地型	闲置	工业 / 老小区
51		创意仓库	光复路 195 号	1913	飞地型	创意园	仓储 / 文化
52		福源福康钱庄仓库	光复路 115—127 号	1920s	群落型	创意园	仓储 / 文化
53		南市发电厂	花园港路 200 号	1897	飞地型	博物馆	文化
54		南苏河仓库	南苏州河路 1295 号	1933	群落型	创意园	老小区 / 公园
55		马可尼无线电公司	北京东路 131 号	1930s	飞地型	居住	办公 / 酒店
56		南苏州河 955 号仓库	南苏州河路 955 号	1920s	飞地型	闲置	里弄 / 新小区
57		英商上海电车公司	南苏州路 185 号	1917	飞地型	办公	办公 / 老小区
58		上海油脂厂等	中山南路 479 号	1920s	聚落型	创意园	新小区 / 工业
59		外码头仓库	外马路 1178 号	1927	聚落型	创意园	市政设施
60		江南造船厂（部分）	苗江路 800 号附近	清末	群落型	博物馆	文化
61		滨江五库	外马路 601 号附近	1920s	群落型	休闲餐饮	办公 / 文化
62		华商上海水泥龙华厂	龙水南路 60 号附近	1920	系统型	工业	工业
63		信谊化学制药厂	四川北路 61 号附近	1916	飞地型	商办	老小区 / 零售
64		英商制皂有限公司	杨树浦路 2300 号	1923	系统型	办公	工业 / 里弄
65		上海电气电站辅机厂	杨树浦路 2218 号	1921	系统型	创意园	工业 / 里弄
66		上海船厂船舶公司	杨树浦路 468 号附近	1951	系统型	原功能	工业 / 里弄
67		彭浦机械厂	共和新路 3201 号	未知	聚落型	原功能	商业
68		上海冶金矿山机械厂	汶水路 210 号	1959	系统型	原功能	新小区 / 商业
69		上海鼓风机厂	共和新路 3000 号	1950s	系统型	创意园	工业 / 办公
70		上钢一厂等	鹤岗路 251 附近	1950s	系统型	工业	工业
71		田子坊	泰康路 210 弄	1930s	聚落型	文化休闲	老小区 / 商业
72		上海汽车制动器厂	建国中路 8—10 号	1970s	群落型	创意园	办公 / 老小区
73		上海织袜二厂	黄陂南路 700/789 号	1932	群落型	创意园	里弄 / 办公
74		上海德加拉电器等	昌平路 68 号	1960s	飞地型	创意园	里弄 / 老小区
75		上海窗钩厂等	昌平路 990—1000 号	1980s	群落型	创意园	老小区
76		上海金属丝网厂等	海防路 537 号	1928	聚落型	创意园	新小区 / 办公
77		上海面包厂	漕宝路 300 号	1982	群落型	创意园	办公 / 工业

序号	所在城市	工业遗产名	地址	建设年份	类型	现功能	周边环境
78	上海	上海经昌色织厂	虹桥路 333 号	1982	飞地型	创意园	办公 / 老小区
79		上海新丰色织厂	乐山路 33 号	1944	群落型	创意园	新小区 / 老小区
80		上海离合器总厂	天山路 1718 号	1945	群落型	创意园	老小区 / 酒店
81		亚洲电焊条厂	万航渡路 2453 号	1950s	群落型	创意园	老小区
82		上海双鹿电冰箱厂	天山路 641 号	1980s	群落型	创意园	商业 / 新小区
83		三枪内衣成衣车间	建国西路 283 号	1960s	飞地型	创意园	新小区 / 老小区
84		亚华印刷机械厂	茶陵北路 20 号	1988	群落型	创意园	老小区 / 办公
85		上海建筑防水材料厂	宜山路 407 号	1956	群落型	创意园	商业 / 新小区
86		虹口建材厂	广灵四路 116 号	1980s	群落型	创意园	老小区
87		上海无线电八厂	东江湾路 188 号	1950s	群落型	创意园	里弄 / 老小区
88		上海无线电模具厂	周家嘴路 1010 号	1930s	飞地型	创意园	老小区
89		上海市纺科研究院	平凉路 988 号	1960s	聚落型	办公	老小区 / 新小区
90		上海工具厂	飞虹路 600 弄	未知	群落型	商业	新小区 / 办公
91		某工厂	平凉路 1055 号	未知	群落型	创意园	老小区 / 新小区
92		上海合金材料总厂	灵石路 695 号	1950s	系统型	创意园	办公 / 商业
93		印刷八厂	傅家街 65 号	1950s	飞地型	创意园	里弄
94		上海汽油机厂	唐家弄路 35 号	1966	聚落型	创意园	老小区 / 新小区
95		上海电器厂	延平路 98 号	1967	群落型	创意园	里弄 / 办公
96		汉森织造手帕厂	徐虹中路 20 号	1989	群落型	创意园	办公 / 工业
97		上海绿地建设用房	西江湾路 500 号	1960s	群落型	创意园	里弄 / 学校
98		上海电力建设修造厂	邯郸路 173 号	1970s	聚落型	创意园	学校 / 酒店
99		上海第十钢铁厂	淮海西路 570 号	1956	飞地型	商业	新小区
100		国棉六厂棉花仓库	万航渡路 2170 号	1930s	群落型	创意园	工业 / 新小区
101		大明橡胶厂	凯旋路 613 号	1960s	群落型	创意园	新小区 / 绿地
102		海鸥酿造五厂	江苏北路 125 号	1980s	群落型	创意园	老小区
103		上汽零配件仓库等	宜昌路 751 号	1930s	群落型	创意园	新小区 / 老小区
104		上海第一石油机械厂	灵石路 709 号	1932	系统型	创意园	办公 / 工业
105		上海第九制药厂	淮安路 735 号	1979	群落型	创意园	老小区 / 工业
106		上海冷拉型钢厂	文定路 204 号	1953	群落型	商办	商业 / 办公
107		上海第二毛条厂	喜泰路 239 号	1964	聚落型	创意园	新小区 / 工业

序号	所在城市	工业遗产名	地址	建设年份	类型	现功能	周边环境
108	上海	上海金星电视机厂	田林路 140 号	1978	群落型	创意园	办公 / 商业零售
109		上海电工仪器厂	大连路 1053 号	1958	群落型	创意园	老小区 / 商业
110		上海康培尔服装公司	北宝兴路 355 号	1994	群落型	创意园	新小区 / 办公
111		上海第二十漂染厂	物华路 73 号	1967	群落型	创意园	老小区 / 办 / 学
112		远东丝绸印染厂	翔殷路 128 号	1990s	系统型	创意园	工业 / 学校
113		九华豆制品厂	北翟路 163 弄	1986	群落型	创意园	老小区 / 新小区
114		上海市纺建工程公司	武夷路 351 号	未知	飞地型	创意园	老小区 / 办公
115		上海离合器总厂	真北路 988 号	1970s	聚落型	创意园	工业 / 老小区
116		延中复印机厂	沪太路 799 号	1979	群落型	创意园	工业 / 办公
117		上海印染针织厂	洛川中路 1158 号	1957	聚落型	创意园	商办 / 老小区
118		孔雀香精厂	南山路 99 号	1952	群落型	创意园	老小区
119		金兔羊毛衫虹桥分厂	虹许路 731 号	1980s	群落型	创意园	办公 / 老小区
120		上汽汽车制动器厂	丽园路 501 号	1970s	群落型	创意园	新小区 / 老小区
121		上海钢琴厂等	江浦路 627 号	1958	群落型	创意园	办公 / 商业
122		上海紫光机械厂	蒙自路 169 号	1980s	群落型	创意园	新小区 / 老小区
123		上海电机厂	常德路 800 号	1950s	群落型	创意园	新老小区 / 办公
124		上海泓新色织厂	余姚路 288 号	未知	飞地型	创意园	办公 / 新小区
125		龙华冷库	天钥桥路 909 号	未知	群落型	创意园	新小区 / 老小区
126		乾通汽车附件公司	中山北一路 121 号	未知	聚落型	创意园	老小区 / 新小区
127		上海电焊机厂	长阳路 2467 号	1958	群落型	创意园	办公 / 学校
128		上海塑料模具厂	定西路 727 号	2001	群落型	创意园	里弄 / 办公
129		日商内外棉株式会社	长寿路 652 号	1920	群落型	创意园	办公 / 学校
130		上海东星手帕厂	塘桥峨山路 613 号	未知	群落型	创意园	新小区 / 老小区
131		上海铁合金厂	长江西路 101 号	1950s	系统型	创意园	工业
132		上海白象天鹅电池厂	局门路 519 号	1960	群落型	创意园	办公 / 老小区
133		第八棉纺织厂	淞兴西路 258 号	1919	系统型	创意园	老小区
134		华丰第一棉纺织厂	军工路 1436 号	1946	系统型	创意园	工业 / 学校
135		民生码头筒仓	民生路 3 号	1995	群落型	博物馆	新小区
136		上海船厂	滨江大道 1777 号	1862	飞地型	博物馆	新小区 / 商业
137		瞿溪路豆制品厂	瞿溪路 1060 弄 5 号	1980s	群落型	住宅	老小区

序号	所在城市	工业遗产名	地址	建设年份	类型	现功能	周边环境
138		缝纫机厂	柿子湾路 21 号	1980s	飞地型	住宅	老小区
139		起降机厂	北张家浜路 58–68 号	1980s	群落型	住宅	老小区
140		羊毛衫厂	陕西南路 550 弄	1980s	飞地型	商 / 住	老小区 / 新小区
141		光华印刷机械厂	真大路 520 号	未知	聚落型	创意园	工业
142		某工厂	龙口路 29 弄 7 号	1990s	群落型	住宅	新老小区 / 商业
143		上海良工阀门厂	高阳路 114 号	1980s	飞地型	住宅	办 / 老小区 / 学
144		怡和打包厂	北苏州路 912 号	1931	群落型	会所	新小区 / 商业
145	上海	钟表厂	哈密路 166 号	1980s	飞地型	办公	老小区 / 办公
146		八一电影机械厂	伊敏河路 99 弄	1952	聚落型	会所	新小区
147		上海民族乐器二厂	中山南路 917 号	1970s	飞地型	商业	办公 / 新小区
148		上海生物制药研究所	延安西路 1262 号	1925	聚落型	文化休闲	新老小区 / 办公
149		上海第四制药厂	宁国路 503 号	1950s	聚落型	创意园	商 / 工 / 老小区
150		某工厂	虹湾路 111 号	未知	飞地型	商业	新小区 / 工业
151		中成仓库	长江路 258 号	1959	系统型	办 / 住	老小区 / 办 / 工
152		上海橡胶研究所	番禺路 381 号	1960s	群落型	商业	老小区 / 商办
153		工矿车辆有限公司	运河路 198 号	1964	系统型	创意园	工业区 / 老小区
154		第五毛纺厂	三堡街 141 号	1930s	聚落型	文化休闲	城中村 / 老小区
155		大成一厂	和平北路 8 号	1921	飞地型	休闲会所	新住宅区 / 学校
156		大成二厂旧址	延陵中路 268 号	1923	飞地型	休闲会所	老住宅区 / 酒店
157		大成三厂旧址	采菱路 78 号	1937	群落型	休闲会所	城中村 / 工业 / 新老小区
158		常州大明厂	延陵东路 338 号	1921	系统型	原功能	工业区
159		戚墅堰机车车辆厂	延陵东路 358 号	1940s	系统型	原功能	工业区
160	常州	厚生铁厂	西直街 240 号	清末	飞地型	休闲会所	城中村 / 老小区
161		常柴厂	怀德中路 123–10 号	1940s	聚落型	原功能	商业 / 老居住区
162		常州梳篦厂	勤业路 5 号	1951	群落型	博物馆	城中村 / 老小区
163		航海仪器厂	三堡街 233 号	1950s	聚落型	闲置	城中村 / 老小区
164		常州客车厂	运河路 102 号	1950s	系统型	原功能	城中村 / 新小区 / 工业区
165		常州第二绝缘橡胶厂	新市路 208 号	1950s	聚落型	闲置	工业 / 老小区
166		常州合纤厂	大仓路 65 号	1965	聚落型	创意园	城中村
167		国光电子厂	清潭路 93 号	1937	聚落型	创意园	老小区 / 城中村

序号	所在城市	工业遗产名	地址	建设年份	类型	现功能	周边环境
168		常州无线电总厂	清凉支路 24 号	1960s	聚落型	原功能	商业 / 老居住区
169		常州制药厂	采菱路 2 号	1958	系统型	原功能	工业
170		常州冶金机械厂	新冶路 41 号	1950s	系统型	原功能	工业
171		戚墅堰发电厂	南秧街特 1 号	1921	系统型	原功能	工业
172		常州拖拉机厂	新冶路 328 号	1952	系统型	原功能	工业 / 老小区
173		思成凯业精密制针厂	采华路 3 号	1960S	聚落型	原功能	工业 / 城中村
174	常州	常州毛条厂	采华路 3 号附近	1980S	系统型	原功能	工业 / 城中村 / 新小区
175		常州棉麻有限公司	劳动中路 7–7 号	1980S	聚落型	原功能	工业 / 城中村
176		仙鹤酱品厂	大仓路 78 号	1960s	聚落型	原功能	工业 / 城中村
177		建筑六工区	新民村 18 号	1980s	聚落型	汽车修理	城中村 / 新小区
178		水产仓库	怀德中路 188 号	1970s	群落型	商业	新小区
179		水泥制品厂	怀德中路 98 号	1960s	群落型	商业	新小区 / 办公
180		勤业塑料厂	怀德南路 104 号	1964	聚落型	文化休闲	工 / 办 / 老小区
181		鼎昌丝厂	永乐路 29 号	1930	飞地型	休闲会所	商业
182		王元吉锅厂	伯渎港 120—122 号	1837	飞地型	原址保留	城中村
183		无锡压缩机厂	南下塘 213 号	1955	聚落型	创意园	城中村和旅游
184		永泰丝厂	南长街 364 号	1926	群落型	博物馆	城中村
185		茂新面粉厂	振新路 415 号	1902	群落型	博物馆	居住和工业
186		天元麻纺厂	红星路 28 号	1947	群落型	社区配套	新老住宅区
187		惠山泥人厂	锡惠路 26 号	1957	飞地型	博物馆	风景旅游区
188		惠元面粉厂	通惠西路 11 号	1931	聚落型	文化休闲	老住宅区
189	无锡	无锡市第二粮食仓库	运河公园	1956	飞地型	公共空间	风景旅游区
190		北仓门蚕丝仓库	北仓门 37 号	1938	群落型	创意园	新小区 / 酒店
191		庆丰纱厂	锡沪西路 169 号	1922	飞地型	文化商业	新小区 / 商
192		江南无线电器材厂	梁溪路 14 号	1960s	系统型	原址保护	城中村 / 新小区
193		开源机器厂	湖滨路 11 号	1948	群落型	文化商业	新小区 / 旅 / 商
194		北桥仓库	湖滨路 67 号	1950s	飞地型	休闲会所	新老小区 / 办公
195		丽新纺织印染厂	丽新路 54 号	1919	群落型	原址保护	城中村 / 工业
196		协新毛纺织染厂	丽新路 60 号	1935	飞地型	社区配套	城中村 / 工业
197		振新纱厂	健康路 116 号	1905	群落型	商业	新老小区

序号	所在城市	工业遗产名	地址	建设年份	类型	现功能	周边环境
198	无锡	申新三厂	健康路 255 号	1919	群落型	商业	新老小区
199		春雷造船厂	东亭中路 111 号	1956	聚落型	博物馆	城中村 / 工业区
200		无锡造船厂	新惠路 18 号	未知	系统型	公园	工业 / 新老小区
201		第三机床厂	飞宏路 58 号	1980s	系统型	原功能	工业 / 商业
202	嘉兴	嘉兴电气控制设备厂	洪波路 58 号	1956	聚落型	原功能	老小区
203		嘉兴造船厂	栅堰路 278 号	1958	飞地型	博物馆	老小区
204		光明袜厂	勤俭路 629 号	未知	飞地型	闲置	零售，服务
205		辛康染织厂	勤俭路 721 号	1926	飞地型	办公	批发物流
206		开明电池公司	梧桐树街 9 号	未知	飞地型	商业	商业，老小区
207		嘉兴民丰造纸厂	角里街 70 号	1932	系统型	原功能	工业 / 老住宅区
208		嘉兴绢纺厂	南湖路 126 号	1921	群落型	闲置	学 / 旅 / 老小区
209		新阳机器制造厂等	勤俭路 618 号	未知	飞地型	工业	批发物流
210		嘉兴冶金机械厂	角里街 112 号附近	1943	系统型	原功能	工业 / 老小区
211		嘉兴石油机械厂	吴泾路 48 号	1950	系统型	原功能	工业
212		嘉兴老火车站	城东路 83 号	1937	群落型	原功能	工业 / 商业零售
213		民国绥靖司令部营房	紫阳街 100 号	1938	飞地型	零售	零售，公园
214		砖桥街消防所旧址	砖桥街 181 号	民国	飞地型	闲置	老小区
215		永明电灯公司	环城西路 671 号	1910	飞地型	博物馆	办公 / 商业
216		嘉兴毛纺厂	纺工路 475 号	1960s	系统型	原功能	餐饮零售
217		嘉兴农药厂	吴泾路 56 号	1958	群落型	闲置	工业
218		嘉兴钢丝厂	三元路 995 号	1950s	群落型	原功能	新小区 / 老小区
219		嘉兴钢铁厂	城北路 991 号	1950s	系统型	原功能	工业 / 老小区
220		嘉兴鹿皮厂	南湖区城东路 927 号	1950s	系统型	原功能	工业
221		嘉兴橡胶厂	永丰路吴泾路	1950s	聚落型	闲置	工业
222		浙江嘉兴船务公司	外贸弄 1 号	1960s	系统型	原功能	工业
223		韩泰轮胎厂	东方路 2 号	1999	系统型	原功能	工业 / 别墅区
224		晓星化纤薄膜厂	东方路 1888 号	2001	系统型	原功能	工业
225		晓星氨纶厂	城北路 1956 号	1990s	系统型	原功能	工业
226		金昌电子厂	振业路东 398 号	2000s	聚落型	原功能	工业
227		南湖汽修厂	振业路 65 号	1990s	聚落型	原功能	工业

序号	所在城市	工业遗产名	地址	建设年份	类型	现功能	周边环境
228	苏州	织造局旧址	五爱巷 10 号	1870s	飞地型	居住	传统居民区
229		苏州剧装戏具厂	西百花巷 4 号	1958	飞地型	原址保留	传统居民区
230		新光丝织厂	桃花坞大街 158 号	1956	聚落型	创意园	传统居民区
231		长城电器厂	桃花坞 89 号	1975	聚落型	工业仓储	传统居民区
232		交通部苏州电报局	闾邱坊巷 11—21 号	1920	飞地型	原功能	办公 / 零售
233		苏州檀香扇厂	西北街 58 号	1916	飞地型	博物馆	传统居民区
234		苏州吴县刺绣总厂	狮林寺巷 99 号	1958	飞地型	文化商业	老住宅区
235		苏州第三纺织机械厂	白塔东路 60 号	1965	群落型	酒店	商办 / 老小区
236		苏州电力电容器公司	白塔东路 26 号	1956	群落型	创意园	商办 / 老小区
237		苏州电器公司旧址	劳动路 599 号	民国	聚落型	学校	老小区 / 办 / 教
238		苏州二叶制药厂	盘胥路 859 号	1946	系统型	创意园	老小区 / 商业
239		鸿生火柴厂	盘胥路 798 号	1920	飞地型	文化商业	老小区 / 商业
240		苏州半导体总厂	新市路 138 号	1967	群落型	文化商业	老小区 / 零售
241		苏州市避雷器厂	姑苏区木杏桥 2 号	1979	飞地型	闲置	老住宅区
242		中核集团苏州阀门厂	人民路 2114 号	1952	群落型	文化商业	老小区 / 商业
243		苏州第一光学仪器厂	姑苏区吴衙场 24 号	1958	飞地型	闲置	传统居民区 / 老小区 / 学校
244		苏纶纱厂	人民路 239 号	1895	群落型	文化商业	新老小区 / 学校
245		苏州第一丝厂	南门路 94 号	1926	群落型	创意园	新住宅区
246		胥江水厂	百花洲 52 号	1951	飞地型	社区配套	老小区 / 旅游
247		石油运输公司	东环南路 1655 号	1919	系统型	原功能	工业 / 办公
248		振亚丝织厂	仓街 28 号	1917	群落型	创意园	新小区
249		苏州绸缎炼染一厂	东吴北路 268 号	1931	聚落型	酒店商业	办公 / 老小区
250		苏州染织三厂	百家巷 8 号	1936	群落型	创意园	文化休闲旅游
251		嘉美克钮扣厂	盘门路 17 号	1938	群落型	原功能	老小区 / 休闲
252		苏州皮件厂	乘马坡直巷 11 号	1958	飞地型	居住	老小区
253		苏州缝纫机厂	西花桥巷 4 号	1958	飞地型	原功能	老民居
254		苏州针织经编厂	胥江路 235 号南	1980	聚落型	原功能	老小区
255		苏州电视机厂	齐门平家巷 20 号	1970	聚落型	原功能	里弄 / 公园
256		苏州电讯电机厂	胥江路 482 号	1958	聚落型	创意园	老小区 / 新小区

序号	所在城市	工业遗产名	地址	建设年份	类型	现功能	周边环境
257	苏州	苏州美术地毯厂	悬桥巷 53 号	1958	飞地型	民居	里弄 / 酒店
258		苏州民族乐器一厂	梵门桥弄 15 号	1958	群落型	原功能	里弄
259		苏州塑料四厂	葑门西街 11 号	1958	群落型	其他工业	老小区
260		苏州塑料一厂	养育巷 327 号	1956	聚落型	商业	老小区
261		苏州丝绸科学研究所	姑苏区公园路 11 号	1956	聚落型	原功能	办公
262		苏州刺绣研究所	环秀山庄	1954	飞地型	原功能	公园 / 商业零售
263		苏州袜厂	白塔西路 79 号	1951	飞地型	酒店	里弄 / 酒店
264		团结桥某厂	西塘北巷 3 号	1980s	聚落型	长租公寓	老小区
265		洗衣机厂	管家园 21 号	1980s	群落型	创意园	老旧住区
266	杭州	杭州钢铁公司建筑群	半山路 178 号	1958	系统型	闲置	老小区 / 公园
267		杭州锅炉厂	东新路 366 号	1955	聚落型	待开发	城中村
268		上海铁路局杭州机务段建筑物群	复兴路 23 号	未知	聚落型	创意园	工业 / 新小区
269		清泰水厂	清江路 9 号	1930	系统型	原功能	物流 / 新小区
270		杭州长征化工厂	小河路 458	1950	群落型	创意园	餐饮零售 / 文化
271		杭丝联	丽水路 166 号	1956	群落型	创意园	学校 / 老小区
272		杭州氧气公司建筑群	东新路 388 号	1951	群落型	博物馆	新小区
273		浙江省邮电器材公司	河东路 215 号	1964	群落型	原功能	老小区 / 零售
274		杭州华丰纸业公司	和睦路 555 号	1922	系统型	创意园	工业 / 老小区
275		杭州轴承厂	石桥路 416 号	1958	系统型	原功能	工业，创意园
276		杭州纺织机械厂	石桥路 279 号	1956	系统型	创意园	工业
277		都锦生丝织厂	凤起路 519 号	1922	飞地型	博物馆	商业 / 办公
278		胡庆余堂制药厂	安荣巷 11 号	1874	飞地型	博物馆	文化 / 商业零售
279		通益公纱厂	桥弄街 36 号	1897	群落型	博物馆	新小区 / 商业
280		杭州化纤厂	通益路 111 号	1958	群落型	创意园	新小区
281		双流水泥厂	转塘街道创意路 1 号	1970s	系统型	创意园	绿地 / 工业
282		港航公司船坞修理厂	通益路留石路东南	未知	群落型	创意园	新小区
283		富义仓	霞湾巷 8 号	1880	群落型	创意园	公园 / 休闲
284		杭州民生药厂	余杭塘路 108 号	1926	聚落型	社区中心	老小区
285		杭州半山发电站	拱康路 200 号	1959	系统型	原功能	工业

序号	所在城市	工业遗产名	地址	建设年份	类型	现功能	周边环境
286	杭州	杭州塑料工业公司	莫干山路 1401 号	1958	群落型	创意园	新小区 / 学校
287		杭州新华造纸厂	莫干山路 868 号	1952	聚落型	原功能	工业
288		小河油库建筑群	小河路 125 号	1950s	聚落型	原功能	新小区
289		杭州大河造船厂	小河路 488 号	1950s	群落型	商业旅游	新小区 / 公园
290		杭州红雷丝织厂	小河路 334 号	1960s	群落型	博物馆	文化 / 商业
291		土特产公司桥西仓库	丽水路 244 号	1970s	群落型	博物馆	文化 / 商业
292		丝联震旦丝织公司	丽水路 72 号	1956	群落型	文化休闲	绿地 / 新小区
293		国家厂丝储备仓库	大兜路 170 号	1951	群落型	餐饮旅游	文化休闲
294		杭州运输设备厂	香积寺巷 1 号	1970s	群落型	文化休闲	文化休闲
295		浙赣铁路局旧址	北山街 13 号	1899	飞地型	博物馆	文化 / 休闲
296		浙江省电信局旧址	惠兴路 10 号	1929	飞地型	原功能	办公 / 商业
297		浙江邮务管理局旧址	环城东路 10 号	1897	飞地型	原功能	零售 / 医院
298		杭州铁路局电机厂	上城区复兴街 25 号	未知	系统型	休闲物流	工业 / 城中村
299		杭州电气公司	中山南路 468 号附近	1930s	飞地型	文化休闲	文化 / 商业零售
300		盾牌链传动有限公司	湖墅南路 407 号	1951	群落型	商业零售	办公 / 商业
301		杭州化工研究所	湖墅路石灰坝 7 号	1958	聚落型	原功能	工业 / 会议
302		杭州汽车发动机厂	天目山路 79 号	1958	群落型	办公	办公 / 商业
303		爱丁堡幼儿园	余杭塘路 478 号	2012	飞地型	社区配套	新住宅区 / 办公
304		宋城路梵天寺路公寓	梵天寺路 54 号	未知	群落型	居住	老小区 / 零售
305		东信和创园	留和路 139 号	1950s	聚落型	创意园	新小区 / 待开发
306	湖州	天昌丝绸厂	红旗路 382 号	1987	群落型	社区配套	新小区
307		永昌丝绸厂	苕溪西路 476 号	1919	群落型	工业	新小区 / 商业
308		茅安前豆皮厂	建设路 427 号	1960s	聚落型	闲置	工业 / 城中村
309		环城南路仓库区	环城南路 502 号	1980s	聚落型	工业	工业 / 城中村
310		金马职业服装厂	茅安前 28 号	1980s	聚落型	工业	工业 / 城中村
311		金锁汽车厂	大庆桥路 90 号	1980s	聚落型	工业	工业
312		吴兴梦工厂	金锁路 188 号	2000s	聚落型	创意园	工业 / 新小区
313		湖美嘉丝绸	大庆桥路 121 号	1990s	聚落型	工业	工业 / 新小区
314		良纺布业	创业大道 111 号附近	2000s	聚落型	工业	工业 / 农贸市场
315		海事处	环城南路 110 号	1980s	聚落型	工业	工业 / 城中村
316		汽修厂	环城南路 55 号	1980s	聚落型	工业	工业 / 城中村

附录 2 相关专家学者访谈交流清单

编号	访谈 / 交流部门	时间	主要内容
1	嘉兴市规划局	2014.10	嘉兴冶金 – 民丰厂片区城市更新计划及工业遗产现状等
2	嘉兴市冶金、民丰厂	2015.01	工厂的历史、经营状态、工业遗产、周边社区环境等
3	上海市政府发展研究中心	2016.02	城市更新政策及相关
4	常州运河五号创意园	2016.08	运河五号的历史、更新背景和产业、及提升策略
5	常州市档案局		常州工业历史和遗产现状
6	常州市文保中心		常州工业遗产保护和再利用现状
7	常州市梳篦厂博物馆		梳篦厂历史、产业及和周边社区的关联
8	常州市戚墅堰机车厂		戚机厂工业遗产、及其周边社区环境
9	上海同济规划设计研究院	2016.09	上海工业用地现状和转型的政策
10	同济大学建筑城规学院	2016.11	徐汇和杨浦滨江工业遗产保护现状
11	国际工业遗产保护委员会		上海工业遗产保护和再利用现状
12	华东建筑设计研究院		上海中心城区工业遗产保护和更新现状
13	上海西岸开发集团		上海西岸城中厂更新和再开发
14	同济大学建筑城规学院	2017.05	城中厂社区化更新和美国经验
15	上海锋思建筑设计公司	2018.03	工厂改造长租公寓的设计
16	上海徐汇徐家汇街道		徐家汇地区工业遗产分布及更新策略
17	嘉兴市晓星化纤厂	2018.04	工厂和周边社区的矛盾、更新可行性等
18	嘉兴市城市发展研究中心		嘉兴中心城区工业用地及其更新状况
19	嘉兴市城南街道工业片区		产业社区的现状困境和转型可能
20	上海上生・新所	2018.05	城中厂更新过程中的再开发可能性
21	上海市城市规划院		上海中心城区工业用地分布和转型情况
22	上海市规划与自然资源局		上海中心城区工业用地情况及城中厂更新相关政策考虑
23	上海社会科学院应用经济研究所		城中厂更新过程中的公私合作关系
24	常州市自然资源与规划局		常州工业用地现状及政策思路
25	杭州市规划院		杭州工业用地现状及政策思路
26	湖州市规划院		湖州工业用地现状及政策思路
27	上海市虹口区规划和土地管理局	2018.06	场园街区的工业用地及其转型更新规划
28	上海市徐汇区规划和土地管理局		文定路街区工业用地及其转型更新规划
29	上海文定生活创意园		文定生活（原冷拉型钢厂）的转型及和社区的关系
30	上海虹口区科学技术委员会	2018.07	场园地区三个城中厂园区对周边的触媒效应
31	上海花园坊创意园		花园坊（原汽车零部件厂）的历史、管理和同社区关系
32	上海虹口广中路街道		场园街区城中厂更新和社区的关系、政策的支持等

编号	访谈 / 交流部门	时间	主要内容
33	常州博济创意园	2018.09	博济园区更新的产业思路和同社区关系
34	第九届中国工业遗产大会	2018.10	美国工业遗产再利用经验及当前中国工业遗产更新局限
35			社区发展和城中厂更新的关联
36			社区发展和城中厂更新的关联
37			美国和台北城中厂社区化更新的经验
38			德国工业遗产保护和再利用政策
39			上海城中厂社区化更新的思路等
40	苏州市规划院		苏州老城内工业遗产保护和再利用现状
41	水石国际	2018.11	城中厂更新的技术及发展趋势
42	上海红坊 166 创意园区		红坊 166 更新背景和同社区关系
43	杭州杭丝联		杭丝联改造和业态、及同社区的关系
44	苏州桃花坞		文创产业的本地性及和工业遗产的关系
45	上海嘉善老市		城中厂更新使用和周边社区关联及矛盾
46	无锡市万科 · 运河外滩		城中厂更新和周边商品房的关系、和文化产业的关系等
47	上海徐汇德必园区	2019.03	德必（雨衣厂）更新策略及同周边社区的关系
48	上海徐汇凯旋生活		凯旋生活（钢铁厂）更新策略、经营状况和同社区关系
49	美国耶鲁大学	2019.04	城市更新中的“间或空间”
50	同济大学建筑与城市规划学院	2019.05	上海中心城区里弄工厂更新和社区关系
51	上海市徐汇区商务委、建管委、规土局		城中厂更新中的自治和设计
52	瞿溪路豆制品厂		厂房改造公租房的使用及社区配套
53	同济大学建筑与城市规划学院	2019.07	上海城中厂更新和养老的关联
54	上海杨浦定海路街道		定海街道内城中厂社区化更新的可行性
55	上海大宁德必易园		德必园区的经营和管理、及同周边社区的关联
56	上海国际时尚中心（十七棉纺厂）		文创导向的城中厂更新和社区的关联
57	杨树浦电厂		城中厂更新设计中对社区的考虑
58	黄浦区科委		黄浦滨江工业遗产更新和文创园区关系

附录 3 研究中的国外城中厂社区化更新案例

	国家	城市	更新年份	项目名	原产业
1	美国	波士顿	1995	贝克巧克力工厂社区	巧克力厂
2			1974	钢琴工艺协会社区	钢琴厂
3			1974	海军码头历史遗迹区	造船厂
4		北亚当斯	1990s	艺术家及博物馆社区	纺织厂
5		洛厄尔	1970s	汉密尔顿运河区	纺织厂
6		劳伦斯	1999	华盛顿磨坊社区	纺织厂
7		纽黑文	2010	马琳工坊	军火工厂
8			2000	斯特劳斯阿德勒社区	内衣厂
9			1980s	啤酒厂广场社区	酿酒厂
10		丹伯里	1980s	磨坊公寓	纺织厂
11		曼彻斯特	1978	切尼兄弟历史保护区	纺织厂
12		莱丁	2003	锯齿历史区	电线厂
13		长岛	2012	皇后大道超高层住宅	电机制造厂
14		纽约	2010	多米诺制糖厂社区	制糖厂
15			2005	奥斯丁尼克尔斯仓库	食品仓库
16			2000	三角地 / 高线公园	弹药仓库
17			1991	绿点制造设计中心	服装厂
18			1980s	蒂芙尼历史街区	灯泡厂
19			1960s	西贝斯艺术家社区	电话实验室
20			1960s	苏荷区	纺织厂
21		康宁	1972	加弗历史保护区	玻璃厂
22		兰开斯特	2010	帕克大街鞋厂公寓	皮鞋厂
23		费城	2013	海军码头历史核心区	造船厂
24			2000s	孟菲斯社区	机械厂
25			2000s	铸铁工厂社区	铸铁厂
26			2000	施密特广场	酿酒厂
27		肯顿	2003	维克多街坊	留声机厂
28		伊斯顿	2015	西蒙丝绸厂社区	丝绸厂
29		波特兰	2001	希尔斯代尔转角	轨道站、仓储
30		伯利恒	2002	河港社区	钢铁机械厂

	国家	城市	更新年份	项目名	原产业
31	美国	巴尔第摩	1989	坎通滨水区	锡装饰品厂
32			1950s	内港区	发电站
33		华盛顿特区	2008	东南联邦中心	铸铁厂
34			1975	乔治亚镇公园社区	烟草仓库
35		亚历山德利亚	1969	鱼雷工厂艺术中心	鱼雷厂
36		旧金山	1964	吉拉德里广场	巧克力工厂
37		丹佛	1988	下城区	仓库
38		普罗维登斯	2008	铁院	钢铁厂
39		圣保罗	1990	北库 & 蒂尔斯纳艺术家合作社	仓库
40		阿克伦	2007	学生宿舍	燕麦筒仓
41	加拿大	温哥华	1972	格兰维尔岛	锯木厂，海运业等
42		多伦多	1990s	皇后终点码头	仓库
43			1990s	古德海姆 & 沃兹酒厂	酿酒厂
44			1986	艺景	未知
45		蒙特利尔	1980s	中国运河区改造	仓储
46			2006	雷德帕斯阁楼	雷德帕思制糖厂
47	德国	柏林	1999	维克多利亚街区	啤酒厂
48			1990s	卡特琳娜街区	啤酒厂
49			1993	艾斯维尔德岛	兵器锻造厂
50			1993	哈克雪庭院	纺织工厂、手工业
51			2000	奥斯拉姆公寓	灯泡厂
52			2010	梅德森大街 27 号	纺织厂
53		汉堡	2009	仓库城	仓库区
54			1983	蔡司综合体	机械厂
55		杜塞尔多夫	2007	轻轨住宅	轻轨站点
56		科隆	2007	宿舍	仓库
57		雷根斯堡	1992	宿舍	盐业仓库
58	英国	曼彻斯特	1979	卡斯菲尔德区	物流和仓储
59		伦敦	1970s	沙德－泰晤士区	仓库区
60			1980s	圣凯瑟琳码头区	仓库区
61			1980s	新肯考迪亚码头区	码头区
62			2010s	巴特西发电站项目	发电站

	国家	城市	更新年份	项目名	原产业
63	英国	格拉斯哥	1984	英格拉姆街区	仓库和作坊
64			1982	阿尔比恩大楼	仓库
65		诺丁汉	1976	莱斯市场	饰带、花边工厂
66		伯明翰	1970s	珠宝街区	珠宝加工作坊
67			1993	布林德利地区	金属制造及物流
68		利物浦	1981	阿尔伯特码头	船坞
69		布拉德福德	1980s	小德国街区	羊毛加工及贸易
70	爱尔兰	都柏林	1980s	坦普尔街区	各类小型制造业
71			1990s	斯潘塞码头	码头工业
72		贝尔法斯特	1998	克拉伦登码头	码头工业
73	荷兰	阿姆斯特丹	1990s	东贸易码头区	仓库区
74			1999	筒仓堰	粮仓
75		哈勒姆	2011	多利是巧克力厂街区	糖果厂
76	比利时	布鲁塞尔	2012	萨芬纳瑞工厂	肥皂厂
77	法国	波尔多	1990s	夏尔冬码头区	啤酒交易和仓储
78		巴黎	1965	马赖保护区	手工业作坊
79		勒阿弗尔	未知	Dombasles 码头公寓	码头区
80	西班牙	巴塞罗那	1975	水泥厂住宅	水泥厂
81			2010	糖果厂通廊项目	糖果厂
82			1997	Vapor Llull 蒸汽机厂改造	蒸汽厂
83	丹麦	哥本哈根	2000	布吕根岛	军事及工业码头
84			未知	水塔住宅	水塔
85		奥胡斯	2010	筒仓住宅	筒仓
86	瑞典	马尔默	2001	西港	码头区
87		斯德哥尔摩	20 世纪末	哈默比湖城	码头
88	挪威	奥斯陆	2001	学生宿舍	筒仓
89	奥地利	维也纳	2001	储气罐建筑群	煤气罐
90			2010s	Gebe 工厂区改造	未知
91	瑞士	苏黎世	2000	红厂	丝织厂
92			1997	沃里斯庭院	洗衣厂
93	意大利	威尼斯	1998	琼汉斯街区	钟表厂
94	日本	东京	1994	惠比寿花园广场	啤酒厂

	国家	城市	更新年份	项目名	原产业
95	澳大利亚	布里斯班	1995	羊毛仓库码头区	羊毛仓库区
96			1990s	特内里费区	羊毛贸易和潜艇基地
97		悉尼	1993	渥石湾码头区	码头区
98	新加坡	新加坡	1990s	罗伯森码头	码头和仓库
99	波兰	格利维采	2007	粮仓住宅	粮仓
100	南非	约翰内斯堡	2014	学生宿舍	筒仓

附录 4　30 处城中厂社区化更新案例

1. 嘉善老市

区位：上海，徐汇区

地址：陕西南路 550 弄

占地：0.31 公顷

建筑面积：4 500 平方米（改造）

历史简介：原为 20 世纪 80 年代初为解决大量返城“知识青年”就业，在原法租界一片住宅区内建设的弄堂工厂，生产针织羊毛衫。工厂在 21 世纪初被闲置，2014 年被改造成涉外公寓。

更新策略：使厂区深度融入周边社区，开放通道和广场，作为居民休闲和周末市集的公共空间。功能以居住为主，兼有办公，以及咖啡等轻餐饮。保留 4 栋厂房，重新修整其立面，并根据使用需要增设阳台和空调机位等附着物。

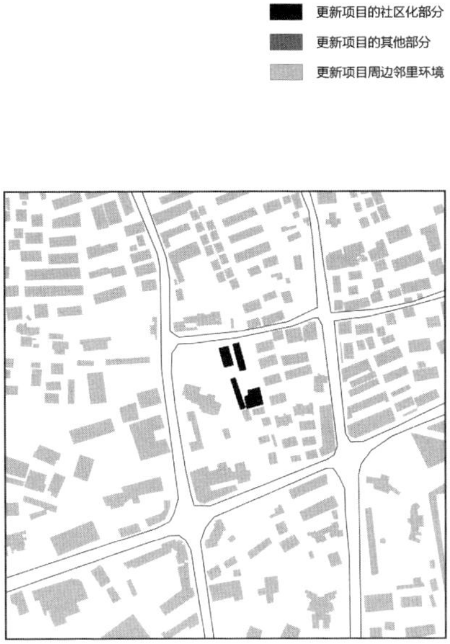

2. 上生 · 新所

区位：上海，长宁区

地址：延安西路 1262 号

占地：4.84 公顷

建筑面积：47 300 平方米

改造面积：约 28 000 平方米

历史简介：原为 1925 年邬达克在原公共租界越界筑路地区设计的美国哥伦比亚乡村俱乐部和孙科别墅，1951 年后改为上海生物制药研究所，以研发麻腮风等疫苗著称。2016 年研究所搬迁后开始改造，2018 年一期工程完成并对外开放。

更新策略：打造共享的社区活力中心，于东、西、北三面均设出入口并向城市开放。复合功能包括办公、商业、餐饮以及广场和公园等，成为居民休闲好去处。二期工程还包括两栋人才公寓、新建 4 栋当代建筑，同时保留了 3 栋历史保护建筑和 11 栋工业历史建筑。

3. 众鑫白领公寓

区位：上海，浦东新区

地址：北张家浜路 58—68 号

占地：0.94 公顷

建筑面积：18 500 平方米（改造）

历史简介：原为 20 世纪 80 年代建设的生产液压升降机的工厂，位于浦东张家浜以北，拥有厂房 8 栋。1999 年被改造成白领公寓，后历经多轮修缮，主要满足外来务工人员的短租需求。

更新策略：通过居住化改造形成微型社区，采用单廊和中廊两分的空间分隔策略，充分利用了厂房大进深空间。厂区采用门禁式管理，同城市关联性不强，自身工业风貌特征不显著。

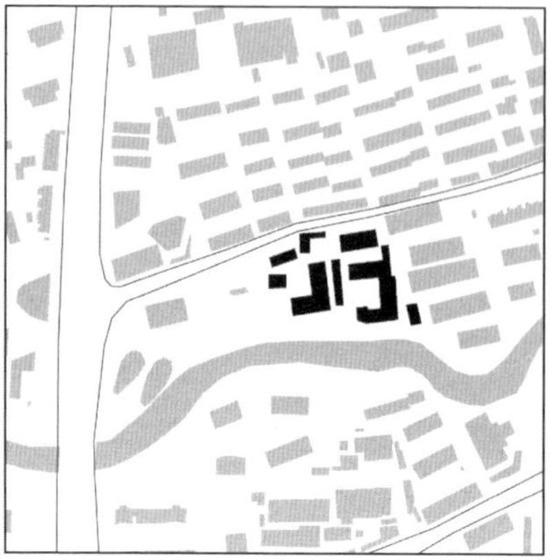

4. 瞿溪路公租房

区位：上海，黄浦区

地址：瞿溪路 1060 弄 5 号

占地：0.28 公顷

建筑面积：6600 平方米（改造）

历史简介：原为 20 世纪 80 年代创办的街道工厂，位于瞿溪路上的一条支弄内，生产豆制品，21 世纪初逐渐闲置。2011 年起被改造成公共租赁住房，2012 年投入使用，服务瑞金医院等周边企事业单位的年轻职工。

更新策略：进行居住化改造并融入周边老旧社区，共享道路、停车和社区配套设施。空间上由两条通道引入内院，U 字形建筑被改造成 80 余套公寓，并通过局部加建阳台增加使用面积。厂房保留完整，但工业特征的可识别性偏弱。

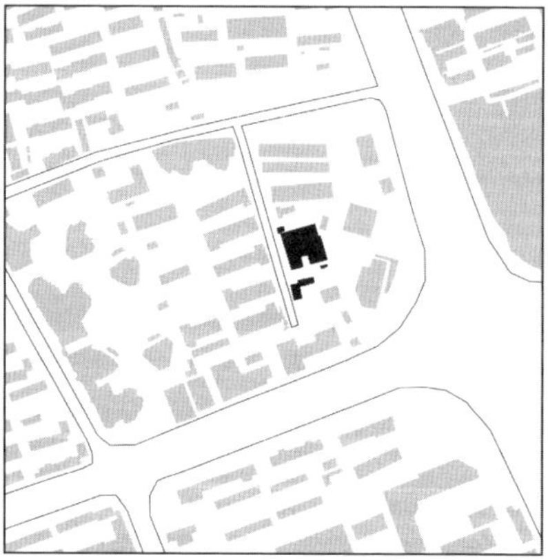

5. 苏河湾西区

区位：上海，静安区

地址：北苏州路 470—1016 号

占地：3.28 公顷

建筑面积：约 123 000 平方米

改造面积：71 300 平方米

历史简介：包括 20 世纪初建设的中华实业银行、浙江实业银行和怡和打包厂等 4 栋仓库和货栈建筑，储存生棉、丝绸、羊毛和皮革等货物，西邻四行仓库，是民国时期上海的物流枢纽。2012 年起开始新旧结合的开发，于 2014 年部分投入使用，项目目前仍在开发中。

更新策略：改造为新建为主的城中厂社区，维持苏州河沿线开放的空间格局，Art Deco 风格的红砖厂房直接临路，逼仄的巷弄空间也被完好保留。拆除东侧民房，新建高层住宅以提高用地开发强度，工业历史建筑则作为商业和社区活动中心使用。

6. 文定路街区

区位：上海，徐汇区

地址：文定路 218—258 号

占地：3.01 公顷

建筑面积：55 100 平方米（改造）

历史简介：蒲汇塘沿线的工业集聚区始建于 20 世纪 50 年代，生产钢铁、电缆和纺织品等，自 20 世纪 90 年代末逐渐被改造或重新开发。其中的冷拉型钢厂和雨衣厂遗存厂房 6 栋，在 2006 年前后转型为文定生活创意广场和画家街。2020 年起开始街区的二次更新。

更新策略：聚焦社区需求，激发社区参与，以政府、企业和第三方机构共建的共治委员会为平台，拆除围墙，将厂区之间的停车场和建筑垃圾堆场改造成共享街道，可兼作社区花园和商业集市。在功能升级中，挽留了多数本地设计师和艺术家，鼓励其共同参与二次更新。多跨山墙面得以完整保留，并设置展陈空间，简述相关工业遗存的历史。

7. 半岛 1919 东区

区位：上海，宝山区

地址：淞兴西路 258 号

占地：8.00 公顷

建筑面积：74 000 平方米（改造）

历史简介：原为上海第八棉纺织厂，前身是聂云台于 1919 年筹建的大中华纱厂，巅峰时拥有职工近万人，主要生产纯棉普梳及精梳纱线。2007 年改造为创意园，因位于蕴藻浜和泗塘河的半月形交汇处得名“半岛”，有近 30 栋历史建筑遗存至今。

更新策略：进行临时居住化改造，在东区内曾有厂房改造的廉租公寓。将工业建筑高大的内部空间划分为两层共计 160 套单间公寓。公寓仅对走廊开窗，条件简陋，在项目持续改造过程中为外来务工人员提供临时住所。

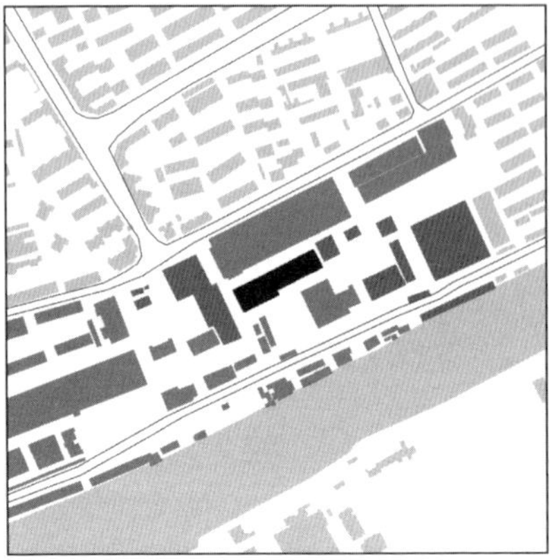

8. 中成智谷

区位：上海，宝山区

地址：长江路 258 号

占地：10.39 公顷

建筑面积：210 000 平方米

改造面积：约 50 000 平方米

历史简介：前身是创立于 1959 年中华人民共和国最早的成套设备进出口（上海储运）分公司仓库，拥有一段约 1 千米的淞沪铁路中成专用线，见证了淞沪会战、共和国初期外交风云和对第三世界国家的经济援助。2014 年被再开发为混合型文化创意街区。

更新策略：打造自成一体的城中厂社区，保留 4 栋仓储建筑，对其进行分层以获得更多使用面积。新建高层公寓、酒店、办公和商业建筑，大幅提高容积率。在文化创意产业外，还引入足球场、幼儿园、教育培训以及餐饮等社区功能，获得更多日常性的社区活力。

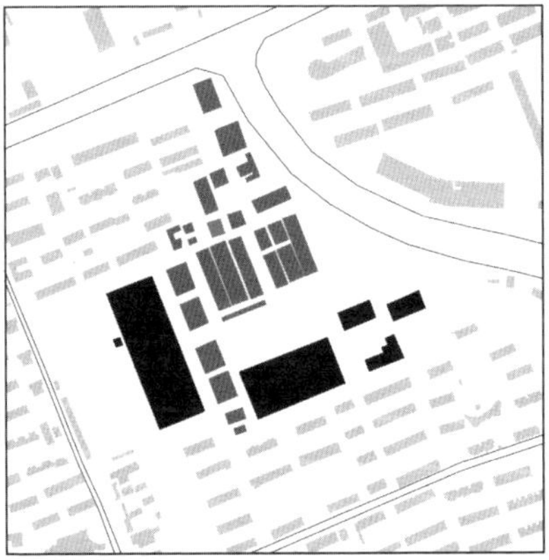

9. 昇 PARK 园区

区位： 上海，宝山区

地址： 真大路 520 号

占地： 6.50 公顷

建筑面积： 约 90 000 平方米（改造）

历史简介： 可追溯到 1926 年成立的上海建业机械厂，1949 年后搬迁至大场镇并更名为上海光华印刷机械厂。2015 年，根据新一版上海城市总体规划的要求，结合上海美术学院南区发展，对老厂房加以改造。

更新策略： 打造内生性城中厂社区，包含公寓、文创办公、教育培训、餐厅超市、电影院、健身房和屋顶农场等面向年轻人的社区功能。采用光槽、架空和加层等手法提高空间利用效率，同时较完整地保留了既有工业风貌。

10. 田子坊

区位： 上海，黄浦区

地址： 泰康路 210 弄

占地面积： 3.88 公顷

建筑面积： 58 100 平方米（改造）

历史简介： 上海泰康路上典型的弄堂工厂，始建于 20 世纪 30 年代，建筑以 2~3 层里弄住宅为主，间有厂房分布，生产皮革、服装、瓶盖、香精、加工食品以及各类塑料配件等产品。1998 年，陈逸飞等艺术家将工作室安置于此，拉开了田子坊乃至上海城中厂更新的序幕。

更新策略： 田子坊是社区自下而上有机更新的典范。弄堂入口对城市开放，并向内蔓延成网络化的步行系统，串联起约 1500 户民房和厂房。建筑部分转型为商业零售和文创办公，部分仍保留居住功能，下商上住甚为普遍，整体风貌保留得较为完好。

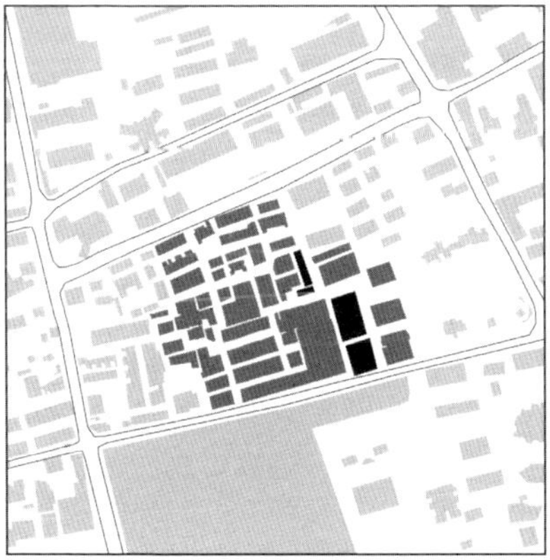

11. 复地·复城国际

区位：上海，虹口区

地址：伊敏河路 99 弄

占地：4.26 公顷

建筑面积：128 300 平方米

保留面积：1 800 平方米

历史简介：前身为创建于 1932 年的八一电影机械厂，位于大柏树工业片区，曾试制出中国最早的电影放映机。1951 年起由中央军委政治部接管，1952 年重新建厂，生产移动式放映机、印片机、动画字幕摄影台等设备。2003 年转让用地进行再开发，2008 年投入使用。

更新策略：新建的商住综合社区，容积率高达 3.0，其中住宅和商办建筑面积各约一半。保留了原八一厂的办公楼和动力车间两栋建筑，以及 100 多棵大型香樟树，这些工业遗产作为社区公共活动场所的一部分，结合环绕周边的商业向城市开放。

12. 金谷里

区位：苏州，姑苏区

地址：狮林寺巷 99 号

占地：0.65 公顷

建筑面积：11 100 平方米（改造）

历史简介：原为苏州老城平江路历史街区北部的吴县刺绣厂，东临平江河，紧邻狮子林和拙政园等文化地标。厂区始建于 1958 年，主要生产外贸型刺绣工艺品。2017 年被改造成金谷里艺术街区。

更新策略：打造开放街区，融入社区，蜿蜒曲折的步道从城市道路延伸至建筑室内，艺术展陈、餐饮和酒店住宿等功能密布其侧，文化旅游和社区休闲空间相叠合，同时服务游客和本地居民。较好保留了苏州老城特有的以民国和苏式建筑风格为特征的工业历史建筑群。

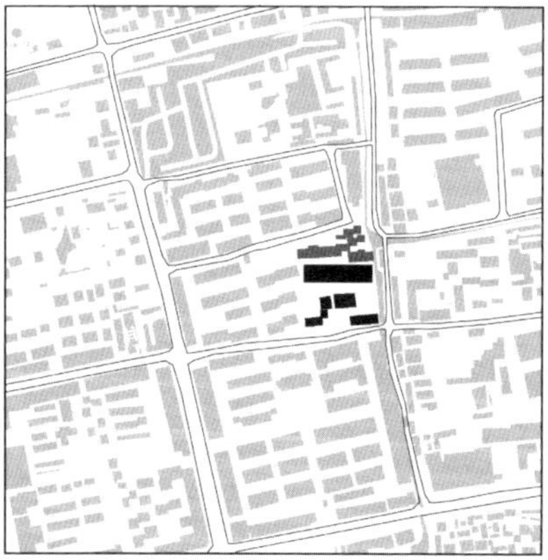

13. 姑苏 69 阁
区位：苏州，姑苏区
地址：盘胥路 859 号
占地：4.30 公顷
建筑面积：38 300 平方米（改造）
历史简介：前身是 1946 年创办的苏州第二制药厂，后更名为二叶制药厂。工厂位于苏州老城胥门以南，是全国最早生产青霉素的企业之一。2012 年被改造成创意产业园。
更新策略：园区内进行局部社区化，建筑之间的通道均同城市道路对接，形成棋盘状的开放路网，基本保留原貌的 69 栋老厂房列于两侧。部分文创功能逐渐转型为餐饮和教育培训，更贴合周边居民需求，亦有厂房被艺术家二次改造为亦工亦住的工作室。

14. 桃花坞街区
区位：苏州，姑苏区
地址：桃花坞大街 158 号
占地：3.98 公顷
建筑面积：30 000 平方米（改造）
历史简介：原为始建于 1956 年的新光丝织厂和始建于 1975 年的长城电器厂，是桃花坞历史文化街区内的两处城中厂，分别生产人造丝绸和电风扇。两厂自 2007 年开始陆续转型为创意产业园，并同桃花坞地区丰富的非物质文化遗产紧密协同发展，目前正在开展二次更新。
更新策略：属于社区内生的更新，聚焦本地文化传统，引入木刻年画、刺绣、苏扇、玉雕、漆器、瓷画等不同工艺类别的名家工作室，衍生出辐射社区的设计、零售、餐饮和旅游等配套产业，为街区振兴创造条件。工业遗产保留较完整，同历史街区融为一体。

15. 庆丰文化园区

区位：无锡，梁溪区

地址：锡沪西路 169 号

占地：2.81 公顷

建筑面积：约 140 000 平方米

改造面积：8 400 平方米

历史简介：1922 年，唐保谦和蔡缄三在周山浜合办庆丰纺织公司，生产“双龟”牌棉纱。1955 年完成公私合营，1966 年更名国营无锡第二棉纺织厂，以德国技术为核心，主要生产防羽布。1993 年再次更名无锡庆丰纺织有限公司，2018 年转型为庆丰文化艺术园区。

更新策略：新旧结合的社区，保留滨水地带 12 栋红砖工业历史建筑，作为南侧新建超高层住宅区的配套文化休闲设施。保留建筑同住宅底层商业合筑成一条商业内街，植入的功能包括幼教、培训、健身和文创办公等。

16. 梧桐水岸

区位：无锡，梁溪区

地址：丽新路 60 号

占地：11.54 公顷

建筑面积：约 300 000 平方米

改造面积：900 平方米

历史简介：原为唐骧廷和程敬堂创建于 1935 年的协新毛纺厂，是一家集纺、织、染、整理于一体的全产业链工厂，亦是我国精纺呢绒的先驱。1955 年实行公私合营，1998 年被评为全国毛纺行业国家一级企业。2009 年起被开发成住宅区，2015 年投入使用。

更新策略：改造为新的城中厂社区，仅保留复建 3 栋工业历史建筑，作为党群活动中心使用。由一条石板小径引入并围合出一处小院，建筑内设有协新毛纺厂工业遗址展陈馆。厂区其他部分均被夷平并新建高层住宅。

17. 运河外滩
区位：无锡，滨湖区
地址：湖滨路 11 号
占地：23.24 公顷（住宅区约 14 公顷）
建筑面积：约 370 000 平方米
改造面积：12 000 平方米
历史简介：位于京杭大运河与梁溪河交界处，是无锡机床厂旧址，其前身为荣德生 1948 年创办的开源机器厂，是中华人民共和国成立初期我国机床行业“十八罗汉”之一，生产各类磨床。2008 年开始，逐步被开发成运河外滩文化商业街区和住宅区。
更新策略：打造城市和社区共享的文化商业街区，采用开放式布局，结合 10 栋保留的工业历史建筑和 5 栋新建独立商业，沿河自南向北筑就一条滨水廊道，配有餐饮、休闲、办公以及众多公共空间节点。北侧厂房悉数被拆，新开发的住宅区同商业街区之间有围栏分隔。

18. 天元坊
区位：无锡，梁溪区
地址：红星路 28 号
占地：7.35 公顷
建筑面积：180 000 平方米
改造面积：2 600 平方米
历史简介：天元麻纺厂旧址位于无锡西门外夹城里、耕渎河同梁溪河交界的半岛区，由荣氏家族于 1947 年创办，是江苏最早使用近代麻纺织机器的企业，主要生产各类黄麻制品。2015 年被开发成住宅区。
更新策略：半私密的社区化，保留的 5 栋小型厂房滨水而居，由一条蜿蜒小道引入，结合烟囱、水塔和码头，构成工业氛围浓郁的遗产廊道，公共空间和餐饮等配套功能则增加了社区化特征。厂区主要车间均被拆除并新建高层住宅。

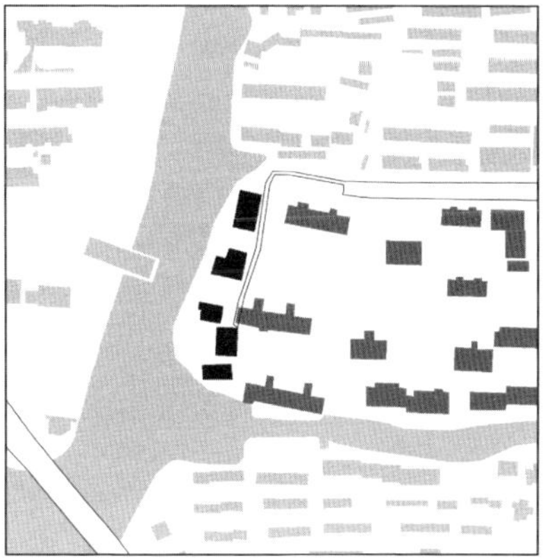

19. 弘阳天下锦
区位： 常州，天宁区
地址： 采菱路 78 号
占地： 13.60 公顷
建筑面积： 约 500 000 平方米（开发中）
改造面积： 4700 平方米
历史简介： 刘国钧于 1937 年创办的大成三厂，1970 年前后更名为国棉三厂，是大成系列在纺、织、印、染各个方面都达到全盛的标志，被誉为“罕见的奇迹”。1954 年，大成厂在江苏省率先实行公私合营。2012 年工厂停产，2018 年开始被拆除开发。
更新策略： 保留了包括仓库、卫生所、三方厅在内的 8 座文保建筑，其中临河的 5 栋建筑被改造成社区级文化展陈中心。其他功能还包括商业街、购物中心，以及休闲旅游、公园广场等公共设施，项目目前处于一期施工中。

20. 国光 1937
区位： 常州，钟楼区
地址： 清潭路 93 号
占地： 4.87 公顷
建筑面积： 41 800 平方米（改造）
历史简介： 前身为 1937 年创建的协进浆纱厂，1966 年转型为常州第二无线电厂，1984 年变更为常州电子计算机厂，20 世纪 90 年代再次更名为国光电子，取义“国之荣光”。2011 年，生产车间整体搬迁，2014 年“蜕变”成国光 1937 科技文化创意园。
更新策略： 进行紧密社会网络下的社区化，依托众多小微企业，吸引了艺术馆、餐厅、健身房和少儿艺术等功能设施，从而构建了一个以企业为核心的社会网络。厂区开放，文化休闲功能亦同周边居民的需求有关联。

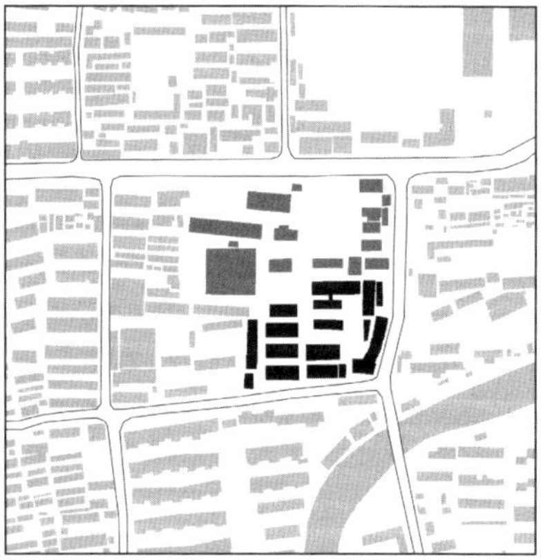

21. 求实园

区位：常州，天宁区

地址：和平北路 8 号

占地：10.83 公顷

建筑面积：330 000 平方米

改造面积：3 040 平方米

历史简介：原为大成一厂，又名常州国棉一厂，主要生产外贸用灯芯绒、卡叽和劳动布等。其前身是刘国钧 1916 年创办的大纶机器织布厂，1921 年搬迁至大南门外德安桥堍，并于 1932 年同广益染织厂（大成二厂）合并。工厂于 1954 年完成社会主义改造。21 世纪初，工厂逐渐闲置，并于 2012 年被开发成商住综合体。

更新策略：进行新建为主的社区化，保留的两栋工业历史建筑为周边社区提供了茶馆、影院和咖啡馆等休闲功能。结合刘国钧私家园林，为社区提供塑造身份认同的文化载体。再开发拆除了绝大多数厂房，新建高层住宅大幅提高了用地开发强度。

22. 运河五号

区位：常州，钟楼区

地址：三堡街 141 号

占地：3.63 公顷

建筑面积：32 000 平方米（改造）

历史简介：常州最早的棉纺工厂之一，始建于 20 世纪 30 年代，初为恒源畅厂，后更名为常州第五毛纺厂，以生产“童鹰”牌纺织品享誉国内外。2008 年，转型为常州第一个由城中厂改造的创意园区——“运河五号”。2016 年以来逐步实施以社区功能为主导的二次更新。

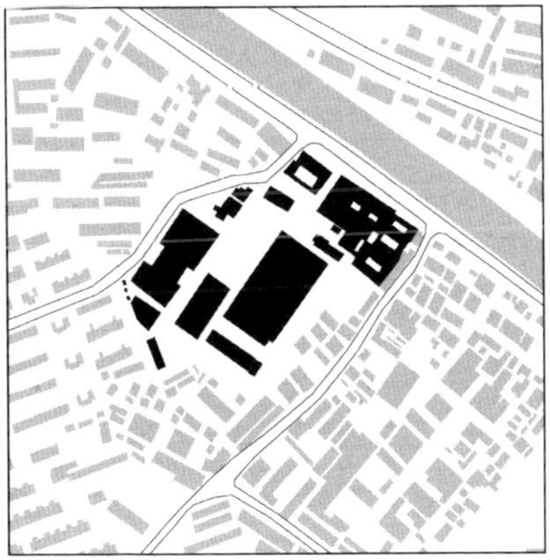

更新策略：从园区向社区转型，包括重点植入居民参与性较强的咖啡馆、茶馆和亲子类商业功能，为在周边就业的白领人群提供长租公寓，改善、优化公共空间并向城市开放等。工业遗产的系统化保护，也成为塑造社区身份的关键物质空间载体。

23. 米码头创意街区

区位：常州，钟楼区

地址：怀德中路 80 号

占地：2.45 公顷

建筑面积：约 15 000 平方米（改造）

历史简介：原为位于勤业路两侧桥下空间、始建于 1964 年的勤业塑料厂，生产聚氯乙烯塑料制品。结合大运河文化带建设项目，自 2018 年开始被改造成米码头壹号文创街区。

更新策略：在勤业路桥下形成一个 U 字形开放街区，新功能主要面向周边的年轻中产群体，如篮球场、剧场、摄影店、蹦床馆、咖啡馆等休闲娱乐设施。工业历史建筑被较完整地保留下来，滨水公共空间亦得到整修。

24. 爱丁堡幼儿园等

区位：杭州，拱墅区

地址：余杭塘路 478 号

占地：12.80 公顷

建筑面积：约 200 000 平方米

改造面积：约 10 000 平方米

历史简介：原为 2012 年建设的公交车停车库，位于拱墅区最南端，拥有两栋巨型停车库和 10 余栋配套建筑。部分空间自 2018 年以来被陆续改造。

更新策略：服务周边社区，将闲置车库的局部空间改造成幼儿园、公寓、运动馆和书店，并围合成一个社区公共活动的“发生器”。上述设施同时服务周边新建商品住宅区和公共租赁住房的居民。

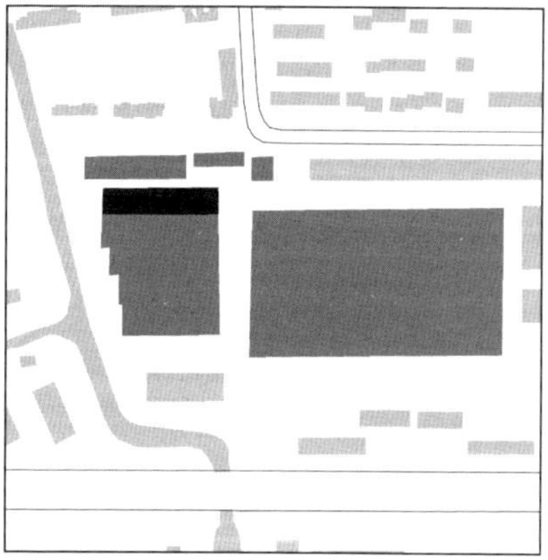

25. 城市之星
区位： 杭州，拱墅区
地址： 东新路 388 号
占地： 35.31 公顷
建筑面积： 约 510 000 平方米
改造面积： 约 90 000 平方米
历史简介： 原为杭州氧气制品厂和杭州锅炉厂，分别建设于 1951 年和 1955 年，属于拥有数千名职工和居民的近郊卫星镇。两厂分别生产空气分离设备和工业气体，以及锅炉和压力容器等产品。其生产部门在 2009 年前后陆续撤出，厂区逐步转型为以文化旅游为核心功能、配套大量住宅区的城市之星综合体项目。
更新策略： 打造旅游社区综合体，以保留的 9 栋工业遗产建筑和水塔作为空间和功能核心，开放街坊，植入展陈、商业和文化休闲功能。关联开发的 1.25 平方千米新建住宅区围绕在厂房周边，从而发展成为一个有着新的圈层结构的混合型城市社区。

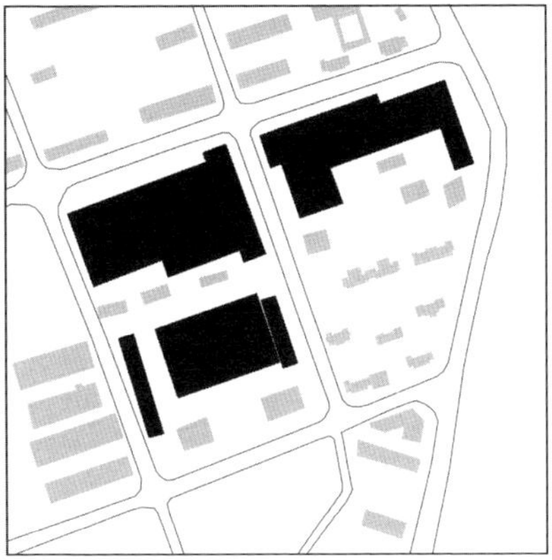

26. 大兜路街区
区位： 杭州，拱墅区
地址： 大兜路 160 号
占地： 9.50 公顷
建筑面积： 50 900 平方米
改造面积： 约 16 000 平方米
历史简介： 自宋以来即为杭州城北重要的贸易和仓储中心，20 世纪 50 年代在此建设了国家厂丝储备仓库和工业气体仓库，南侧香积寺也曾作为运输设备厂使用，此外亦混有大量民房。2010 年起，大兜路沿线被开发成为文化商业街区。
更新策略： 旨在服务游客和周边社区，结合大运河沿岸公共空间，塑造出密路网、窄马路、宜步行和开放共享的街巷空间形态。功能以餐饮为主，亦包括商务、居住和旅游零售。工业遗产建筑保留较完好，复建香积寺，强化了工业文化和禅宗文化氛围，街区东侧同步开发有商住综合体，为加快街区的社区化转型提供外部条件。

27. Loft 49

区位：杭州，拱墅区

地址：通益路 111 号

占地：3.46 公顷

建筑面积：25 300 平方米（一次改造）

历史简介：原为建设于1958年的杭州化纤厂，1993 年转型为蓝孔雀化纤（股份）有限公司，主要生产黏胶人造丝等产品，员工人数一度达 4000 人。2002 年，艺术家杜雨波将其锦纶分厂改造成工作室。2008 年，厂区整体转型为 Loft49 创意产业园。2019 年闭园，2021 年完成二次更新一期工程并重新投入使用。

更新策略：作为杭州城中厂更新的开端，较完整地保留了各类工业历史建筑、场地、景观和其他工业要素，植入了社区驿站和餐饮等社区功能。二次更新提供了以工业设计为核心的全产业链，以及商、文、展、汇等复合功能，同时新建 4 栋建筑，将总建筑面积扩大为约 62 000 平方米。

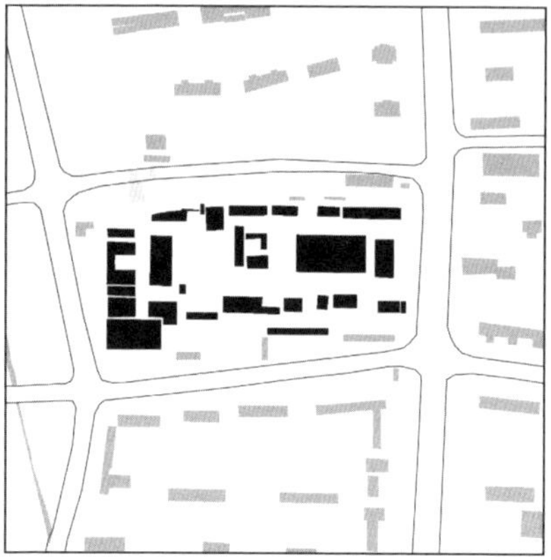

28. 杭丝联

区位：杭州，拱墅区

地址：丽水路 166 号

占地：6.00 公顷

建筑面积：36 900 平方米（改造）

历史简介：位于京杭大运河东岸，始建于 1956 年，是“一五”时期全国重点建设项目，拥有苏联专家设计、民主德国专家监理的东亚最大的丝绸制作车间，锯齿形屋面反映了其特有的采光、通风、散热等工艺要求。1958 年改称地方国营杭州丝绸印染联合厂，巅峰时期拥有上万名职工。2007 年被改造成创意园。

更新策略：逐渐向社区化过渡，早期的服装设计等业态，逐渐被餐饮、咖啡馆和社区服务等功能取代。保留了原丝绸制作车间的局部和少量附属建筑，工业风貌维持得较完整，朝北侧向采光的锯齿状屋顶特色尤为显著。对周边居民开放，充分利用厂房高大的室内空间加以分层。

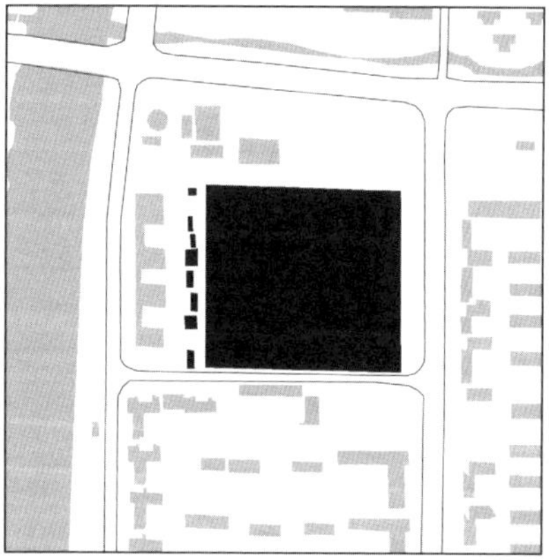

29. 蓝天羽毛球运动中心等
区位：嘉兴，南湖区
地址：角里街 112 号
占地：24.54 公顷
建筑面积：4 100 平方米（改造）

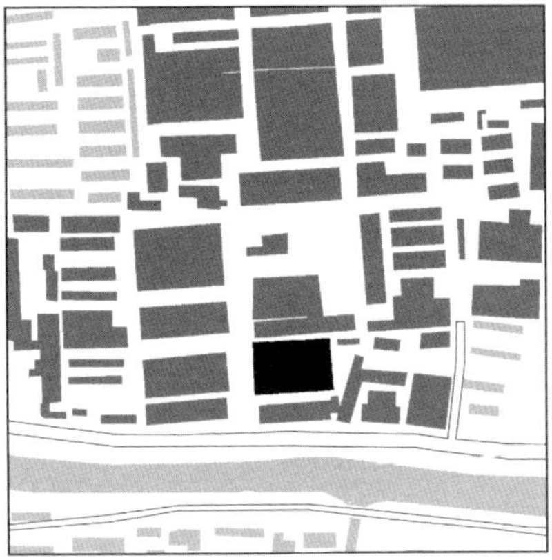

历史简介：原为嘉兴冶金厂，位于南湖东北方向角里街，曾是冶金部直属企业，浙北地区最大的机械厂，嘉兴“五大厂”之一，主要生产电机减速器。工厂始建于1943年，经历了半个多世纪的变迁，是能呈现不同历史时期工业风貌的为数不多的工业遗存地之一。

更新策略：厂区自 2014 年起开始策划转型，通过新旧结合的更新构建了一个包含居住、商办和文化休闲等复合功能的新社区。部分沿街的闲置厂房在待转型过程中被临时改造成运动中心、办公和文化休闲功能，为周边社区居民提供便利。项目目前正在开发中。

30. 恒大龙溪翡翠
区位：湖州，吴兴区
地址：红旗路 382 号
占地：8.79 公顷
建筑面积：298 800 平方米
改造面积：3 600 平方米

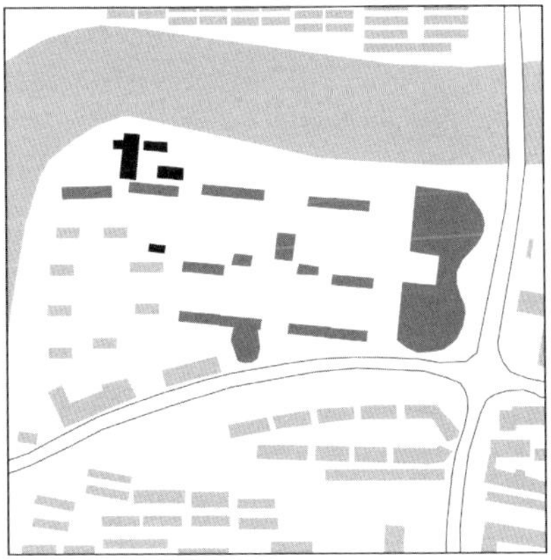

历史简介：原为湖州天昌丝绸印染厂，位于环城河南岸，厂房面积曾达数万平方米，职工 1 000 余人。其前身是钮介臣于 1938 年创立的天昌绸缎炼染厂，1987 年搬迁至此，曾是中国工业 500 强企业，也是最早采用机械炼染的工厂，2017 年被开发成商住综合体。

更新策略：项目拆除了原厂区内 95% 的工业建筑，重新开发为以居住为主的综合社区，仅在西北角沿河保留了 4 栋厂房和 1 座烟囱，作为社区配套功能和记忆载体。社区采用门禁式管理方式，建筑形式和风格同遗存工业建筑的关联性不强。

附录 5　中西方部分城市更新原则

柏　林 IBA（Internationale Bauausstellung，国际建筑展览会）十二原则（1984—1987）	英国 SRB（Single Regeneration Budget，综合更新预算）七原则（1993）	美国 ULI（Urban Land Institute，城市土地学会）滨水区更新十原则（2006）	中国城市土地学会城市更新十原则（2014）
1. 城市更新的规划和实施须基于当地居民和业主的利益需求，尽最大努力保留既有物质环境。 2. 规划者需和居民以及本地业主就更新目标达成一致，并携手制定技术和社会方案。 3. 须保留更新街区的独特性，恢复重建区的信心和乐观。消除威胁建筑本体的一切损害。 4. 谨慎改变建筑平面，但也要提供新的居住可能。 5. 公寓和住宅应逐步翻新并增补。 6. 建筑状态必须通过少量拆除、绿色内院和立面设计进行改善。 7. 公共设施如街道、广场和绿地必须按需更新并增补。 8. 必须协调那些受到社会规划影响的人的参与权和物质权利。 9. 城市更新决策需开放且经过本地讨论。必须加强本地代表的地位。 10. 城市更新所需的信贷需要可靠的金融承诺，资金必须及时到位并投资得当。 11. 发展新的组织形式，开发服务部门和建设部门需分开。 12. 谨慎的城市更新应渐进的、持续的进行到 IBA 结束。	1. 改善当地的就业前景，提高当地居民的受教育水平，强化其职业技能，并促进机会的平等化。 2. 增强地方经济的竞争力，支持地方行业的发展。 3. 保护环境，完善基础设施，提高设计水平。 4. 维护并改善住区环境，提高管理水平，提供多样化的住房选择，优化住房条件。 5. 关注少数民族的利益。 6. 打击犯罪，加强社会安全性。 7. 提高生活品质，促进医疗、文化和体育事业的发展。	1. 经济和文化的主体发生转变并导致当代城市生活出现冲突性观点。 2. 避免损害场地的持久品质的前提下，允许有实质性的改变。 3. 保持其限定的城市边界的内在的、难以改变的稳定性。 4. 激发人类渴望的、引发竞争的区域。 5. 不能被概念化，或设计成一条单薄的路线。 6. 长期、有潜力创造出持久的价值。 7. 令人满意的生活场所而不再是仅供参观的地方。 8. 说服投资者认同在公共区域内保留有价值的水岸的社会意义。 9. 成功和陆路、以及毗邻水陆使用之间的相互关系密切相连。 10. 典型的与众不同的环境，为城市所在区域，或者在与其竞争的其他城市面前提供巨大的优势。	1. 决策者必须采取战略性而不是事务性的行动。需要在规划中考虑建设成本和区划要求以外的很多重要问题。 2. 把人放在城市设计的首要位置，人优先于汽车，更加重视社区可持续性而非个体利益。 3. 场地及其使用者的特定需求、传统和关注点也应对项目具有影响力，鼓励建立在当地先例之上的建筑。 4. 城市中所有的系统都应该被作为更新活动发生的框架。 5. 一个场地的最佳利用不是获得最大容积率或经济回报，而是适合这个场地并能长期适应不断变化的需求。 6. 可使用、有吸引力、充满生机、可达性强的更好的公共空间。 7. 官员、企业家和专家对促进合作具有关键作用，城市管理应更综合并增加透明度和整合性。 8. 从保留和保护基地现有自然资源开始，走上创造健康社区的道路，其措施不限于场地内部。 9. 为使用土地的人提供最好的使用功能，从而提高生产力、增加活力和就业机会。 10. 功能多样性、人口多样性、审美多样性。

后记

五年撰文，七年成书，自 2019 年末毕业至今已有两年。回望读博生涯，在导师团队支持下，围绕着厂城共生的理念，我实地调研了上海、常州等 7 座长三角城市中数百处城中厂，展开了有关社区化更新的研究，初步梳理了长三角地区城中厂社区化更新的研践脉络。我想做的，是为那些普通的工业历史建筑、场地、景观和其他工业物件，找到一条回归城市的再生之路。

本书主体内容依托于本人的博士论文。在此感谢导师李振宇教授，既是我学术生涯的引路人，也是人生旅途的启蒙者。读博伊始，导师以敏锐的洞察力与前瞻的视野，引导我走向这一片尚待开发的研究领域。导师的鼓励、鞭策和谆谆教诲，是我从学术新人成为年轻学者的重要动力。记得 2015 年元旦，随导师赴嘉兴冶金机械厂调研，在调查过程中凝练出“居住化改造”的视角；2016 年春节前，在师门的学术讨论会中最终敲定研究方向为“社区化更新”。导师崇高的学术理想、严谨的治学态度、豁达的人生智慧，示我学者榜样，教我为人之道。

感谢我的外导阿兰·普拉图斯（Alan Plattus）教授，为我提供了到耶鲁大学建筑学院访学的宝贵机会，让我开拓眼界、获益匪浅。犹记那些在保罗·鲁道夫设计的 YSoA 图书馆查阅资料的纯粹，和独驾数百公里造访锈带城市调研更新案例的执着。

感谢清华大学王路教授，华中科技大学何依教授，上海交通大学范文兵教授和王林教授，同济大学的黄建中教授、左琰教授和涂慧君教授对我博士论文提出的诚挚意见。感谢清华大学刘伯英教授，上海社会科学研究院陆军荣研究员，西交利物浦大学董一平副教授，同济大学的张尚武教授、张松教授、华霞虹教授、朱晓明教授、章明教授、陈晨副教授、张鹏副教授、王骏副教授、蒲仪军副教授等为我的研究提供的帮助和支持。感谢上海市规划和自然资源局的侯斌超先生，常州市自然资源和规划局的陆元晶先生，常州“运河五号”创意街区的吴彬先生、唐琦先生、翁丽娟女士和小凌老师，嘉兴市国土空间规划研究有限公司的甄延龄先生和瞿嗣澄女士，湖州市规划院的姚致祥先生，杭州市规划院的毛利伟先生，以及上海市徐家汇街道的林竞君先生、定海路街道的吴岩先生。感谢邓丰、卢斌、常琦、董怡嘉、李垣、朱怡晨、黄璐、胡裕庆、邝远霄、李丽泽等师门的兄弟姐妹，感谢金山、王强、汤丹沁、高小宇、宋勋祥、金奇、郭强等好友以及在此未能一一提及的在我撰写博士论文期间给予帮助的朋友。感谢同济大学出版社晁艳、王胤瑜、李争编辑为本书的出版所付出的辛勤工作。

最后，感谢我的父母和岳父母一如既往的支持和鼓励，感谢夫人吴亚菲博士的无私奉献、信任理解和积极辅助，感谢幼子天真烂漫和健康成长。你们予我前行动力，为我科研之路的可持续发展提供了大力支持。

真诚希望本书能为关注城中厂更新的学者提供借鉴和参考，能为长三角城市可持续发展做出类型学的贡献，也能为我未来的科研和实践工作奠定基础。成书之际，基于大数据分析和机器学习技术、聚焦长三角地区工业遗产作为文化资本的研究已经开始，希望未来有更多成果可以呈现给各位读者。

本书部分内容曾在 *Journal of Urban Affairs*、*Built Heritage*、《城市规划学刊》《建筑学报》《建筑师》《建筑遗产》《工业建筑》等期刊上发表，在成书过程中又作了进一步提炼和梳理。因个人能力所限，书中难免存在纰漏，恳请广大读者批评指正。本书得到国家自然科学基金（51678412）和中国博士后基金（2020M681388）资助，特此致谢。

孙淼

2021 年 12 月于同济园